年轻妈妈爱读知心姐姐的书

知心姐姐，请您签个名

我们向国旗敬礼

知心姐姐和小记者们在一起

卢勤教育文集

给知心父母 实践篇

知心姐姐关于教出好孩子的方法

卢勤◎著

译林出版社

图书在版编目（CIP）数据

给知心父母：实践篇 / 卢勤著. —南京：译林出版社，2013.1
（卢勤教育文集）
ISBN 978-7-5447-3434-9

Ⅰ. ①给… Ⅱ. ①卢… Ⅲ. ①家庭教育 Ⅳ. ①G78

中国版本图书馆CIP数据核字（2012）第267486号

书　　名 给知心父母（实践篇）
作　　者 卢　勤
责任编辑 陆元昶
特约编辑 周冬辉
出版发行 凤凰出版传媒股份有限公司
译林出版社
出版社地址 南京市湖南路1号A楼，邮编：210009
电子邮箱 yilin@yilin.com
出版社网址 http://www.yilin.com
印　　刷 泰安市恒彩印务有限公司
开　　本 710×1000毫米　1/16
印　　张 17.25
字　　数 240千字
版　　次 2013年1月第1版　2013年1月第1次印刷
书　　号 ISBN 978-7-5447-3434-9
定　　价 32.80元

总序：写书的感动

读书会感动，作者写的一个故事，一个细节，一句话会让你感动得热泪盈眶；写书也会感动，读者说的一句话，一个反馈，一个问候，也会让你心热热的，眼酸酸的。

“您好！您是卢勤吧？我认识您，您的书我全买，出一本买一本，我们全家都爱看您的书！”在马路边，在商场里，在飞机场，在火车站，在有人群的地方，常常会有人认出我，向我微笑，主动向我打招呼，不同的人在不同的地方几乎说着同样的话。

遇到这样的场面，作为书的作者，谁都会被感动。

一次，我去超市买东西，东逛西逛，六神无主，不知买点什么好。忽然一位女售货员走过来，她像发现了新大陆：“哇！您是卢勤吧？我看过您的书！我和女儿都是您的粉丝，我给您说个事。”我随她走到一个清静的地方。

“我女儿上五年级。一天，她拿回一本书，认真地对我说：‘妈，今天老师给我们留了作业，让我俩共同看这本书中的一个故事，我看过了，您也看看吧！’我一看正是您写的《把孩子培养成财富》，其中有一页折了一个角，我急忙读起来，读着读着我眼泪就流出来了，后来竟大哭起来。书中讲的是一位妈妈，她始终对被列为差生的儿子充满信心，不断地鼓励。最终，儿子考上了清华大学。儿子把录取通知书交到妈妈手里，大哭起来，边哭边说：‘妈妈，我知道我不是个聪明的孩子，就是您一直相信我行！’我明白了，女儿让我读这个故事，是希望我多鼓励她。她在学校很优秀，可我老瞧不上她，觉得她不如别人，女儿很委屈，我知

道了教育孩子鼓励比指责重要……”说到这，这位妈妈哭了。

一个月后，北京电视台《悦读会》栏目请我去以“把孩子培养成财富”为主题做节目时，我邀请她们母女俩参加了。当主持人问女儿为什么要让妈妈读这本书时，女儿趴在妈妈肩头哭了。

泪水常常是感动的心河里流淌出的精华。人被理解的时候最容易被感动。聪明的女儿对母亲无端的责怪有意见，但她却没有直接表达，而是用一本书，一个故事为自己说话。效果出奇好，没有正面冲突，没有直接对抗，而是“借力”达到对话与沟通的目的。

这就是书的魅力，这也是我写书的动力。

其实，我不是作家，我只是一个记者，获得过韬奋新闻奖的记者。我在《中国少年报》工作近三十年，是广大孩子与父母让我拿起笔写书的。

作为《中国少年报》的知心姐姐，我几乎天天都在与家长和孩子打交道。我了解爸爸妈妈的苦衷，我知道爷爷奶奶的心情，我懂得孩子们的心，我知道他们需要什么。这些年，我去了全国许多地方，一次又一次登上家教讲台，面对成百上千的满脸焦虑的家长，我强烈地感受到做父母的多么渴望了解孩子，多么渴望家教新知，多么渴望看到好书！同时，我也走进一所又一所学校，面对成千上万的充满困惑的孩子，我同样强烈地感受到孩子们多么需要理解信任，多么需要鼓励肯定，多么渴望与成年人沟通，多么需要有人替他们说话！

正是这火热的渴望，正是广大父母与孩子日益增长的需求，逼着我拿起笔，从1994年开始，利用业余时间写书。十几年里，我撰写了《写给年轻妈妈》《写给世纪父母》《知心姐姐告诉你——做人与做事》《告诉孩子，你真棒！》《告诉世界，我能行！》《好父母，好孩子》《把孩子培养成财富》等书。其中三本获得中宣部五个一工程奖，一本获得国家图书奖，还有一本被新闻出版总署推荐为“百种爱国主义教育图书”。

有需求便会有市场。多年来，我撰写的几本书总发行量超过

700万册。有几百万读者做你的后盾，你说能不感动吗？

可我也有困惑。

这几年大量盗版书、假的文集和精华本出现在市场上。每当签名售书时，我只要发现了盗版书，都会用新书去换回来，因为那些书错字连篇，误人子弟。

一次，一位妈妈拿了一本厚厚的《知心姐姐卢勤家教精华四合一》让我签字，我拒绝了，我告诉她这是一本盗版书。她请求我说："你就帮我签个名吧，这本书很方便，我需要。"最后我用了五本正版书，才换下她手中的盗版书。

从中我看到了，匆忙的父母们需要文集和精华本，于是这套书诞生了。

感谢编辑们满足了我的心愿，正式出版并再版这套精华本；感谢曾经为我这个非作家出版书的各家出版社给予我的帮助；更感谢长期以来信任我、支持我、爱我的读者，没有你们就没有这些书，我爱你们。

卢　勤

目 录 / Contents

第一章
把孩子培养成财富

教孩子学会关心学会爱

尊老爱幼，一直是中华民族的优良传统。早在2000多年前孟子就说过:“老吾老以及人之老,幼吾幼以及人之幼。”意思是说，尊敬自己的老人，并用这样的态度对待别人的老人；爱护自己的孩子，并用这样的态度对待别人的孩子。

今天，我们的国家已经悄悄地进入了老龄社会，老年人生活中面临的困难越来越多。社会上更多的人在关注孩子，却忽视了对老年人的关注。让孩子学会关心，不仅要让他们学会关心同龄的有困难的小伙伴，更要让他们学会关心身边的老年人。

作为晚辈，应该如何关心自己的长辈呢?

我听说，有个女孩子从小娇生惯养，妈妈买了好吃的，总是第一个给她吃。一天，姥姥来看外孙女。妈妈又买来了好吃的，这次是先给了姥姥，这个孩子便大哭大闹起来，甚至骂姥姥“贪心”。姥姥很伤心：自己含辛茹苦养大了女儿，又带大了外孙女，如今却得到这样的结果。

过年过节，是最能考验孩子们对老人们的爱是不是真诚、是不是深刻的时候。

一次，我应邀参加中央电视台《相约夕阳红》节目的录制，

讨论的话题是“压岁钱”。

在场的大部分是老年人，还有少数的年轻父母和孩子。

谈起小时候得到压岁钱的情景，许多老人脸上洋溢着幸福的微笑。一位老奶奶说：“小时候盼过年。年三十晚上，当我们睡着了的时候，爸爸妈妈就把一枚铜板（当时流通的货币）用红纸包上，压在我的枕头下。大年初一的早上，我睁开眼睛就能摸得到。钱虽不多，却饱含着长辈的期望。”

但是，谈到今天孙子孙女要压岁钱的情景，许多老人充满了痛苦和焦虑。“唉，现在的压岁钱变味了！”一位老奶奶说，“我的小孙子才4岁，大年初一来拜年，匆匆鞠了个躬，就大声说：‘奶奶，拜年给钱！’瞧他妈妈怎么教的！”

还有几位老人说：“现在孩子用压岁钱的多少来衡量老人的好坏，孙子把给钱多的叫‘好爷爷、好奶奶’，把给钱少的叫‘抠门爷爷、抠门奶奶’。”

“现在一过年，我们做老人的就十分紧张！”

一位老奶奶流着泪说：“过年前，我的孙子对我说，奶奶，过年您给的压岁钱一定要给‘四个脑袋’（第四套面值为100元的人民币），不是‘四个脑袋’的您就别往外掏了。我有5个孙子，只好拿出了500元钱，可第二个月我就没有生活费了，因为我的退休金只有500元！”

老年人，是对我们这个社会作出过贡献的人，在他们有能力的时候，他们把自己的青春年华奉献给了我们的国家，共和国的大厦正是用他们辛勤的劳动甚至是用生命建造起来的。今天，他们年纪大了，没有劳动能力了，全社会就应该关心他们，有能力的人就应该照顾他们，让他们幸福地度过晚年。

爷爷奶奶、姥姥姥爷，都是每个家庭的功臣。没有他们的养育，就不会有我们及我们的子女。现在，我们长大成人，并且有了自己的孩子，而我们的父母却已经年老体弱，需要我们的关心和照顾了。

带着我们的孩子，去关心照顾我们的老人，是对孩子最好的教育。

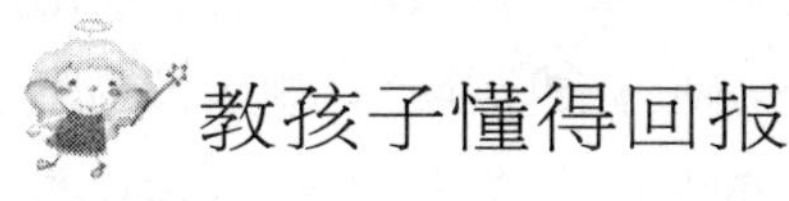

教孩子懂得回报

滴水之恩，当涌泉相报。该让孩子懂得这个道理。

人们都说，父母是最无私的，不要求孩子回报。我觉得，对于今天的独生子女，父母应该要求回报，并教会孩子怎样去回报自己的家人，怎样去回报社会。

中国有句古话:“滴水之恩，当涌泉相报。”

问题是，我们今天有许多在家人溺爱中长大的独生子女，从未有过回报的实践，于是也未产生过回报的意识。他们认为，别人为他们所做的一切都是应该的，不需要感谢，更不需要回报。一家人围着孩子转就好比地球围着太阳转一样，是自然规律。

妈妈做好了饭菜，孩子不问这饭菜是怎么来的，不问妈妈为这顿饭菜付出了多少辛苦，也不管长辈们是否吃过，上桌就吃；吃得不顺口，还要大喊大叫闹“绝食”。

妈妈给的零用钱，孩子理所当然地收下，还不时说着:“怎么才给这么点儿，抠门儿！”

花起钱来，孩子大手大脚，一次可以买十几串羊肉串、几十瓶饮料请客。孩子从未想过，爸爸妈妈挣来这些钱有多么不容易。

孩子为什么不珍惜父母的劳动，为什么不珍惜钱和物，因为他们不知道这一切是怎么来的，以为是从天上掉下来的，一切都来得容易，他享用是理所当然的。

一年春节过后，我们报社一位年轻能干的女记者从外地探望母亲归来，对我讲了一番话，使我大为感动。

她说，这次回去探家，她特地问起自己小时候的事，自己是怎么出生，怎样长大的。没有想到，在自己眼中一向豪放并不怎么细腻的妈妈，却把她小时候的事情讲述得十分细致。

"许多小事妈妈都记得清清楚楚，"女记者激动地说，"快出生之前，我在妈妈肚子里屁股朝下。为了便于生产，她天天要跪着转动身子，费了不少力气。生我的时候也遭了大罪，因为我的个头太大，不好生……我结婚以后，我妈寄来的钱，我都心安理得地花了，从来没有觉得有什么不应该。一年前，我曾经对妈妈说过，每月要给她寄 100 元，可我却从未兑现过，妈妈也没有向我要。这次，听妈妈讲了我小时候的事，我特别感动，回北京后，马上寄去 1400 元，从我许愿的那个月补起！妈妈真是不容易，我得好好孝敬她……"说到这里，她的眼泪直打转。

我也差点流泪。

过去常说"养儿方知父母恩"。这位年轻的女记者虽然还没有孩子，但通过和母亲的交谈，她了解了母亲的养育之恩。所以，过去心安理得靠母亲接济的她，终于懂得了用女儿的心去回报母亲，这真是难能可贵啊！

怎样让孩子们知道父母的不易呢？

我建议搞个《我是怎样长大的》征文活动，让孩子都去访问自己的父母或关心过自己的人，让他们从小知道，在他们的成长中，父母付出的心血，周围人们给予的关心和爱。

一棵小树的成长，离不开阳光和雨露，离不开土壤和养料。当它长成大树，变成木材，建成高楼大厦时，就是最好的回报。

同样，一个孩子的成长，也离不开亲人们的关怀和爱护，离不开老师、同学和许许多多人的教育和帮助。孩子要把这些爱牢牢地记在心中，好好学习，努力工作，长大以后用自己的行动去回报祖国的爱、人民的爱、亲人的爱。

家长要让孩子感受到亲人对他的关心、对他的爱，并且一点一滴地教他去回报。

孩子的正确思想是靠灌输的，爱的种子是需要培育的。无情无义的孩子的出现，是家长过度溺爱的结果。

孩子只要了解了父母的辛苦和不易，就一定会热爱父母、回报父母的。

回报与酬谢不同。回报是一个人从内心里感谢别人对自己的帮助，代表着一种深深的情谊；而酬谢，是一种还礼，一种答谢，多少掺杂了一些经济的利益。

儿女和父母之间的感情是一种自然的、发自内心的亲情。父母并不希冀什么回报，而每个孝敬父母的孩子都知道回报，也都在默默地、自觉地回报。正是这种亲情，维系着每一个家庭，成为家庭幸福的凝聚力。

所以，一个家庭是不是幸福，并不在于钱的多少，而在于家庭成员之间亲情的深浅，家庭凝聚力的大小。

父母不必企盼子女当大官，发大财，只要用人格的力量把孩子培养成人，一定会有一个幸福的家。

你真棒！

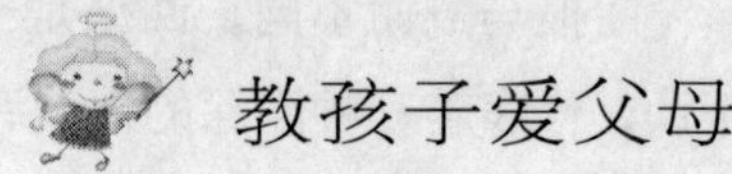

教孩子爱父母

爱是什么？

爱是一个口袋，往里装产生的是满足感，而往外掏产生的是成就感。

爱是什么？

爱是一种感受。一个人在被他人需要时，才能感受到自己生命的价值；一个孩子在被大人需要时，才能感受到自己幼小的生命是多么伟大，于是感悟到一种深深的爱意。

对成人来说，接受孩子的爱是幸福的，快乐的；但是对孩子来说，给予别人爱，别人能理解、能接受、能感悟到，比接受成人的爱更快乐！然而，今天许多父母，却把孩子们“爱的机会”垄断了，把孩子们“爱的权利”剥夺了。在独生子女的家庭中，孩子被各种各样成人的“爱”包围了，所有的大人都比孩子“强大”，比孩子有“实力”，孩子没有爱大人的机会，反而被大人“爱”得死去活来。

一个女孩儿正在家里写作业，爸爸下班回来了。刚刚在学校接受过爱的教育的孩子马上倒了一杯茶水，递到爸爸面前：“爸爸，请喝茶！”

谁知，爸爸冷冰冰地说：“去，去，去，写作业去！别趁机跑出来玩儿！谁用你倒茶，多考个100分比什么都强！”

一个男孩儿看到有病的妈妈做饭很辛苦，便走进厨房说：“妈，我帮您干！”妈妈马上挥挥手说：“不用你，把你的书念好，就是关心我了。妈可不希望儿子长大当厨师，妈要你当研究生！”

孩子心中刚刚萌发起来的爱的火焰一次又一次被父母无情地扑灭了。渐渐地，孩子明白了，父母所要求的就是考高分、上重点学校，别的什么都不需要了。然而，这不是所有孩子都能达到的目标啊！于是，许许多多孩子变得心灰意冷，玩世不恭，不再关心别人，也不懂得爱别人了。

就这样，“累坏了”父母，“闲坏了”孩子。久而久之，孩子认为，这些是父母应该做的，谁让他们当了爸爸妈妈呢，也不能白当啊！

真正爱孩子的父母，就要在孩子面前表现得弱一点儿，给孩子一点爱的机会，别总把自己看成是高山，视孩子为小草，让孩子靠着你、仰视你、惧怕你；更不要当大伞，为孩子遮风挡雨，让孩子弱不禁风。

换个位置、换个形象吧！让孩子做高山，父母来做小草，孩子就会长成山；让孩子当大伞，孩子就能顶天立地。

知心姐姐与家长和孩子一起互动。

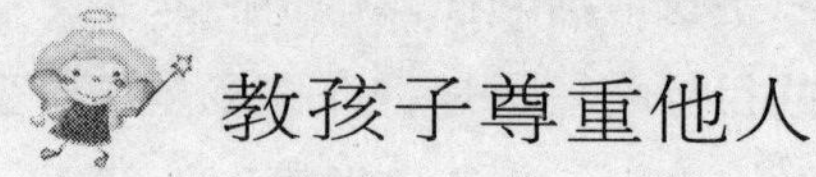

教孩子尊重他人

有一个北京男孩儿，叫郭沫。他像个小绅士，说话做事大大方方，对人总是彬彬有礼。一次，我们要开一个“手拉手地球村”小记者新闻发布会，选中了郭沫当新闻发言人。当时他是北京市崇文小学六年级学生。

郭沫小小年纪怎么会这样气质高雅、出类拔萃呢？我一直在琢磨这个问题。两年后，我偶然看到郭沫写的一篇作文，题目叫“尊重”，才明白了其中的原因。那时郭沫已在人大附中上初二了。

郭沫的作文写得真棒！

我妈妈是北京大学的教授，虽然她自认为学问做得不够好，但那是她自谦，不管怎么说，她也算是个高级知识分子了。一般人都会觉得，知识分子往往自视清高，看不起人，不易与人相处。但我从妈妈身上看到的是另一种情况。

在我们家住的大院内，有一个收废品的人。他看上去有 50 多岁的样子。由于风吹日晒，面孔又黑又红，皱纹密布，实际年龄其实看不出来了。在没有废品可收的时候，他就蜷坐在石阶上，以看过往的行人消磨时光。所有经过的人，或者根本不注意他，或者只是偶尔投去怜悯的目光。大多数人只是在忽然发现家里的废品需要处理了，才想起他。

我的妈妈也在他这里卖过一次废品。以后，每次路过石阶时，就好像熟人似的会与那个叔叔（以前，我根本没有想到这样称呼的，因为我们都叫他“收破烂的”）打声招呼，譬如：“还没收摊哪！”他见了妈妈也常说声：“下班了？”虽然只是几句极为简单的寒暄，但我发现，每次那个人的眼睛都会因为有人和他说话而发亮，当然，后来我懂了，这是一个人受到尊重的一种反应。

有时遇到刮风下雨，妈妈还给他个遮风挡雨的东西。春节前卖废品时，妈妈还给了他一瓶酒。他对妈妈的感激，也只能体现在他收我们家的废品时，总是多找几毛钱（我估计现在没有人会在乎几毛钱），而妈妈自然不会收。最有意思的是，一次我和爸爸妈妈一起上街，在一个十分繁华的地方，忽然看见他骑着那辆破三轮车帮人干活。他兴奋地和妈妈打招呼，没有丝毫自卑，妈妈也大大方方地和他寒暄。我和爸爸都笑了，说人家以为你们真是朋友呢！妈妈说，怎么不可以真是朋友呢！

在妈妈的影响下，我对看门的大爷、修鞋的师傅、卖菜的大婶都友好地打招呼。我学会了尊重。人本来是生而平等的，但由于各种原因造成了事实上的不平等，我们每个人应该努力消除社会的不平等。在日常生活中，首先要学会尊重他人。尊重他人，是文明社会人们最基本的道德准则。尊重他人，才会得到尊重；尊重他人，就是尊重自己。

原来，郭沫是从妈妈那儿学会了尊重。

我们在生活中，会碰到不同的人。你早上背着书包上学校，一路上会遇见公共汽车的售票员阿姨、卖早餐的叔叔；在学校里，你会见到老师和同学；有机会参加演唱会的话，你可以看见众多明星。不同的职业只有分工的区别，没有高低贵贱之分。郭沫从小明白了这样的道理，便发自内心地热爱和尊重每一个普通人，好的品质也就因此形成。

“尊重他人，才会得到尊重；尊重别人，就是尊重自己。”这

是郭沫总结出的人与人交往的基本原则。

美国作家拉凡·斯蒂恩曾讲述过自己的故事，他从父亲对一个贫苦孩子的尊重中，懂得了怎样做人。

我家住在北达科他州莫特市的一个草原小镇上，爸爸在那里开了个小商店，我们称之为“我们自己的五金家具店”，我们七个孩子从小就在店里帮忙。这样，我们自然就学到了从商的技能。

开始，我们只是做些诸如打扫卫生、把货物摆到货架上，以及包裹材料之类的零活，后来我们就开始接待顾客了。在这期间，我们逐渐了解到这项工作的意义不仅仅是为了生存。有一天，爸爸给我上的一堂课让我永远铭记在心。那是在圣诞节前，当时我上初中，只在晚上帮爸爸干活。这天晚上，一个五六岁的小男孩儿走进商店，身上穿着一件棕褐色的旧衣服，袖口又脏又破。他的头发乱七八糟，鞋子磨损得非常厉害，有一只鞋子的鞋带还是断的。在我看来，这个小男孩儿非常穷，穷得根本买不起任何东西。他在玩具部左看右看，不时拿起一两件玩具，然后又仔细地把它们放回原来的位置。

爸爸下楼走到小男儿孩身边，和蔼地问小男孩儿想买什么。小男孩儿说他想为他的兄弟买一件圣诞礼物。爸爸对待他的态度就像接待成年人一样，这给我留下很深的印象。爸爸告诉他随便看，尽管挑，小男孩儿确实这样做了。

大约20分钟后，小男孩儿小心翼翼地拿起一架玩具飞机，走到我爸爸面前说:“先生，这个多少钱？”

“你有多少钱？”爸爸问。

小男孩儿握着的拳头松开了。他的手掌因为紧握着钱而留下又湿又脏的痕迹。手掌展开后，我看到里面有几枚硬币，合计27美分。而他选中的玩具飞机价值3.98美元。

“你的钱正好够。”爸爸说着接过他手中的钱。爸爸的回答至今仍在我耳畔回响。在为小男孩儿包裹礼物的时候，我心里一直在想着这件事。当小男孩走出商店的时候，我没有再去注意他身上那件又脏又旧的衣服和他那乱蓬蓬的头发。我只看到一个怀抱珍宝的容光焕发的男孩儿。

你看，拉凡·斯蒂恩从父亲对待贫苦小顾客的态度中，懂得了怎样尊重一个平凡的孩子。

为什么要赔钱把小飞机卖给那个小男孩儿？因为父亲知道小男孩儿是想“为他的兄弟买一件圣诞礼物”，父亲看重的不是赚钱，而是小男孩儿的爱心，因为大爱无价！

但父亲为什么不直接把玩具飞机白送给小男孩儿，而是问他有多少钱？因为父亲明白，小男孩儿更需要自尊，而不是施舍。

当小男孩儿展开手掌，数出比飞机价格低得多的 27 美分时，父亲却说“你的钱正好够”，这让他产生了极大的成就感。

斯蒂恩在父亲的感染下，学会了看人。当这个五六岁的小男孩儿刚刚走进商店时，斯蒂恩看到的是他破旧的衣服和乱七八糟的头发，但在父亲的影响下，斯蒂恩改变了他的眼光，当小男孩儿走出商店时，他“只看到一个怀抱珍宝的容光焕发的男孩儿”。

有的同学爱以貌取人，瞧不起普通劳动者，但你仔细想一想，如果没有建筑工人，我们住的房子从哪儿来？没有种地的农民，我们吃的粮食从哪儿来？没有制衣的裁缝，我们穿的衣服从哪儿来？没有环卫工人，我们周围干净的环境从哪儿来？没有园林工人，我们城市的绿化从哪儿来？

生存，离不开劳动，我们没有理由轻视普通的劳动者。

面对平凡，你要真诚地去爱，爱能使你自觉去尊重人，尊重劳动果实。当你学会了尊重，你也将成为一个受人尊敬的人。

教孩子树立远大理想

青年人的理想是什么？我觉得可以在生活中去寻找，有的时候一句话就会使你产生一个理想。我曾在一个电视栏目中认识两个中学生。一个男孩儿，一个女孩儿，这两个中学生有一个特殊的情况，他们认识了一位生物学家。这个生物学家告诉他们，中国有一种叫白头叶猴的濒危动物，仅在我国广西有 200 只。现在人们要去了解它们的生活习性以保护这些野生动物，结果这两个人就有了一个梦想。于是他们从 2003 年开始利用这几年的寒暑假去跟踪调查白头叶猴。

环境非常恶劣，茫茫的原始森林是野兽和虫子的天堂。每天睡觉之前都得先抖抖被子看里头有没有蛇，早晨起来先抖落抖落脚上的鞋看看有没有蝎子。这种猴是很难看到的，有一些老猎人一辈子都没看到过，所以他们追踪得很辛苦。有一天他们太累了，一个叫董月的女孩儿，一屁股坐在地上，她突然感觉不对，觉得腿刷刷地有东西在爬，原来她坐在了蚂蚁窝上……这种事他们遇到了许许多多，但是他们有一个梦想，一定要研究出白头叶猴的生活习性，一定要保护我们国家仅有的这 200 只白头叶猴。于是他们就有了精神，三年的寒暑假都在大森林里度过。一个男孩儿一个女孩儿，这两个孩子的论文最终在美国纽约的世界少年科学家大会上获得了一等奖。男孩儿后来进了清华大学，女孩儿进了北京大学。我心里特别佩服他们，他们有梦想，他们实现了。

多年前，一位穷苦的牧羊人带着两个年幼的儿子以替别人放羊来维持生计。一天，他们赶着羊来到一个山坡，这时，一群大雁鸣叫着从他们的头顶飞过，并很快消失在远方。牧羊人的小儿子问他的父亲：“大雁要往哪里飞？”父亲回答说：“它们要去一个温暖的地方，在那里安家，度过寒冷的冬天。”他的大儿子眨着眼睛羡慕地说：“要是我们也能像大雁一样飞起来就好了。”小儿子也对父亲说：“做个会飞的大雁多好啊！”

牧羊人沉默了一下，然后对两个儿子说：“只要你们想，你们也能飞起来。”

两个儿子试了试，并没有飞起来，他们用怀疑的眼光看着父亲。牧羊人说：“让我飞给你们看。”于是他飞了两下，也没有飞起来。牧羊人肯定地说：“我是因为年纪大了才飞不起来，你们还小，只要不断努力，就一定能飞起来，到任何想去的地方。”父亲的话使两个儿子产生了飞起来的梦想，并坚持不懈地努力。一天，牧羊人带回一个小玩具，用橡皮筋做动力，使它飞向空中。两个儿子觉得很好玩儿，照着仿制了几个，都能成功地飞起来。他们因此兴致大增，并引发了造飞机的想法。经过反复试验，世界第一架飞机诞生了。

他们就是美国的莱特兄弟。

一位专家说得好，生命是有阶梯的。我突然想到了一种植物——竹子。竹子是一节一节长高的，它长了一节又一节，所以生命是有阶段的。我们家长要等待孩子一节一节地往上长，不要期望孩子一下子就长很高，那样肯定没有基础，因为生命的成长是有过程的。

专家还有一个很重要的观点，自我教育是最重要的教育。小赢靠智，大赢靠德，人要学会做人做事才有可能在人生的路上遇到挫折不害怕，遇到成功也不自满，才能不断地前进。所以，一个人有一种创造的欲望，再加上一种持续的努力，那这个人将来是大有可为的。

教孩子与人比进步

一位“抓狂”老爸打来电话，诉说了他的烦恼。

我天天开车去学校门口接送儿子。以前，放学铃声一响，儿子很快就能和伙伴们一起冲出来，有时还会吆五喝六地“点”上几个小家伙，一同“塞”进车厢；可是现在，我经常要等得眼睛都快变蓝了，全校人也差不多走光了，儿子才不紧不慢地一个人溜达出来。我问他，哪知这臭小子竟说：“老爸，以后别把咱家‘拓拓’车停在校门口了。那边有条没人的巷子，您就停那儿吧。我保证，一放学立马就奔过去。为什么？咱真丢不起那个人哪！您是不知道，我们班上有个同学，平时不咋样，成天耷拉着眼。可这段时间真‘捡到宝’了，甭提多威风了，打‘嘴仗’谁都比不过他！没办法啊，谁让他爸开的是宝马呢！车牌号还挂了好几个8！再掰掰手指头数数，我们同学家里有帕萨特的，有本田的，个个风光着呢！再不济有辆普桑（普通桑塔纳），也勉强说得过去。可瞅瞅咱家的小奥拓，让我在同学面前一点脾气也没有，特跌份儿！”好家伙，我还没嫌弃他学习不好呢，他倒先埋怨起我了！知心姐姐您说，照这样发展下去，成天比吃比喝比排场，就是不比学习成绩，可怎么了得啊？我是不是该修理他一顿才好？

这位爱攀比的孩子，确实把他的老爸气得够呛，也伤得够呛。的确，像这种盲目的攀比之风，目前在中小学生当中非常盛行。

我也问过许多同学，班上同学之间都在比什么呀？回答真是五花八门，概括起来主要有五大“狂比”。

第一是“狂比”穿的。套用一句老话“脚上没鞋穷半截儿”，所以看人先看脚，看谁脚上的鞋子牌子硬，用鞋来证明自己有身份。有个男生告诉我：“我们选鞋的标准主要是看广告，NBA 明星科比、奥尼尔、姚明穿的都是名牌，他们穿什么，我们就买什么。一双鞋花上八九百块，甚至一千多块，‘飙鞋’的时候，才不‘跌份儿’！”一位女生对“飙鞋”也特有看法：“在我们班上出现了一种特别奇怪的现象，你跟别人说话，他却会说，等你穿上‘阿迪达斯’才配跟我说话！有一次，坐在我旁边的一个男生故意踩我的新鞋，我让他别踩，可他居然说，‘阿迪达斯’踩‘安踏’是理所应当的！您说，他是不是特欠抽啊！”

第二是“狂比”用的。谁用的东西最时尚，谁就最能代表潮流，在班里也就最有“地位”。一般来说，手机“拼”得最凶，看谁的价钱最贵、功能最全、内存最大。而且，什么都得比一比，比谁家的电脑高级、比谁家的汽车豪华……

第三是“狂比”吃的。12 岁的园园过生日，妈妈就和她商量，不如请几位好朋友在家吃顿饭庆祝一下。可园园却不同意，还说：“那天同学过生日，请我们到大饭店‘暴吃’一顿，花了两千多块！可您却让我在家里请客，既寒碜又小气，我才不丢人现眼呢！”于是妈妈苦口婆心地说：“各家的条件不一样，再说过生日看重的是意义嘛！”园园听了嘴一撇：“您也太老土了！现在流行什么您都知道吗？钱本身并不重要，要舍得花钱才是硬道理！今儿多花点钱摆上几桌，立马挣足了面子；以后大不了吃一个月的方便面，反正同学们又不会知道。”

第四是“狂比”花的。就是比谁家阔气，好像家里钱越多自己就越值钱。上数学课，老师教千位数，请同学们在日常生活中找找实际的千位数。一位女生刚说家里的洗衣机价值 1000 元，马上就被一位男生“压”了回去：“我们家那台 4000 多呢！”其他同学也抢着说：“我们家的电脑花了 6000 块……”“那叫什

么破电脑？我们家的是品牌机，1 万多块呢！”“我们家的背投电视也是 1 万多块！”“1 万块也叫钱？我们家的宝马值 300 多万！”“牛什么牛？说出来吓死你！我们家别墅……”

第五是“狂比”谁家父母的“官儿”大。在有些孩子眼里，父母的职业、职位成了为自己树立威信的“资本”。一个一年级的小男生曾经亲口对我炫耀说：“那天，班上一个同学和我闹别扭，居然敢对我说：‘我爸是警察！你要再惹我的话，我就让他来抓你！’我就马上告诉他：‘我爸是公安局长，专管你爸！借他仨胆儿，你爸也不敢来抓我！’您猜怎么着，那小子再也不敢得瑟了。”

在北京电视台《知心家庭 · 谁在说》节目录制现场，一位军人观众说：“今天我是和儿子一起来录节目的。来的时候，儿子硬是让我换上军装。我问他为什么？他说，让您换您就换吧，就冲您肩上那么多的杠杠星星，上镜特有面子！”

你们身边是不是有这五大“狂比”，我当然不希望你们是这“狂比”风潮中的一分子。因为“狂比”于人于己，危害无穷，我曾经和许多的同学、家长、老师讨论过这个问题，最后一致认为，同样具有五大“公害”。

一害自己，比来比去，比没了自己。追求生活的高质量并没有错，但是，假如你们把名牌衣物看得比自身还重要，就会迷失了自我。我的一位朋友，应邀参加了某个明星与钻石大王的婚礼。婚礼一结束她就跑来告诉我，新娘戴的那颗大钻石漂亮极了，吸引了所有人的眼球。我问她：“那新娘子漂亮吗？”她想了半天才说：“真不好意思，我没注意看，当时光顾看那颗大钻石了。”这位明星难道不悲哀吗？由于钻石的昂贵，使自己原本耀眼的光彩黯然失色。当一个人过多注重身外之物是否名贵时，往往就会丢掉自身的价值。

二害家人，比来比去，比没了亲情。本来你们有一个幸福美满的家庭，或许由于虚荣心作怪，和别人攀比，扮“酷”耍“派”，使原本收入并不高的家庭经济拮据，加重父母负担，扰乱正常生活，使家失去往日的温馨。

三害同学，比来比去，比没了朋友。朋友之间的关系是用友谊来维系的，真诚的友谊是无价的；加入“金钱”的成分，友谊就会变质，交友更会变为交易。用金钱收买的朋友，永远不是真正的朋友。因为他们喜欢的是你们的钱，而不是你们本身！

四害学习，比来比去，比没了志气。有个男生考试不及格，就花了500元请客。饭桌上，同学们嘴上不说，但心里压根就瞧不起他。可他依然误认为有钱就有地位，整天无心学习，就想着怎么弄钱，结果荒废了学业，最终一事无成。

五害前途，比来比去，比没了幸福。人人都希望获得幸福，可幸福并不等于金钱和地位，而是一种内心的感觉，一种经过努力奋斗获得快乐的享受。当你们用父母的钱来满足自己的虚荣心时，得到的只是一点点“自私而可怜”的快乐，那决不是真正的幸福。

其实，人和人每天都处在比较之中。关键是看你们比什么，怎么比。如果是比学习、比能力，我不但不反对，还要高举双手赞成。可是，如果你们像上面所说的那样盲目“狂比”，那么，我就得提出四条忠告了。

（一）人品比物品重要。用名牌装饰自己，不如用知识来充实自己，用智慧来丰富自己。只有你自己瞧得起自己，别人才会瞧得起你；只有你抬起头，挺起胸，堂堂正正做人做事，别人才不会小看你。消费，永远不能建立在“让别人瞧得起”的基础上。

（二）身内比身外重要。首先，我要给你们讲一个小故事。

一位非常有钱的父亲带着全家来到乡下。他很想让小儿子看看穷人过得多么可怜，于是，就特意选了一个最穷的家庭，在那儿住了一天一夜。回城后，父亲问儿子：“这次旅行感觉怎么样？”“非常好！”“那你现在该知道穷人的生活是什么样了吧？”父亲又问。“是的。”“哦，说说看，你都看见什么了？”“我看到我们家只有一条狗，而他们家却有四条；我们家花园中央只有一个游泳池，而他们家却有一条没有尽头的小溪；我们家花园里有许多照明的路灯，而他们家却拥有满天的繁星；我们家的院

子虽然很大，而他们家的院子却一直延伸到地平线上。”儿子说完后，父亲变得沉默无语。最后，儿子又补充说：“谢谢您，爸爸，您让我明白了我们是多么贫穷。”

这个故事恰恰告诉我们：贫穷与富有的差异并不取决于那些身外之物，而是取决于自己的内心。拥有美好的心灵，才能看到美好的世界。正像古希腊人所说：“如果你顺其自然地生活，你就决不会贫穷；如果别人怎么说你便怎么做，那你就永远不会变富。”

（三）亲情比金钱重要。世间最珍贵的就是亲情，其中就有父母与儿女的骨肉之情。家境贫寒的卢素玉考上重点高中时，母亲体弱多病，父亲也已经 60 多岁了，下岗后在街边摆了个修鞋摊。素玉从来不把同学们带回家中，因为父亲很显老，以至有的同学会傻乎乎地叫声“爷爷”。她也从不在同学们面前提起父亲的职业。高二那年，素玉被评为区优秀学生代表，到市里参加表彰大会。散会后，她和几个同学走在路上，恰巧经过父亲的修鞋摊。素玉忽然发现，父亲的头上多了许多白发，便忍不住轻轻地叫了一声：“爸……”父亲抬起头，惊讶地望着女儿，随后很快地朝她摆了摆手。“这是你爸？”一个同学吃惊地问。素玉点点头，脸上不由得有些发烫。那天晚上，父亲回家时心情特别好，还破天荒地喝了点酒……后来，母亲告诉素玉，父亲那天真的很自豪、很高兴，因为闺女居然当着市里最优秀的孩子的面，叫了自己一声“爸”！就是这种流淌在血液里的骨肉亲情，才是生命中最温暖的。做儿女的只有丢掉虚荣，才能享受到这份亲情的温暖。

（四）创造比享受重要。享受自己用劳动创造的价值，要比享受父母或别人的劳动成果快乐得多，幸福得多。一次，有个同学对我说，他参加赛跑得了倒数第二名，就怪爸爸没给他买双耐克鞋。我马上说道：“不对！新鞋和奋发向上带给你的动力是不一样的。”接着，我又给他讲了一部外国影片《天堂的孩子》：一个贫穷的家庭有一双儿女。小兄妹俩只有一双球鞋，只好轮换着穿。每天哥哥一放学，就得拼命往回跑，跑到家附近的路边把鞋脱给妹妹。跑来跑去，他居然练就了长跑的本领。可是有一天，就在他俩换鞋的时候，球鞋掉进水沟里漂走了……后来，学校贴出布告，区里举行赛跑，第三名可以得到一双新球鞋。哥哥一心想给妹妹挣到那双新球鞋，于是就报名参赛了。经过全力拼搏之后，他居然得了第一名！但是，他得到的奖品却不是那双新球鞋。哥哥伤心地哭了……这部电影真的很感人，每当想起哥哥伤心的眼泪时，我就会想：穿上一双鞋去跑步，和为了得到一双鞋去跑步，那劲头真是不一样啊！

你们知道吗？目前，全世界都在关注孩子们的健康成长，制止校园攀比风气的做法也有不少。比如说，德国教育部门就在重新考虑采用统一校服的制度，来制止越来越多的校园名牌追捧者；新加坡的学校明确规定中学生不准穿戴名牌；日本不准中学生烫发；就连英国贵族学校的皇室子弟，参加社会实践时，也必须与平民家的孩子同甘共苦。在我国，北京市教委最新颁布的《中小学生守则》中，更是首次将“生活不攀比”作为重要的一条单独列了出来。

这一切做法只是为了表明，社会将不再把财富留给你们，而是要把你们变成财富。未来就掌握在你们自己手里。

比！当然要比！是骡子是马，拉出来遛遛！看谁的目光最远大，看谁的脚步最坚定，更看谁为自己的将来准备得最充分！

面对攀比，好好想一想，人和人到底应该比什么？

“不比穿戴比学习，不比文具比志气，不比吃喝比成绩，不比家庭比能力。”这是沈阳市下岗职工子女的铮铮誓言，相信对同学们是一种鼓励。

第二章
与孩子沟通的诀窍

一年春节，我和高中同学聚会。昔日一起读书的少女，如今年近半百，谈起我们的中学生活，一个个兴趣盎然；可说起我们正在上学的孩子，一个个却唉声叹气。

一个老同学对我说：“我们这代人上要照顾老，下要照顾小，好不容易把儿子养到十几岁，上了高中，竟然跟我们没话说，和他爸爸更是一见面就吵。儿子整天把自己关起来，不许我们进他的屋。我要是想跟他说句话，也只好写个纸条从门缝塞进去。我真是又难过又憋气。你是知心姐姐，你说说，我们跟儿子的关系怎么才能改变？”

她的话引起了大家的共鸣，许多老同学都把目光投向我。我沉思着，眼前仿佛出现了一个男孩儿设计的《家长报》。

这个男孩儿是北京市崇文小学四年级的学生。一个飘雪花的日子，他的班主任徐老师请我去为同学们自办的小报评奖。让学生自己办报的建议是我提出的：每个同学都设计一张小报，每天贴一张，这样就等于出“日报”了，还让孩子们都有成功的感觉。如今，孩子们的报纸真的办起来了，我当然要去祝贺。

评比会开得十分热烈，五彩缤纷的小报展现在眼前，那些充满童趣的图画、别出心裁的设计，令人目不暇接。作为评委，我真不知道评哪张优秀才好。可以说，45 张小报，张张都是那么出色。其中给我印象最深的，是一个男孩儿设计的《家长报》的报头：图案由涂实的红、绿、蓝三个圆组成，红色的在上，绿色、蓝色的在下，三个圆交叉在一起。

"能不能谈谈你的设计思路？"我认真地向小设计师发问。

男孩子站起来，神气十足地说："红圆代表我，绿圆代表我妈，蓝圆代表我爸。红圆与绿圆交叉的地方，说明我妈爱我，我爱我妈；红圆与蓝圆交叉的地方，说明我爸爱我，我爱我爸；绿圆与蓝圆交叉的地方，说明我妈爱我爸，我爸爱我妈！"

"太好了！"我禁不住为他的想法拍手叫绝。

教室里顿时响起热烈的掌声，鼓掌的是孩子们！

从这个男孩儿的设计中，从孩子们的掌声中，我理解了他们，他们需要自己独立的世界，他们认为自己和父母是完全平等的。在他们心中，家庭由三个完全平等的世界组成，每个世界既是独立的，又是交叉的，也是互相支撑的。他们骄傲地把自己的世界设计成红色，而且放在上面。他们知道，自己是父母心中的太阳，是父母爱情的结晶。他们多么需要父母的爱，多么渴望与父母沟通！

在全国第一个文明社区型学校——北京市朝阳区和平街社区"知心家庭学校"成立那天，我作为名誉校长讲了第一课。面对朝阳师范附小的20名孩子和20名家长，我请两个家庭用圆设计出"知心家庭学校"的标志。

一个女孩儿设计的图形，几乎和崇文小学那个男孩儿设计的一样。不同的是，她设计的图形，上面的圆代表爸爸，左下角的圆代表她自己，右下角的圆代表妈妈。看来，在她的心中，爸爸是至高无上的。另一个不同是每个圆上都画了一张笑脸。她解释说："希望全家快乐！"

那天，当时的团中央书记处第一书记周强，团中央书记处书记、全国少工委常务副主任赵勇和中共北京市委常委强卫都来听课。他们听了这个女孩儿的设计思路，一致说好，并当场决定，全国"知心家庭学校"的标志，就按照孩子们的思路来设计。

孩子们的设计意图，向我们做父母的表达了这样的心愿：相互依托，相互合作，相互沟通，这应该是现代"三口人"之家，

也就是独生子女家庭应该具备的人际关系。

假如让爸爸妈妈画一张家庭关系图，我相信，大部分父母都会在一个大圆里画上小圆，代表一种包容、从属的关系。在父母的心目中：孩子属于我，我可以主宰孩子，孩子必须服从我，我可以给你好吃的、好喝的、好穿的、好玩的……管你喜欢不喜欢，“爱你没商量”。

而如今，“三人世界”的家庭并不太平并不和睦，有的“三人世界”竟然发生对抗，甚至发生“战争”！

为此，大人伤心痛苦，孩子也觉得活得很累。

怎么办？怎样把对抗变为对话？怎样实现沟通？

我想，最重要的是：相互理解，相互尊重，相互学习。

在国际儿童发展会议上。

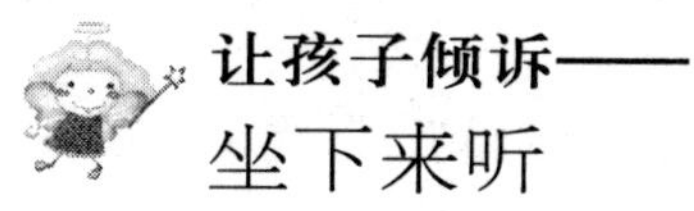

让孩子倾诉——坐下来听

静静地听，有时胜过千言万语。

一位著名的心理学家认为，父母让孩子通过语言把所有的感情——积极的和消极的——都表达出来，是对孩子最大的保护。

作为孩子，总希望父母能与他共享快乐或分担愤怒、恐惧、压抑、悲伤，而我们这些做父母的，却往往只爱听“好消息”，不爱听“坏消息”。长此以往，孩子失望了，觉得什么事情对父母说了也是白说，还不如将坏心情埋在心里。久而久之，消极情绪找不到发泄和化解的渠道，积累到一定程度就可能突然爆发，变成一种对抗情绪，以致给自己和家庭带来不幸。

有一天，我刚刚做完胃镜检查，嘴里的麻木感觉尚未消失，手机就急切地响了起来。打给我的是北京市教委的同志。她告诉我，一个初一女生吃安眠药自杀，刚刚被抢救过来，醒来的第一句话就是要见“知心姐姐”，说死前有话要对“知心姐姐”讲。

人命关天，我当然不能耽搁，况且，她对“知心姐姐”又是那么信任。

女孩儿的妈妈开车来接我，流着泪向我介绍了孩子的情况。她叫小雪，是个要强心细又富有爱心的女孩儿。事情发生后，她拒绝跟爸爸妈妈对话。为此，妈妈很难过也很担心。

当我们赶到她家时，小雪早已让爸爸扶着从六楼走下来等着。她两腿软软的，走路跌跌撞撞，下巴还贴着块纱布。这是她吃完药从昏迷中醒来，在家里楼梯上摔下来弄的，流了好多血，还缝了几针。

回到屋里，小雪对父母说：“你们先出去吧，我想跟知心姐姐

单独谈谈。”

我们俩面对面地坐着，开始聊了起来。

“我能把咱们的谈话录下来吗？我回去慢慢听。”我小心地征求她的意见，因为我觉得两个人谈话做笔记不太好。

原以为她会拒绝，不成想她倒是挺大方：“可以，您录吧，不过不要登报，不要用我的真实姓名。”

“我完全能做到，谢谢你对我的信任。”我感激地说。

“真没想到，我还能见到您。您知道吗，我吃了半瓶安眠药。”

我什么也没有说，只是静静地听着。

“我是分两次吃的。第一次吃完，我想起爸爸妈妈、老师同学都很爱我，我有些舍不得离开他们。可又一想，活着也太没有意思，太累了。每天晚上睡觉，总是有许多妖魔鬼怪缠着我，我很害怕，又摆脱不了。我又一次把药倒进嘴里。以后，我就什么也不知道了。醒来一看，很奇怪，我居然还活着。”小雪平静地说着，好像是在讲别人的经历。

“死是很痛苦的，下决心死也不容易。你为什么要死呢？”我心疼地问。

“活着更痛苦。上小学的时候，我学习很好，老师喜欢我。我会打木琴，同学们也很羡慕我。上中学以后，我的学习中等，老师不怎么理我，同学也挺自私，没有爱心。我们班有个同学病了，我想约几个同学去看她，可是谁也不肯去，还说什么‘她有病关我们什么事’。我自己用零花钱买了鲜花去看那个生病的同学，可是她连一句感谢的话都没有……我觉得人世间太冷漠了！”

“他们这样做一定很让你伤心，对不对？”

“对，”她接着说，“最后连我最好的朋友都背叛了我。她把我写给她的密信交给了老师！”这时，她的情绪有些激动。

“这封信很重要吗？”我关切地问。

“重要。信上说，假如我死了，我的信用卡上有 5000 块钱，留下 500 块给她，其余的去资助一个贫困地区的孩子……”

“你的朋友一定听说你要死了很害怕，才告诉老师的，她也是个十几岁的孩子，哪里经得起这么大的事情啊！假如是你，你也会这样做的，对吧？”我尽量顺着她的思路说我的看法。

“对，我也会这样做的。现在，我可以原谅她。”女孩儿表现得很宽容。看得出，她跟朋友的感情还是很深的。

我俩谈得很投机，但实际上主要是听她讲。小雪有很强的表达能力，思维也很清晰，声音悦耳。她的话，不仅让人能听得进去，有时还很能打动人心。

“你很有能力，你讲的故事可以写部小说了。如果真死了，怪可惜的，也许中国因此就少了一位女作家呢！”我情不自禁地说出对她的看法。

“我妈可不像您这样看。她对我要求很高，让我将来出国留学，整天催着我学习、学习，弄得我很烦也很累。”说起妈妈，她眼圈有点儿红，“她为我操碎了心。她是个女强人，老想让我为她争光，她活着也挺累。”

不知不觉地，我们谈了将近两个小时。

“好了，我心里的话都跟您说了，我也觉得好受多了。我妈从来没有这么跟我说过话。”她是一边打着点滴一边跟我谈话的。这时候，她看上去有了倦容。

我把小雪扶上床。她的妈妈已经把饭做好，端了上来。我匆匆吃了两口。临走时，小雪突然从床上爬起来，跌跌撞撞地走出屋，贴着我的耳朵轻声说：“您录下来的东西，想怎么用就怎么用吧！”我被她的真诚与信任深深地感动，感激地搂住她，并亲了亲她的脸颊。

几天后，北京市教委的那个同志告诉我，小雪很感激我去看她，并对她妈妈说，您瞧人家“知心姐姐”，能跟我面对面坐着，用眼睛看着我，微笑着听我说每一句话，听得那么专心。您可是从来也没有这样听过啊！

这又一次让我感动了，并真切地感觉到倾听的分量。小雪刚刚从死亡线上被救回来，第一个需求便是希望有人听她倾诉。没

有人理解她，是她选择死亡的原因，而有人关注她，又给了她生的希望。

无论是大人还是孩子，只有觉得对方能真正理解自己时，才能听得进对方的话。我们在倾听孩子的诉说后，立即用自己的语言重复其中的要点，并同他交流，孩子会觉得我们一直在认真倾听，对他是尊重并理解的。

跟孩子交流，有时候并不需要我们自己说，只要静静地听孩子把话讲完，孩子也就满足了。父母作为倾听者所给予孩子的关注、尊重和时间，是对孩子最有效的帮助。

有位妈妈声带上长了结节，医生强迫她噤声，至少十天不许说话。

这天，儿子放学回家，进门就嚷："我恨老师！再也不到学校去了！"

如果平时听到儿子这么说，妈妈一定要严厉地训斥他。但是，这一次她没有这样做——她不能讲话，只能看着下面会发生什么样的事情。

气愤的儿子蜷伏在妈妈身边，把头枕在妈妈的膝盖上，伤心地哭着："妈妈，今天老师叫我们写一篇作文，我写错了一个字，老师给我指出来，结果同学们都笑我，真没面子！"

妈妈只是搂着伤心的儿子。儿子沉默了几分钟，从妈妈怀里站了起来，平静地说："我要去公园了，同学还等着我呢。谢谢妈妈！"

妈妈的沉默给了儿子一个倾诉的机会，使他能够向妈妈吐露内心的痛苦。妈妈明白了，这时孩子并不需要父母的教训和忠告，他受了委屈，需要有人倾听他的诉说。

沉默有时胜过千言万语。这是人与人之间的相互交流相互沟通的一个奥秘。你能够理解这无声的交流吗？你能够学会使用它吗？那么请坐下来，静静地听孩子说吧！

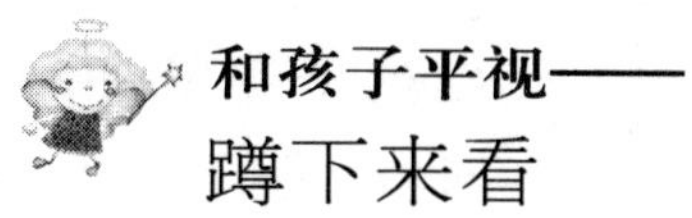

和孩子平视——蹲下来看

用孩子的眼睛看世界，才能看懂孩子的心。

我听过一个故事：一个大人发现有个孩子聚精会神地蹲在路边观察蚂蚁，便问："你在干什么？"孩子仰起稚气的脸得意地说："我在听蚂蚁唱歌。"大人哈哈大笑："蚂蚁怎么会唱歌？"孩子不高兴地回答："你不蹲下来听，怎么知道蚂蚁不会唱歌？"

这使我不由得想起一位爸爸的切身体验："蹲下来，和孩子平视。"他的三岁女儿跟他很要好，可他发现，女儿最不爱逛商店，每次都哭闹着不愿进去。爸爸百思不得其解：商店比家里好玩多了，小孩子为什么不爱去呢？一个偶然的机会令他发现了其中的奥秘。

一天，他领着孩子在商店熙熙攘攘的人群中挤来挤去，女儿的鞋带开了。他蹲下来给孩子系鞋带时忽然发现，出现在自己眼前的不是琳琅满目的商品，而是来回摆动的腿和手，一个个见棱见角的大提包，不时碰到孩子的小脸和身体……他明白了。"这里太可怕了，我们一分钟都不待了，马上回家去！"他大声地对女儿说。可是爸爸把孩子扛到肩上准备离开时，孩子笑了，不想走了。哇，原来她看见了漂亮的玩具。

这给我很大启示：与孩子平视，是每个父母应该遵循的原则。父母要被孩子接受，是不是也应该找准自己的位置，蹲下来，听孩子说话，了解他们的思想，知道他们要做什么呢？有许多事情，用我们成人的眼光来看，怎么也理解不了，这就需要做父母的有变换角色的意识，抛弃自己的偏见，用孩子的眼光来看他们的世界，才能看懂孩子。

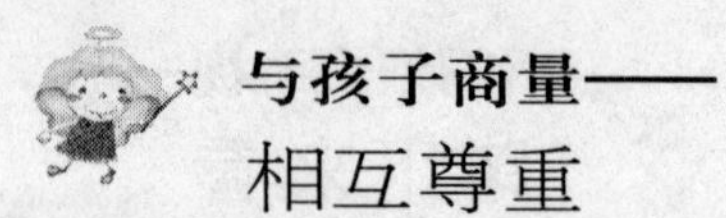

与孩子商量——相互尊重

商量的魅力在于，使自己学会从别人的角度思考问题。

两代人的沟通，最重要的是相互理解、相互尊重。而实现相互理解、相互尊重的方法是——学会商量。

我从儿子的成长中体会到：商量，能使家庭关系变得和谐；商量，能使孩子得到大人的尊重，从而使孩子懂得尊重别人，并学会用商量的办法去对待父母和他人。

上小学时，有一天，儿子对我说："妈妈，和您商量一件事。"

"好啊！"我洗耳恭听。

"过两天学校要组织春游，要坐车、买门票，天这么热，还要买点儿饮料。您能不能给我些钱？"儿子掰着手指算着。

"可以。"我毫不犹豫。孩子出去玩，给点儿钱是应该的，何况他的理由那么"充分"。

儿子看我这么痛快，来了精神。"您可能好久没去颐和园了，里面许多地方都要门票，您能不能再多给我点儿钱？"儿子"得寸进尺"了。

我看他那认真的样子，觉得这个理由也能接受，于是又答应了："好吧！"

儿子看自己的"游说"成功，情绪更高了："要不然，您再加点儿，万一有同学带的钱不够，跟我借呢！"

这话也有道理，看他那费劲的样子，我改变"战术"，"以攻为守"了："这样吧，我再多给你些钱，由你自己支配，节约归己，好不好？"

"真的？OK！您真痛快！"儿子喜出望外。

出乎我意料的是，这次春游儿子只花了些钱，用来买门票、交车费。

儿子的班主任告诉我："这次春游，你儿子什么都不买。中午吃饭时，大家都去买饮料，他也不去买。我问他为什么，他神秘地告诉我'节约归己'。"

后来听儿子说，许多同学买吃的、买喝的，春游变成了"吃喝游"；还有的同学把剩下的钱买了小飞机，一会儿就飞丢了好几架，多可惜呀！

儿子上中学以后，追求独立的思想逐渐占上风，越来越需要获得他人的尊重。

高三上学期，儿子提出周六要和三个男生去另一个男生家住一晚，欢度中学的最后一个新年。我没有同意，理由是——老师说了，不让到同学家过夜。当晚，谁也没有说服谁，儿子也没再坚持。过了几天，儿子忽然问我："妈妈，您写的书没有人看怎么办？"我以为他指的是那本《写给年轻妈妈》，便很有把握地说："有人看，这本书发行200万册了。"

"我是说，假如没人看，您会是什么样的心情？"儿子换了一个角度提出问题。

"那我当然会伤心的。"我坦白地说。

"这就对了，"儿子一拍大腿，"您想想，同学的妈妈听说我们要去，晚饭都准备好了，屋子也收拾出来了，可我们又不去了。人家白准备了，一定也会伤心的。是不是这个道理？"儿子显然比小时候能说多了。

"道理是这样，可学校开家长会时说了，有几个同学去别人家过夜，家长们有意见，所以不同意这样做。"我再一次申明反对的理由。

"那几个同学事先没有和家里商量好，让家长着急了，家长当然反对了，我这不是和您商量嘛！"儿子耐心地解释着。

听到"商量"这个词，我动心了。是啊，儿子为了达到目的，真是煞费苦心！于是，我同意了，并嘱咐他早一点儿回家。

儿子乐了:“我早知道妈妈是个明白人！”他有一种“成功”的喜悦。

从儿子幼儿时期直到高中时代，我一直用“商量”的办法同他相处。“商量”使亲子间增进了感情,避免了冲突和对抗;“商量”使儿子学会了从别人的角度来观察事情，思考问题，学会了平等、尊重和友谊。

回想儿子成长的经历，我深深地感受到，孩子是独立的世界，这个世界蕴藏着极大的潜能。潜能的开发，要靠个人努力，更要靠父母的尊重、赏识和肯定。父母应当相信，孩子的世界会比自己的世界更辉煌，因为他们属于未来。有了这样的认识，才能平等地面对他们，真正地尊重他们，由衷地赞美他们，他们才有可能以自己的健康成长来回报我们。

有了知心姐姐，我们学会了说“太好了”“我能行”。

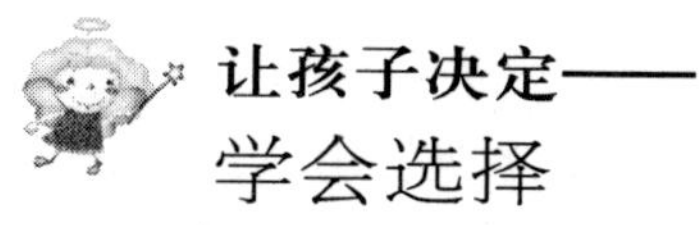

让孩子决定——学会选择

学会选择的人，才能把握好自己的命运。

选择是一种能力。

人的一生中，会遇到无数选择的机会。机会永远属于有准备的人。如果一个人从小就有意识培养自己选择的能力，那么就有可能抓住机会，走向一个又一个成功；如果事事都靠父母替他选择，离开父母就束手无策，那么机会就会与他擦肩而过。

选择的能力是从小培养的。父母要对孩子一生负责，就要把选择的权利交给孩子，切不可包办代替，因为人生的路还要靠孩子自己走。

1969 年初，六八届中学毕业生面临着三种选择：去农村插队、去生产建设兵团、留北京工厂。我征求妈妈的意见，她说："去哪儿你自己定吧。"我选择了去农村插队，妈妈支持了我，尽管她很想让我留在她的身边。火车开动时，她只说了一句话："别把东西丢了。"从她坚毅的目光里，我看出了她对我的选择是放心的，唯一不放心的是我丢三落四的毛病。

离开了父母，离开了老师，我才真正感觉到踏上了人生的道路，我遇到了一次又一次的选择。在这一次又一次的选择中，我也明白，一切都要靠自己来安排。

知青分队那天，许多同学围着大队书记，请求去条件好一点儿的生产队，谁也不愿意去最穷、最偏远的巨丰山生产队。那里到处是盐碱地，树都种不活，农民生活很苦。

巨丰山的生产队长赵春，一大早赶着马车来接知青。他特意穿了一身崭新的黑条绒夹袄，长鞭上系着红缨子，枣红马的毛刷

得亮亮的。可一听说知青不愿去巨丰山，一时没了情绪，蹲在地上“吧嗒吧嗒”抽起了大烟袋。

这一切,我都看在眼里。我想:既然来了,到哪儿去不是一样!穷点儿、富点儿又有多大差别！再说，大家都不去巨丰山，使巨丰山的乡亲多失望呀！我把这个想法告诉了同行的两个伙伴，没想到她俩与我不谋而合。她们让我做代表，当场向大队书记报告：“我们三人愿意去巨丰山！”

喧闹着的知青们突然安静了，大家都用惊异的眼光看着我们。而我们呢，正为这勇敢的选择而自豪地拥抱着！外校的两名初中女生和一名男生，也表示要和我们一起去。于是，我们六个人上了巨丰山生产队队长赵春的马车。

赵队长乐了，一路上快马加鞭。

很快，通过我们的努力，我们的集体户成为县、地、省级先进知青集体户。

下乡插队三年后，招工开始了。我又一次面临选择：是去白城地区知青办，还是去镇赉县文工团创作组？虽然当时我在巨丰山组织了一个剧团，创作了一些剧本，春节期间到各村演出，很受欢迎，可我还是决定去地区知青办，为知青办刊物，因为我更喜欢写新闻报道。就这样,我在白城地区知青办工作了六年，并担任了知青办副主任。1979 年 6 月，我正式调入了中国少年报社。

每一个曾经上山下乡的知青，谈起自己当年的选择，无论是苦是乐，脸上都会洋溢出一种自豪：因为毕竟在十几岁时自己就当了自己的家。那些苦呀、累呀都是自己选择的。这样的体验是花钱也买不来的，这也可以说是人生的一大财富。

可是当我们自己做了父母，却习惯把“选择权”牢牢地把握在自己手中，千方百计为孩子设计未来，逼着孩子做他们没有兴趣的事情。结果只有两个，一是让孩子变得胆小怕事，只会顺从地按照父母的意见办事，自己缺少主见。二是引起孩子的反感，总是跟父母“较劲”：你让我朝东，我偏要向西。父母对孩子的期望无法实现，还造成与孩子心理的隔阂。

如果我们能够想想当年自己的选择，对孩子的选择保持顺其自然的心态，让孩子自己选择，那结果就大不一样。

我的儿子从小兴趣广泛。在小学读书时，课余学过二胡、捏泥人、美术、无线电。六年级时，他组装了一个能收到五个频道的收音机，在区无线电比赛中得了一等奖。当时，我很高兴，一心想让他往无线电方面发展。

没想到，到中学报到的第一天，儿子便报名去军乐班学吹大号。

我知道后立刻表示反对："你干什么不好，干吗非要去吹大号不可！"我曾经看过军乐队演奏，觉得吹大号是最没意思的——永远坐在边上，只能给人伴奏。

"您别急着表态，先去学校看看行不行？您可是'知心姐姐'啊！"儿子给我来了个"激将法"。我无言以对，只好点头。

我去学校那天正是暑假里最热的一天，军乐班的学生在操场上练队列。只见儿子站在烈日下，满脸是汗水，却擦也不擦——我知道，他在"表现"给我看。这让我既心疼又有些感动。

从操场走出来，儿子用期待的眼光看着我。我说："吹号是个苦差事，不容易成功，尤其是大号。你过去没有基础，要从头学，有准备吗？"

"没问题，有苦自己吃，有汗自己擦。"儿子斩钉截铁地回答。看来，他已经下定决心了。"那好，路是你自己选的，你要坚持走到底。"我同意了，虽然有点儿勉强。

两个月后，乐队开始合奏了。那天，老师把家长都请到了学校。孩子们个个吹得很起劲。当雄壮、和谐的世界名曲响起时，我流泪了，许多家长也流泪了，没有想到，原本对铜管乐器一窍不通的孩子，经过两个月练习，竟然演奏得这么好！

儿子也真有志气，一直坚持了六年，成为学校军乐团首席大号。让我惊喜的是，儿子不仅学会了吹奏乐器的技巧，更看到了"合作的力量"、"投入的力量"，从而培养了强烈的责任意识，锻

炼了与人交往的能力。我想，这些正是他能坚持下来的原因，因为他热爱乐团，所以吃苦受累都乐于承受。

学会选择的人，才能把握好自己的命运。

人生中有很多选择题，我们需要思考。

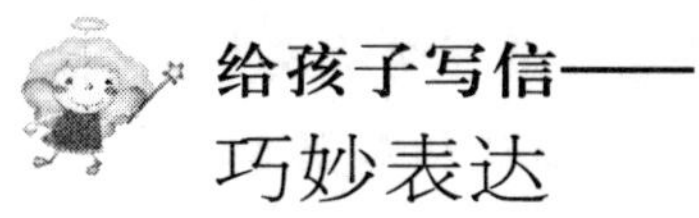

给孩子写信——巧妙表达

书信，自古以来就是人与人沟通的好方式。

在教育孩子的过程中，家长常常遇到这样的情况：自己有一肚子话要对孩子讲，又不知道应该从哪里说起。尤其是遇到比较敏感的问题，更不知道该不该对孩子说，怎么对孩子说。

给孩子写信，通过文字来表达自己的心情，不失为一种与孩子沟通、交流的好方法。

一个 15 岁女孩儿的爸爸讲过这样一件事：一个周末的中午，他想出去买书，随手从抽屉里拿出头天刚刚领回的 200 元稿费。奇怪！昨天明明放进去四张 50 元的，怎么隔一夜就剩三张了？他仔细一想，丢钱的事好像已经发生过几次了。

钱是谁拿的呢？他想：妻子难得进书房，倒是我那宝贝女儿常来取书看，可女儿会偷偷拿钱吗？一问妻子，妻子比他还急，说女儿要这样发展下去就可能走邪路，并说："等她回来，你要好好给她点儿厉害尝尝。"

这位爸爸想：如果皮肉之罚真的那么管用，倒也简单省事。问题是女儿有很强的自尊心，假如棍棒之下女儿觉得没脸见他们，或者怕张扬出去，干脆来个铤而走险，那才真正是害了她。他竭力克制住自己，想寻找一种容易被女儿接受的方式。于是，他给女儿写了一封信，放在抽屉里。

天天：

爸爸最近发现抽屉里少了几次钱，我想是你拿的吧？天天，爸爸发现之后不当面责问你，是因为你已经

长大了，爸爸要尊重你的自尊心。实际上，如果你需要钱，又不是乱花，完全可以向爸爸当面要，爸爸哪次没有满足过你的要求？真的，发现你不声不响从抽屉里拿钱，很让我震惊和难过，你也应该意识到这是什么行为吧？我希望你从中吸取教训，知错就改。只要改正了，你依然是我们的好女儿。祝你学习进步，做诚实的人。

爸爸

几天后，吃晚饭的时候，爸爸发现女儿一脸紧张，不敢抬头。他猜想女儿一定看到那封信了，但没动声色，好像什么事也没发生。

第二天，他发现自己的信换成了女儿写的信。

亲爱的爸爸：

我很感激您给我这次改正错误的机会！我自己也感到惊讶，怎么会在不知不觉中变成这样？侥幸的心理好危险！爸爸，我错了，不应该这样拿您的钱，更辜负了您对我的殷切期望。爸爸，您写的那封信我取走了，我将永远保存它，记住这个深刻的教训！爸爸，请相信我以后再也不会做这样的事情了。我一定会认真学习，做个您所希望的诚实的人。

您的女儿：天天

此后，这位爸爸的抽屉里再也没发生少钱的事情。女儿后来也被评为三好学生。我们说，是父亲的理智挽救了这个女孩儿。而理智的基础是对孩子高度的信任与尊重。

我儿子上高中的时候，一次我去学校开家长会，听说他对一个女同学挺有好感，但那个女同学不理他，因此他的情绪很低落。

回到家后，我把这个情况跟他爸爸说了，爸爸当时就问他：

“你跟那个女生怎么着了？”

儿子哭了，向我们大吼一声：“别逼我好不好？”一摔门走了。我们俩谁也没有说话。

一会儿，儿子回来了，说了声：“对不起，我刚才太激动了！你们批评我吧！”

我被儿子的“大度”感动了，反而觉得自己太不注意方法了，于是抱歉地说：“是我们太心急了，今天不说了。”

当晚，我给他写了一封信。信里写道：“一个国家强大了，别的国家都来跟它建交；一个人强大了，别人就会友好地和他交往；一个男人强大了，好女孩儿也会主动跟他交友。一个男人是靠自己的力量来团结别人的。你现在还不是很强大，你不被对方接受，心里很难受，这是弱小的表现。你要使自己强大起来，我相信你是一个真正的男子汉。”我把这封信放在他的桌子上，从此没有再谈过这件事。

书信，自古以来就是人与人沟通的好方式，我们可不能把它遗忘呀！

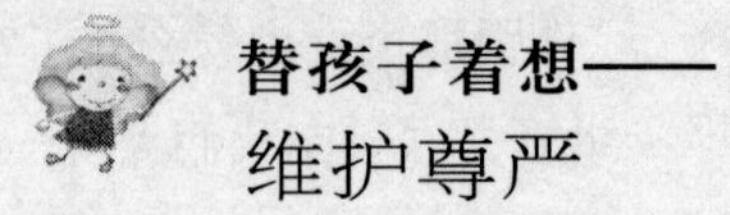

替孩子着想——维护尊严

孩子害怕的是失去尊严。

一个星期天，我应邀到河北省衡水市举办家庭教育讲座。会后召开了家长座谈会。一位年轻妈妈带来了她 11 岁的儿子腾腾。

“卢老师，您来晚了，要是早来几年，我的儿子也不至于挨那么多打了……”这位妈妈哽咽着开始她的发言。

我教育儿子的方法是，儿子必须按照我的要求做，只要不对就打。有一次，他偷拿了我的钱，我狠狠地打了他，把竹笤帚都打断了。我告诉他，小时偷钱不管，长大就要犯罪，到时候谁也救不了你。可是过了几个月，他又拿了我 10 元钱，和同学去公园玩。这件事，前不久才被我发现，我气得快哭了。这时，我让自己冷静下来，心想，孩子都这么大了，再打他也是不服，换种方式也许更有效。于是，我对儿子说：“腾腾，这回妈妈不打你，你写个检讨吧！我要把检讨交给老师看，我要问问老师，你这样怎么配当三好学生？”孩子一边写一边哭，大滴的泪珠掉下来，写完，他在床上躺了一天不吃也不喝。我意识到，这样做对孩子压力太大了，晚上，我答应他不把检讨交给老师，孩子又哭了。以后，就是我把钱摆在桌上，他也没有再拿过。

没过几天，儿子委屈地对我说：“姥姥丢钱了，怀疑是我拿的。”

“你拿了吗？”我问，我知道他一定没有拿。

儿子坚定地说：“妈妈，真不是我拿的。”

我说：“妈妈相信你！我替你向姥姥解释。”

过了两天，姥姥的钱找到了。

妈妈讲时，儿子在一旁只是“呜呜”地哭。

“腾腾，妈妈让你写检讨时，你是怎么想的？”我轻声问。

“听我妈妈说，要把检讨交给老师在全班读，我心里害怕极了。我写检讨的时候，眼前老晃着老师和同学们的脸，同学们在指责我，骂我是小偷。晚上妈妈说，只要我改了，检讨就不交给老师了。我很感激妈妈，我觉得她真是好妈妈！后来，我就改了。”

母子俩的一番话，令在场的人都流泪了。

我意识到，一个人最宝贵的是尊严。对一个孩子来说，最害怕的不是棍棒、拳头，而是失去面子、失去尊严。当你知道孩子偷了东西，但还不能确定时，请你保持冷静，千万不要冤枉孩子；而当你已经有证据确认孩子犯了错时，请一定给孩子留点儿面子，孩子会为此感激你一辈子！

我忘不了作家梁晓声写的一篇文章《我和橘皮的往事》。梁晓声上小学时，家里条件十分困难，母亲又患了哮喘病咳得很厉害。他听说橘皮能治哮喘病，便偷偷拿走了教室窗台上晾的干橘皮。后来，他的班主任老师在大家都认为梁晓生不对的时候帮助了他。梁晓声说，他从内心里感激这位老师，这种感激之情持续至今，鼓励着他用一生的努力来回报社会。

对待孩子，没有比保护他的自尊更重要的事了。

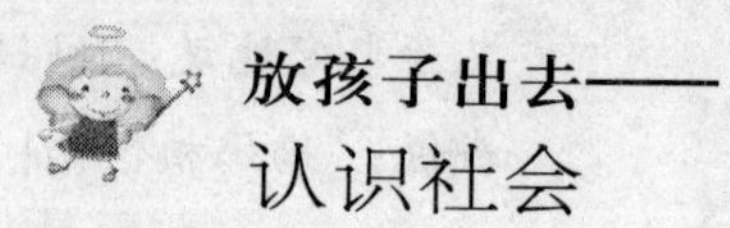

放孩子出去——认识社会

见识，是在实践中增长的。

带孩子出去玩，能使孩子见世面，扩大视野，这是家里任何玩具、画册、游戏机都替代不了的。

不到九岁的北京男孩温勃，暑假远行万里，到南非看望在那里工作的爸爸。温勃第一次踏出国门，便是穿过一万多公里的空间，从北半球来到非洲大陆的最南端；从自己非常熟悉的北京，走入陌生的约翰内斯堡。

对一个初到非洲的中国孩子来说，温勃最感陌生、好奇又有些恐惧的莫过于满眼都是黑人。

爸爸带温勃去了一个极为贫穷的黑人村镇。那天，村里的黑人正蜂拥着参加庆祝集会。上千名男女老少载歌载舞，大喊大叫，逐渐把他们父子俩围在中间。这样张扬奔放的迎客方式令父亲深受感动，然而温勃却是一脸的恐惧。事后，温勃对爸爸说："我哪儿见过这种阵势呀！我真怕他们把咱们抢了。"这是九岁的中国男孩儿对黑人的最初认识。

减少偏见，客观地了解另一种肤色人群的最好办法，便是多同他们交流。于是，父亲把温勃带到一个民俗文化村。文化村内有几个典型的黑人部族村落，各村落中都有一群身穿本民族服装的黑人。每到一个村落，都有酋长给客人讲解各自的习俗。温勃虽然听不懂他说什么，但一脸的恐惧逐渐消失了。

文化村最后一个节目是和黑人们一起跳舞。一位脸上涂着几个白点的黑人妇女拉着温勃的手，加入了歌舞的队伍。温勃已经不再害怕，他大方地学着黑人的舞姿扭起来。

这样的接触渐渐冲淡了原有的陌生和恐惧，温勃在与黑人的交流中变得大方多了。在祖鲁族部落，上百名祖鲁族黑人以狂歌劲舞的传统方式迎接各国宾客。男人手持兽皮盾和长矛，身上仅仅遮着一块兽皮，他们跳着、舞着、唱着，是那么尽兴、那么奔放……歌舞完毕，这些黑人又在手持权杖的酋长带领下呼啸而去。要是在以前，这个阵势准又把温勃吓坏了，会远远地躲开，而这次，他竟然毫不胆怯地迎上前去，站在那位祖鲁族酋长的身边，留下了一张难得的合影。

一个中国男孩儿，有幸踏上远隔万里的南非大地，有幸从亲身的体验中了解那里黑人的生活，和陌生的人群进行交流，这是他重要的一段人生经历。

人类是一个巨大的“部落”，认识整个人类，需要一个博大的胸怀，尤其面对与自己民族差异很大的群体，需要以坦诚的胸怀走向对方，了解对方。

孩子认识人类，是通过一个一个具体的人来认识的。让孩子多交一个朋友，实际上是在帮助他多打开一个窗口。这样的窗口打开得越多，孩子的视野就越开阔，心胸就越宽广，胆量就越大。相反，如果把孩子封闭起来，不让他与人交往，那么孩子或者变得孤独、冷漠、不合群、不自信，或者变得夜郎自大、故步自封，与别人格格不入。慢慢地，对人越来越疏远、陌生，心灵的世界越缩越小，最后只剩下自己，其结果是相当可怕的。

请不要把孩子关在狭窄的空间里，放他们出去，到外面的世界走一走，看一看，多认识社会，多结交朋友。

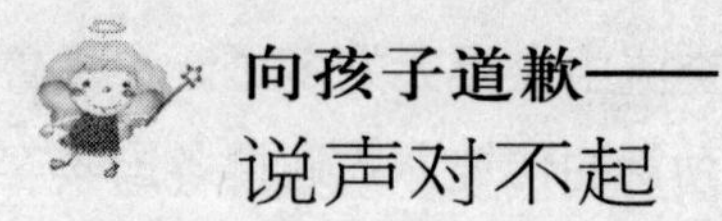

向孩子道歉——说声对不起

大人做了错事，不妨大胆地认错。

大人有时会错怪孩子，这很正常，因为许多大人不知道孩子心里想的是什么。孩子犯了错，要向大人认错，向被冒犯的人道歉；可大人犯了错，错怪了孩子，却很少向孩子说声对不起，这就不正常了。

但是，也并不是所有的大人都不向孩子承认自己的错误，在北京光明小学，就发生了一件老师向学生道歉的新鲜事。

一次自习课，班主任梁老师走进教室，看见刘晨同学正在"玩耍"，就当着全体同学的面批评了他。刘晨很不服气，对老师说："不是我一个人在玩，为什么光说我？"梁老师没想到刘晨会反驳，顿时有些生气："我就看见你玩了！"

刘晨的眼里涌出了泪水，不再吭声。晚上，刘晨想起白天的事，心里委屈极了。原来，老师不在教室的时候，有几个同学在大闹，影响别人写作业，于是他过去加以制止。正在这时，老师进来了。

怎么办？是把委屈憋在心里，还是告诉老师？刘晨决定写在日记里。

第二天，语文老师批阅日记作业时，看到了刘晨的这篇日记，便马上交给了梁老师。

梁老师了解到事情的真相，知道自己冤枉了孩子。怎么办？是找刘晨当面认错，还是公开道歉？梁老师想了一想，决定公开向刘晨道歉。

在家长会上，梁老师当着全班同学和家长的面，检讨了自己没有调查清楚就错怪刘晨的错误，并诚恳地向刘晨说了声："对不起！”

刘晨做梦也没想到，梁老师会对自己说“对不起”，一时不知说什么好，眼泪又一次流了下来……

我被梁老师的真诚感动了。一个年过半百的老教师，能向一个11岁的小学生公开道歉是多么难得！这说明，学生在老师的心中是非常重要的，她把孩子看作一个有着独立人格的人而给予尊重；同时，她又对孩子这样的未成年人，用自己的真诚保护了他们的自尊心。

“人无完人”，谁都免不了会有过失。我们总不能像蜗牛一样，把所有的错误都装进一个大壳子里，天天背着，那有多累啊！其实，大人做了错事，也应该像孩子一样大胆承认并立刻改正。丢掉面子，丢掉错误，轻装上路，那有多轻松啊！

一次座谈会上，有位家长提出这样一个问题：“大人犯了错误，面对孩子，应该怎样解释呢？比如说，孩子做了一件错事，我知道了就责备他，骂他。以后通过找老师，我发现错怪了他，但没有勇气向孩子承认错误，这一点让我们大人很难办。”

我回答说：“大人也有犯错误的时候，大人也要实话实说。如果能对孩子说一声：‘对不起，我错怪你了！’我想，孩子是会非常感动的。有时，家长老是放不下架子，觉得自己是大人，怎么可以随便向孩子说‘对不起’呢！我倒是觉得，我们跟孩子可以建立一种朋友的关系，有来有往，谁做得不对谁就认错。这样，反而显得大人很光明磊落，在孩子眼中也很有分量。”

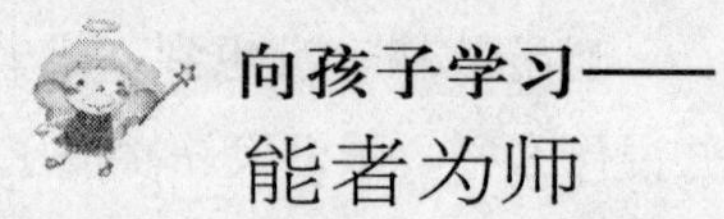

向孩子学习——能者为师

放下架子，你会发现孩子可能比你强。

我过 50 岁生日那天，儿子送我一件礼物——他亲手将我家的电脑升级，装入语音录入系统软件。

在儿子的指导下，我乖乖地坐在电脑前，学习语音录入。

“专心，别走神！”

“自然点儿，就像平常说话一样……”

“不行，您感冒了，鼻音太重。妈妈，您需要重新录……”

面对电脑，我是一个小学生，儿子却俨然是一位严格而耐心的老师。

想起几年前，我还可以做他的老师，而今，他利用知识的优势以及所享有的信息、技能，使我不得不对他刮目相看，不得不老老实实拜他为师。

能者为师。拜孩子为师，不是什么不好意思的事情。

今天的孩子非常幸运地成长在科学技术飞速发展的信息时代，他们身上蕴藏着巨大的发展潜能，他们获取信息的能力远远超过我们这些家长的想象力。一件新的电器买回家，我们手忙脚乱，不知所措，而孩子几分钟就能让功能多得令人眼花缭乱的电器听从他们的指挥，并教给我们如何使用；到商场买东西，你在那里不知如何是好地挑来选去时，孩子会马上告诉你，哪种式样的衣服最流行，哪种已经过时，让你不得不听他的……在有些方面，孩子确实比我们懂得多。

拜孩子为师，好处很多。

一、能使大人变得年轻

好像回到自己的年轻时代，激活自己学习新知识的兴趣。

二、能使孩子变得自信

能够做父母的老师，让父母听自己的，这是多么神气的事情！孩子自然会从心里发出“我能行”的正信息。

三、能使亲子间的感情增进

父母拜孩子为师，就自然会放下架子，与孩子平等相处；孩子受到大人的尊重，反过来会更尊重大人。这样，家庭气氛会变得更加和谐。

最有趣的是，让孩子带你出去玩，了解外面的世界，这是亲子沟通最妙的办法。

有一天，报社一位同事告诉我一件让她兴奋的事。

星期天一大早，上一年级的女儿对我说：“妈妈，每天都是您带我出去，今天我要带您出去。”

我问她：“带我去干吗呀？”

她说：“暂时保密，出去就知道了。”

走到路上，她给了我一个塑料袋，对我说：“今天请您跟我一起捡垃圾，这叫‘手拉手捡回一个希望’。”

我跟着女儿捡了一上午，虽然有点儿累，但我心里十分高兴，女儿也显得比平时兴奋。她严肃地对我说：“老师说了，大人小孩儿都是地球的孩子。”

有一位父亲感受更深。由于工作所限，他从来没出过远门，儿子上了中学，跟他越来越疏远——有点儿瞧不起“没有见过世面”的爸爸，在家里很少跟爸爸说话。一次，这位爸爸听了我的演讲，很想改善与儿子的关系。暑假到了，他也正好休假，便决定和孩子一起去旅游。

“儿子，爸想跟你一起外出走走。我没出去过，由你带队，

到哪儿去，坐什么车，住什么店，玩什么，全听你的！”

儿子惊讶得半天没说出话来：“这是真的？老爸，我没听错吧？”

爸爸笑了，郑重地告诉儿子，这是真的。

儿子兴奋极了，立刻找来地图、列车时刻表，精心地作出了旅游计划。一路上，买车票，找旅店餐馆，联系旅游点，全由他张罗。爸爸不仅感觉到从来没有过的轻松，对儿子出色的社交能力也大为惊讶和赞赏。

旅游归来，爸爸对儿子赞不绝口：“儿子，你真棒！你比我强多了！”他还对妻子说：“儿子组织能力很强，将来说不定会当上总经理！”

儿子和爸爸的关系大为改善，他对妈妈说：“我第一次发现，我爸是天下最好的老爸，他挺听指挥！”从此，父子俩成了好朋友。

看看，就这么简单。大人们的失误常常是由于自恃高明，总不肯承认孩子有些方面比自己强，总是一厢情愿地将成人的思维模式强加给孩子，无意中扼杀了孩子身上那些极为宝贵的在童年时期萌发和需要在成长过程中强化的意志品质。

我们在教育孩子的同时，也要向孩子学习。放下架子，拜孩子为师吧！

孩子们在游长城时意志坚强。

第三章
智慧父母的教育细节

要做人中人，不做人上人

不要给孩子提一些过高的、难以做到的要求。做父母的应该有颗平常心。

著名的教育家陶行知先生早就告诫过父母们："不要让孩子成为人上人，不要让孩子成为人下人，也不要让孩子成为人外人，要让孩子成为人中人。""人中人"就是"平常人"。

"平常人"就是心地平和、能与人和谐相处的心理健康的人。邓小平同志是一位世纪伟人，可他却把自己看成是一个平常人。他有一句让老幼动容的话："我是中国人民的儿子，我深情地爱着我的祖国和人民。"

一个伟人把自己看成是平常人、人中人，我们这些普通人，却又非逼着孩子去当什么"人上人"不可，这不是害孩子吗？有了这种心理，对待和教育孩子自然不可能既科学又客观。为了让孩子当"人上人"，许多家长逼着孩子过分地追求考试成绩。成绩稍差，家长便冷眼相待；如果排名靠后，更会暴跳如雷，甚至大打出手。强大的思想压力，使他们对学习失去了兴趣，如此下去，孩子不仅没有成为"人上人"，反而成了最没有志气的平庸之辈，变成了"人下人"。

培养平常人，要有平常心。所谓做平常人，就是少给孩子提一些过高的、难以做到的要求，而是把人生的道理，用最平常、最通俗的语言讲给孩子，让他们自己去把握自己的命运。

所谓有平常心，就是让孩子快乐地成为自己。许多父母喜欢支配孩子，喜欢按照自己的愿望支配孩子的未来，逼着孩子委屈地去做他没有兴趣的事情。这样的结果只有两个：一是使孩子成为缺乏创造力只能顺从别人意志办事的人；另一个是引起孩子的反感，使孩子与父母较劲儿，你让他朝东，他偏要向西，事与愿违，甚至走向了期望的反面。

仔细想一想，古今中外成大事、立大业者，有几个人是由父母安排的？马寅初的父亲给马寅初安排的前途是当账房先生，而马寅初选择的道路则是离开家乡，到上海、天津，再到美国求学，拿回哥伦比亚大学经济学博士学位，后来成为著名的经济学家。

有些事情的结果和你所想的相反，说怪也不怪。你想把孩子培养成“伟大”的人，但最可能的结果是孩子很平庸，连普通人也做不好；而如果你按照平常人的模式培养孩子，也许经过或长或短的历练，最后孩子真能成为一个“人物”。

有平常心的父母往往创造出平常之中的不平常。

台湾著名漫画家蔡志忠先生教育孩子的信念是——让孩子快乐地一辈子“当自己”。他认为，父母并不是孩子本身，凭什么替孩子决定前途？尤其是依从父母的意愿而不是孩子内心的想法，这根本是“本末倒置”。他认为孩子的快乐是金钱买不到的，童年也不会重来，强迫孩子学习不喜欢的项目，那份痛苦会成为孩子心灵里抹不去的阴影。对女儿的教养，蔡志忠先生采取的是顺其自然、因材施教的办法。他曾送给女儿一个这样的小故事：

有一棵小番茄秧，人们告诉它，只要努力，就可以长得很高，结的果实像西瓜一样大，味道像香瓜一样甜，并且还会像苹果一样有营养。小番茄秧很努力地吸取养分，很卖力地做体操运动。结果，它的果实仍然只是小小的番茄。最糟糕的是，现在小番茄秧不再认为自己是番茄秧，它甚至连一点儿信心都没有了。

蔡志忠说，他只要自己的女儿快乐地成为她自己，只要能够健康地长大，别的什么都不重要。对孩子抱有过高的期望，强迫他们实现自己力所不能及的目标，不仅会让孩子感觉到迷失，更会戕害他们的心灵，这实在是大错特错。

不要把你的愿望强加在孩子的身上，不要等着让孩子来实现你自己的愿望。尊重每个孩子的不同，让孩子在规则中找到自己的路，留一个自由的空间，让孩子尽情地成长，完全地自我发展。你的孩子并不是你，你可以给他爱，却不能给他思想，因为他有他的思想。

知心姐姐参与学校组织的活动。

多传正信息，少给负信息

用正常的眼光看别人，用反常的眼光看孩子，是当今父母普遍存在的问题。只要觉得自己的孩子不如别人，就怀疑自己的孩子有毛病，有的家长甚至当着孩子的面说孩子有病，这本身就不正常。我们不该让孩子的头上从小就笼罩着“有病”的阴云。

我想起一个外国男孩儿的事儿。他出生时就一条腿长，一条腿短。后来爸爸妈妈告诉他，所有的人都是这样，他们之所以跑起来那么自如，是下苦功练出来的。孩子的爸爸妈妈始终把孩子看成正常人，一样让他参加体育活动……这个孩子虽然身体有残疾，可心理一直很正常。经过刻苦锻炼，终于成为一名优秀的运动员。

这叫什么？正信息！对孩子来说，“有病”就是负信息，“没病”是正信息。在正信息中长大的残疾孩子，肢体虽然不健全，但心理是健康的；在负信息中长大的孩子，肢体虽然健全，可心理有病，总怀疑自己有病，时间一长，真会出毛病。

有位妈妈很不负责任，因女儿一年级时成绩较差，十分焦急。一天老师对她说，你的孩子是弱智，送到弱智学校去吧！这位妈妈信以为真，没有经过医院鉴定，就把女儿送进了弱智学校。上六年级时，女儿参加全区弱智学生运动会，获得了第一名的好成绩，结果一体检，医生说她是个完全正常的孩子，成绩不算数。记者闻讯前来采访这个“假弱智生”，问她这六年的感受。女孩儿说，刚刚来弱智学校的时候，觉得周围的人说话走路都不正常，可没过多久，周围的人却认为她“不正常”、“有病”。她也开始学着弱智生走路说话的样子，慢慢地，别人看她“正常”了，她就真的变成“弱智”了。

可以说，是环境改变了人，把正常人变成了不正常的人。

如果父母有了反常心理，总怀疑原本正常的孩子不正常，自己总是处在紧张、焦虑之中，这样不仅影响自己的身体健康，还会影响孩子的正常成长，使一些孩子小小的年纪就患上糖尿病、高血压、哮喘等大人的常见疾病。因为父母精神一紧张，小孩立刻就能感觉出来。成人体内具有了一定的抵抗力，所以有时没有什么症状，而孩子的抵抗力差，只好替父母生病了。

怎样让自己变得轻松呢？那就恢复正常吧！当你学会用正常的眼光、发展的眼光看孩子，你就会理解孩子的心理，原谅孩子的过失，看到孩子的长处，你就会发现“太阳每天都是新的”！

不要拿自己的孩子跟别人的孩子比较，要相信自己的孩子。今天的父母对孩子多有烦恼，少有惊喜，原因在于不是用心去赏识自己的孩子，而总是盯着别人的孩子不放。

只要和知心姐姐在一起，孩子就感到信心百倍。

要陪孩子成长，不要替孩子成长

今天的父母面对孩子那么心浮气躁，是因为什么？

虚荣！

孩子考试没考好，你觉得没了面子，便拳脚相加；孩子没考上大学，你觉得丢了面子，于是冷眼相待；孩子有了点儿成绩或考上了大学，是给你增添了光彩，于是到处炫耀，把孩子的一切和自己的荣誉连在了一起。把考高分的孩子当成在自己脸上贴金的招牌，把有缺点的孩子看成是自己的耻辱，把有特长的孩子当成自己的摇钱树。这是为什么？

是虚荣！是对孩子的不负责任。

有的父母甚至说："考不上大学你就别回家来！"这是多么不负责任！作为你的孩子，无论他犯了多大的错误，做父母亲的也不能说出这样的话，难道只有上了大学才是有前途吗？有些父母看到儿女上了大学，尤其是上了重点大学，高兴啊，以为真是完成了什么重要的使命！但等待他们的又是什么呢？说不定是一场悲剧！

每年，大学中自杀的学生不止一个两个。如果这是你的孩子，你怎么办？且不说孩子承受力如何差，单说家长一生的心血，不都付诸东流了吗？为了让孩子能够出人头地，家长真是操碎了心，什么事情都替孩子想好、办好，甚至把孩子将来的前途都设计好了。但活生生的现实向我们发问：你的那些设想和做法，符合社会的需要和孩子成长的规律吗？即使什么都替孩子打点好了，你能够真正替孩子把人生的路走到底吗？

世界上最长的路是人生之路。人生路上，每个人都有着自己的使命。那么，父母的使命是什么呢？

做孩子的知心朋友，陪孩子走一程。

可我们有些父母却忘记了自己“陪”孩子的使命，反而喧宾夺主，把“陪”变成了“替”，把“配角”当成了“主角”。孩子上小学，替孩子收拾书包，背书包；孩子上大学，替孩子扛行李，收拾床铺；孩子去春游，替孩子在车上“抢”座位；孩子要考大学，替孩子选学校，选专业；孩子参加兴趣班，替孩子报兴趣班……难怪有人说，孩子有点儿什么事情，最忙乎的是家长。

家长包办一切，孩子却没有事情可做了；家长情绪饱满，乐此不疲，孩子却早没有了兴趣，在一边“旁观”。

“减负”以后，我去北京几所重点小学和孩子们聊天，想听听他们说一说“解放”后的“快乐”感受。谁知，一个漂亮的小姑娘愁眉苦脸地对我说：“减负前，我妈给我报了三个兴趣班；减负后，我妈说这回有时间了，不能闲着，又给我报了两个兴趣班。我苦死了，哪儿有快乐呀！我每天真是度日如年啊……”

像她这样的孩子不止一个。

一个男孩子告诉我：“我爸逼着我学钢琴，我不爱学，他就打我，还说什么有了特长考大学可以加分！”

我对他们说：“能加分的只是极少数。每年全国报名参加艺术特长生测试的学生相当多，其中报考钢琴的竟占一半，而被各个重点大学降分录取的只有几个人，被选中的几率真是太小了。如果你不喜欢弹钢琴，单纯为加分去拼命，我看不值。”

男孩儿说：“您要是我爸就好了。我可说不服我爸，我不知道我得熬到哪一天……”

家长们对设计孩子的未来兴致勃勃，孩子却觉得苦不堪言。家长替孩子着急，替孩子花钱，替孩子受累，到头来孩子非但不领情，反而感觉被爱得“死去活来”。

我们真应该冷静地想一想，我们让孩子学这个学那个，孩子不愿意学，不想学，不好好学，我们岂不是白花钱。

有位爸爸让孩子报兴趣班，将来好在上大学时加分，前后花了两万多元，结果孩子不但没有学出来，没有考上大学，反而对

生活失去了兴趣，想要自杀。这位爸爸真是追悔莫及，写信给我，求我救救他的儿子。

“替”和“逼”的背后是什么呢？

虚荣。

过去人们在一起比吃，比穿，比钱多，比家用电器高级，现在呢，发展到了比孩子。比谁家的孩子上了重点学校，比谁家的孩子考了高分，比谁家的孩子上了父母期望的大学……把孩子学业上的成就当成装饰品，当成向别人炫耀的资本。

前不久，我在一份家教报纸上看到一篇文章。

在我国一个偏远的小镇，有一个小学体育老师，一心希望儿子能出国留学光宗耀祖。但儿子分数差了一点儿，失去了出国留学的机会。父亲着急得不得了，到处托人找关系，想让儿子早一点儿出国。最后，通过一个中间人，交了2万美金，终于把儿子“弄”到了美国。父亲逢人便说：“我的儿子出国留学去了！”

儿子出国以后，先后把自己挣的1000美元寄回了家。父亲立刻“牛”了起来，穿戴也讲究了。后来，儿子被打伤了。他给父亲打电话诉说了自己的遭遇，并提出要回国。父亲勉强同意了。儿子回来以后，父亲很不高兴，说：“你真不给我争气。我现在正在竞选校长呢，你偏偏这个时候回来丢我的脸！你最好找个没人看到你的地方呆着去！”

这是个很典型的例子。从中我们可以看到，虚荣心是很可怕的东西，父母的虚荣心会给孩子带来伤害。正如一位名人所言：“虚荣心很难说是一种恶行，然而一切恶行都围绕虚荣心而生，都不过是满足虚荣心的手段。”

很多大人把孩子当成工具，为了实现自己未能实现的梦想，要求孩子为父母争面子，于是，一味地要求、强迫孩子，不尊重孩子。殊不知，这也是对孩子心灵的一种摧残。

我们要认识到，孩子不是父母的工具，孩子的生命是为了本身的目的而存在，父母只是陪着孩子走一段路程而已。

和孩子一起成长，我觉得谁都不是先学好才当父母的，都是一边学一边当的。孩子也不是说生下来就知道怎么做孩子，爸爸妈妈和孩子都要看到，我们都是一张白纸，但路要一块儿走，不停地学习，什么事都要去积极面对，不要回避，总之要走到这一步的，只要体验就是财富。所以我到各地举办各种讲座，呼唤社会，爸爸妈妈要成为知心妈妈、知心爸爸，老师要成为知心老师。我觉得跟孩子拉着手一块儿往前走，遇山就爬山，遇水就过水，这个东西没什么了不起的，什么事要去积极面对，不要回避，总之要走到这一步的，只要体验就是财富。爸爸妈妈要成为“知心妈妈”、“知心爸爸”，老师要成为“知心老师”，孩子心灵的诉说要有一个对象，什么叫沟通，沟通就是倾诉和倾听，你听我说我听你说，能有这样的环境，培养孩子长大就够了。

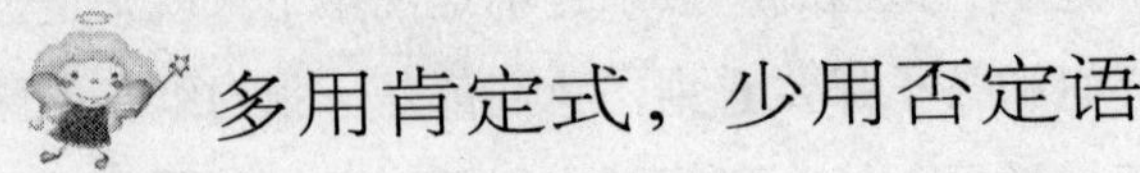

多用肯定式，少用否定语

肯定的语言，是孩子成长的正信息；否定的语言，是孩子成长的负信息。

家庭教育是靠家庭语言来完成的。家庭语言是一种最有影响力和渗透力的家庭教育方法。

孩子笔下的妈妈和一些儿童教育专家研究的结果表明，这一代年轻的妈妈使用最多的不良语言有三种，我们将这些语言称为“家庭红灯”。

1.否定词

孩子们在家每天所听到的、妈妈常讲的词语中，由“不”组成的否定词最多:“不许”、“不能”、“不要”、“不可以”、“不乖”、“不聪明”、“不行”……有个孩子在一篇名叫“不许妈妈”的作文中，写了妈妈讲的很多很多“不许”的语言:“不许淘气”、“不许玩沙子”、“不许晚回来”、“不许去同学家”、“不许看电视”、“不许乱花钱”……

这种家庭的子女教育是由一连串的“不许”组成的，家长像警察似的,他们的任务是不断向孩子亮起红灯。可是,准许干什么，家长又没说。于是孩子只有不断地犯错误，不断地受指责。

2.限制词

“应该”、“必须”是妈妈常用的词。这是表达主观愿望、主观想象的词。妈妈强调的只是自己的主观愿望，完全忽视了孩子的客观存在，用一种强硬的态度让孩子进入某种规定的位置，并按家长的设计“修剪”孩子。其结果,孩子常常陷入不知所措之中，极大地影响了孩子思维的发展。

3.挑剔词

在中国的家庭教育中，挑剔词比激励词的用量多好几倍。许多家长几乎是不停地去发现孩子身上的缺点，并及时提出来进行施教，以为只有把孩子的缺点说出来才能使孩子获得帮助和改变。基于这样一种教育思想，中国家长对孩子使用各种挑剔的语言时毫不犹豫，决不心软。其中最常用的有“太笨”、“不成”、“太差劲”等等。这些消极的词，完全是一种“负信息”，强化了孩子的弱点，最终是让孩子以否定的态度对待自己，对自己失去信心。

父母的语言，应该成为孩子成长的营养。爱的语言多了，就会结出“爱”的果子；恶的语言多了，就会结出“恶”的果子。肯定的语言，是孩子成长的正信息；否定的语言，是孩子成长的负信息。

家庭亮起的“红灯”，使孩子觉得很累很烦，使他们觉得整天生活在噪声中。父母每天用不变的腔调、老掉牙的语言，和一连串的否定词、限制词、挑剔词进行说教，令孩子们感到生活索然无味。

其实，在家庭中，真正的“红灯”是应该禁止不利于家庭精神文明建设的语言。

现在，社会上有各种各样的服务忌语，我想，家庭成员间也应有一些忌语。

只有讲文明的父母，才能培养出讲文明的孩子。如果你的孩子出言不逊、打架骂人，你是否查查自己；如果你的孩子不守秩序、不讲公德，你也要查查自己……

“您好”、“对不起”、“给您添麻烦了”、“打扰您了”、“谢谢您的帮助”等礼貌用语，不仅小孩子要学会，我们做父母的更要学会。

著名教育家徐特立讲过：“今日的儿童转眼即青年，稍不注意就难补救了。”因此，就青少年的成长而言，“重要的是教育父母”，不知年轻的父母是否认同这个说法？

维护孩子尊严，不伤孩子心灵

尊严是人类灵魂中不可糟蹋的东西。有一位作家曾经说过："人受到震动有种种不同，有的是在脊椎骨上，有的是在神经上，有的是在道德上、感受上，然而最强烈的、最持久的则是在个人的尊严上。"一个从小失去尊严的孩子，长大后很难堂堂正正地做人，很难拥有健全的人格。

一般来说，人格是"引导一个人做出善行的内在品质"。少年时期，人格教育十分重要，它可以开发人的良知和才能，使其身心得到全面成长与成熟，从而去实现成功人生的理想。如果孩子的人格从小受到伤害，那对他的一生都会有恶劣的影响。前南斯拉夫一位记者来到中国少年报社做客时讲过一句话："战争毁坏的房屋是可以修复的，但是，战争在孩子心灵中留下的创伤是无法修复的。"作为父母，对于自己的孩子，要永远充满爱意，即使孩子犯了再大的错误，哪怕是犯了罪，也不能说"你给我滚出去"这样的话。因为，家永远是孩子安身立命的地方，除了家，他再也没有什么地方可以去。

谈到少年犯罪，全国政协委员、社会与法制委员会副主任委员巫昌桢对我说过："你要告诉家长们，孩子犯了罪，不要抛弃他、歧视他，更不能把他推到社会上去，那实际上是把孩子往火坑里推。挽救犯罪少年，不但要靠社会的教育，更要靠父母的爱。犯了罪的孩子，最需要的也是父母的爱和家庭的温暖。"

一个人从小没有受到社会公正的对待，便很难公正地对待社会；相反，如果从小能够受到社会公正的对待，便能够公正地对待社会。

第四章

培养孩子的生存能力

当父母的，都希望自己的孩子幸福。可是，你知道怎样才能让孩子幸福吗？

一天晚上，我乘一辆出租车，开车的是位女司机。

我问她："您一天起早贪黑地干，是为了什么？"

她回答："给我的孩子攒钱。"

"攒钱干什么？"

"我自己吃过没钱的苦，不能让孩子再受苦，我要多挣钱，让孩子过好日子。"女司机开着车，凝视着前方，坚定地说。

看着她一脸的疲惫和一身朴素的着装，我被这位母亲为孩子奉献自己的精神感动了。可我心里在想：有了钱，孩子就能幸福吗？我们这代父母究竟应该给孩子留下什么呢？

我研究过几位名人的成功经历，发现有的成功者，当年竟也是一文不名的打工仔、养猪倌，他们的父母并没有给他们留下什么遗产。

行销世界四十多个国家和地区的"金利来"领带，它的创始人曾宪梓先生出生在广东梅县一个贫农家里，从中学到1961年中山大学生物系毕业，全靠国家发给的助学金维持生活和学习。他创业初期，处境甚为艰难，几乎是两手空空。但他的创业心始终不泯，空余时间研究香港的工商业及市场情况，学习成功创业者的经营管理经验。经数载磨砺，他终于创出了世界名牌"金利来"。

可见，他的成功，并不是从娘胎里带来的，也不是祖宗留下来的，而是靠着自己顽强不懈的努力得来的，靠自己的创业精神和独立生存的本领赢得的。

“宝剑锋从磨砺出，梅花香自苦寒来。”历史上，那些纨绔子弟没有一个能成就大事的。成就大事的都是经历一番磨难，靠自己的双手去创造生命辉煌的人。

靠千座金山，不如靠两只手。勤劳的双手、顽强的生命力、生存的本领将给孩子带来一生的幸福。

诚然，我们已经逐渐拥有了足够的物质财富，可以让孩子们生活得更加舒心和惬意。生长在改革开放年代的孩子们是幸福的。但是，等待他们的不仅仅是阳光和雨露，不仅仅是铺满鲜花的大道，未来的天空还有许许多多的风风雨雨，前进的路程上还有许许多多的沟坎挫折。你的孩子能适应吗？金钱能为他抵挡风雨吗？

妈妈翅膀下的小鸟，终有一天要长大离巢，在蓝天下翱翔。没有人担心和怀疑他们在晴空万里的天际间会悠然自得、潇洒优美地展翼飞翔，但在雷电交加、暴风骤雨的日子里，他们能否勇往直前地去搏击长空呢？

如何让孩子学会生存？如何让孩子勇敢、自由地翱翔在21世纪的天空？这是每一个关心人类命运的中国母亲必须回答的问题。

在这一章里，让我们一起探讨一下如何培养适应未来生存的五种能力吧！

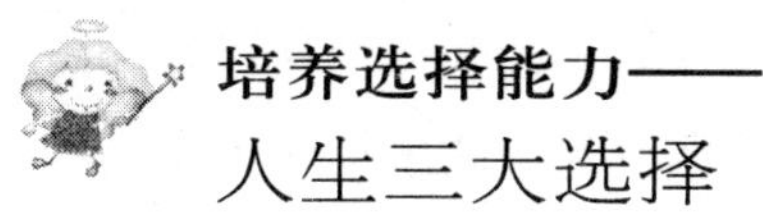

培养选择能力——人生三大选择

学会独立思考，盲目比淘气可怕得多。

前些年，在大学生中流行一种“心理测验”的游戏：把被测对象的注意力及思绪带到漫无人迹的沙漠、神秘幽僻的森林和碧草如茵的草原，通过各种预想好的情境向被测者提问，让其做出选择，最后，再通过对被测者的选择答案一一地进行分析，便可以总结出被测者的人生态度及志趣。这虽然是一种游戏，但至少说明，人的一生需要面临很多次的选择。

过去，我们的教育方式是让孩子听话，听爸爸妈妈和老师的话，听话的孩子就是好孩子。但是，当我们经历了许许多多的挫折以后，当社会前进的脚步迈入商品经济的时代后，我们忽然发现，今天的社会发生了巨大的变化。此时，面对社会纷繁莫测的变化，再强调孩子听话就远远不够了，而应该意识到要教会他们具备某种能力。我想，这种种能力中，孩子们最急需的一种能力是：选择的能力。

有人说，今天的孩子都是家庭的“小皇帝”。而我却认为，他们是思想、活动严格地受到父母禁锢的“小奴隶”！

曾经有一个孩子气鼓鼓地对我说：“人们都说我们是‘小皇帝’，我可不这么想。皇帝什么都说了算，我在家里却说了不算。虽然平时吃什么穿什么，他们都依我，可是到了攒钱买大件时，我也出力了，讨论买什么时，我说应该买一个录音机，爸爸、妈妈、姐姐三个人六只眼盯着我，说：‘这是大人的事，哪有你说话的份儿呀！’这也太不公平了，我大小也算个人，凭什么没有我说话的份儿呀？”可以看出，孩子们缺少选择的机会，大人们根本不

给他们这种权利。

在孩子的生活道路上，会面临许许多多的选择。我认为，最重要的选择在三个方面，即朋友的选择、对象的选择和工作的选择。这些选择是否得当，将影响孩子的一生。

一、朋友的选择

没有快乐童年的人生是不幸的，没有朋友的童年则更为不幸。

作为《中国少年报》的“知心姐姐”，我经常有机会到全国各地去主持接听“知心电话”。从青少年打来的电话中，我深切地感到，他们有一种渴求，那就是渴求朋友，渴求友谊。

孩子们经常问道：“怎样才能找到朋友？”“什么样的朋友才算得上是好朋友？”

在求友的问题上，我认为有这样一个原则：求异。

很多人乐意寻找与自己的性情、志趣等方面有相同之处的人做朋友。实际上，这样去交朋友很有局限性。雨后的彩虹会显露出赤、橙、黄、绿、青、蓝、紫七种绚丽的色彩，更何况多姿多彩的人生、各种各样的人呢！如果总是跟与自己志趣相同的人在一起相处，今后面对纷繁的社会，你会无法很好地去适应。你会遇到很多与你的性情、志趣大不相同的人，与他们相处，你会感到别扭，甚至还会发生摩擦和冲突。

所以，在选择朋友的时候，应该选择一些跟自己有所不同的人做朋友。有不同之处，就意味着有互补的可能，你的长处会被对方吸取，你的不足也可被对方的长处所补充。两个彼此相异的人相处久了，互相影响对方的同时，自己也会变得完美。

说到求异，异性的同学能不能在一起相处，成为朋友呢？

有一次，一个男孩儿说：“我在班里跟一个女生说了句话，他们就乱说我们在搞对象。”

于是，我在这个班里开了一个讨论会，让孩子们分别说说男孩儿和女孩儿各有什么优点。

男孩子说：“女孩子细心，守纪律，学习好，会做家务活。”

女孩子说：“男孩子力量大，胆子大，说话声音大，好打抱不平。”

我跟他们说：“男孩子有男孩子的优点，女孩子有女孩子的优点，在一起玩，才会取长补短。”

一个女孩子还告诉过我这样一个小秘密：“我们跳皮筋时，只要有男生在旁边看，我们就跳得特别来劲儿。”

一个男孩子说：“每次我们打架的时候，只要有女生围观，我们就越打越来劲儿。”

在学生时代，男女学生之间纯真无邪的友谊，有时候会给人留下甜蜜感人的回忆。

记得我上小学时，我们的学习小组里有一个不爱说话的男生，整天一副木讷的模样。我经常在学习上帮助他。后来，我插队回北京探亲时，在街上碰到了他。他只说了一句话：

“我妈让你有空儿到我家去一趟。”

我去了一看，只见小屋子中央的桌上，摆满了大苹果、香蕉和大鸭梨，我惊呆了。

他说：“小时候你总帮助我，你吃吧！”

这样的小事，过了二十多年，他还记得。后来，我妈妈告诉我，在我插队期间，很多男生都到我们家帮我妈妈做家务，其中就有这个同学。他经常帮我妈妈运煤、拉白菜，做了很多事情。每当我想起这些事，就十分感动，童年时期的那些经历，让我懂得了什么是善良。

我之所以提倡交朋友求异的原则，主张男生和女生交朋友，好学生跟差学生交朋友，城市孩子和农村孩子交朋友等等，是因为我希望，让不同类型的孩子在一起交往、相处，会令他们成长得更加全面，成为一个能够适应社会、与社会有着广泛接触的人，而不是一个孤独、怪僻的人。

二、对象的选择

对象的选择，是孩子们在今后人生中将要面临的一个重大的问题。作为家长,无须回避这个问题,应该坦诚地告诉自己的孩子，怎样选择终身伴侣，用什么标准来选择终身伴侣。

一个夏天的晚上，我骑车回家，路上碰到一个小青年，他说："我酒喝多了，找不着家了。您能告诉我劲松小区怎么走吗？"

我告诉他，自己正好和他一路。

他便一直跟着我骑，并自言自语地说："我是电器修理部的，叫彭小刚。您叫什么名字？在哪儿工作？"我如实告诉了他。

他说："您就是知心姐姐呀！那您知道我现在想些什么吗？"

我说不知道。

他说："我想找一个漂亮的女孩儿做女朋友。你说，我怎么就找不着呢？"

我真诚地告诉他："打铁必须自身硬，女孩子都喜欢堂堂正正的男子汉。"

一路上，我又讲了什么才是真正的男子汉气质，并教给他怎样才能追求到好女孩儿。

他颇有感慨地说："您说得真是太好了！我已经22岁了，长

知心姐姐欢迎来自浙江的小记者到家里做客。

这么大，还从来没有人告诉过我这些呢！”

这件事，给我的感触很深。这一代青少年，感情的世界实在是太贫乏了。而我们这些做父母的，又是那么吝啬地为他们提供这方面的咨询和建议。这是父母的失职，也是教育工作者的失职。

一般的青年有这样的困惑，从事教育工作的年轻人也有这样的困惑。

一位年轻的女教师曾专程来见我，对我说：“我的男朋友是云南某部队的军官。我去过他们部队，他们的首长也挺喜欢我的。但是，我却很矛盾，和军人结婚，就有可能长期两地分居。现在，他提出要和我订婚，我不知道应不应该答应他。”

我真诚地说：“当军人就意味着奉献，做军人的妻子，就要有做奉献的准备。如果你的丈夫为了祖国而负伤，你要伺候他一辈子；如果你的丈夫光荣牺牲了，你就要负担起照顾他父母的重要责任；如果因公长期两地分居，也不要有一句怨言。如果能做到这些，你就和他结婚；如果觉得做不到，就不要订婚，更不要在他面临危险的时刻跟他说再见。那样对他的打击太大了。”

她感动地说：“谢谢您。在这以前，我一直处在很高傲的位置想我们之间的感情，从来没有想过要为他奉献些什么。这个问题，我的确需要认真地考虑一下。”

在选择对象这个问题上，尊重是最基本的原则，要懂得尊重对方，也要有奉献精神。可是，有一些年轻人却总怀着不明朗的心理，想着从别人那里得到些什么，或者利用别人达到自己的某种目的，这都是不道德的。

许多年轻人在选择对象的问题上，不仅没有正确的原则，而且站在了错误的立场上。选择对象时要求太苛刻，往往搞得双方不欢而散，甚至抱怨终身。

我曾对一些大龄女青年说：“找对象要找喜欢你的人，而不应该只是你喜欢的人。如果一味地想寻找一个自己想象中的理想人物，恐怕一辈子也找不着呢！”

我也曾对一些男青年说过：“你要是真心喜欢一个人，千万不

要对她挑剔过多。”

俗话说：“情人眼里出西施。”你喜爱上一个人，便应能够容忍对方的缺陷或不足，也应该真诚地陪伴对方，走完今生的路。

因为工作，我有机会接触到大学生。大学生们提出的问题，十个中有九个是关于恋爱问题的。他们谈到，在大学校园里，谈恋爱成风，相当比例的学生都有恋爱的对象。夜幕一降临，原本书声朗朗的校园成了恋人们相会的“街心公园”。

在厦门的一所大学里，一个男生因为追求一个女生没有成功，便跳楼自杀了。这件事，对男同学震动很大，他们组织了一个“五草研究会”，一起调侃、总结恋爱的现象和经验，提出了恋爱的“五草精神”：第一，“天涯何处无芳草”——好女到处都有，男子不必太着急；第二，“兔子不吃窝边草”——不能找身边的女生做对象，目标太集中；第三，“疾风知劲草”——不要听女生灌了几句“迷魂汤”就上当，而要经过长期的考验；第四，“好马不吃回头草”——恋爱不成就算了，千万不要强求；第五，“老牛啃嫩草”——男子年龄大一些，才能找到好的女子，不要过早地涉足恋爱。这几位男生说：“自从有了‘五草精神’，我们的精神获得了解放。”

这些大学生所总结的“五草精神”，听起来难免偏颇，但毕竟说明一点：一些年轻人已经开始有意识地、认真地面对恋爱和选择对象问题了。这也难免令我们汗颜：为什么我们这些父母、我们的教育工作者不早一些给予他们正确的引导呢？选择对象，对于年轻人来说，是不可回避的、早晚要考虑的问题；作为年轻人的父母、长辈，我们要有一种责任感，给孩子们一些必要的指导，免得他们走弯路！

三、工作的选择

如果说过去因为封建意识的束缚和不当思想的禁锢，使那时的青年不能主宰自己命运的话，那么现在的青年人有能力主宰自己了。改革开放的政策，给人们提供了无数发展的机会，只要你肯付出努力，理想是有可能实现的。

对于青少年来说，指导他们正确选择“将来干什么”的办法，就是进行生动的“理想教育”。

一位教师曾在学生中搞过这样的教育，她让每一位同学写一篇《我长大了做……》的作文。

一个小女孩儿说：“我长大了要当教师。”

老师就告诉她：“老师是要面对许多学生讲话的，你以后说话时就不能带‘后来呀’、‘这个呀’一类的口头语。而且讲话的声音要洪亮，仪表要好，手势也要适度。以后回答问题时，请你到讲台前边来。”

有一个粗心马虎的女孩子说将来要当医生。

老师说：“医生是个神圣的职业，需要特别细心，否则会对病人造成伤害。所以，以后你不能因为马虎而出现错误。”

有一个淘气的小男孩儿说他要当警察。

老师说：“好，咱们班刚发生了一件事，班里养的几条金鱼不知让谁给毒死了，请你把这个案子破一下吧。”

结果不出两天，这个小男孩儿就把案子破了，因为他本人就参与了“作案”。老师知道了真相，并没有批评他，却夸他了不起。他找了个好听的说法承认了自己的错误：“老师，我打入了‘敌人’内部。”

这次活动搞得很有意义。孩子们立下了今后的志愿，更了解到了自己的不足之处。通过努力追求，我相信他们一定能够实现自己的理想。

现在，有些家长习惯于把自己的意愿强加在孩子身上，希望他们成为这个家那个家，其实孩子自己未必喜欢。家长们应该把选择兴趣的权利还给孩子，让他们自由选择，自由发展。

选择，对一个孩子来讲是十分重要的，盲目比淘气要可怕得多。一个孩子如果只知道听话，让他干什么他就干什么，庸庸碌碌肯定不会有什么发展。而那些知道自己喜欢做什么，知道怎么去做的孩子才会有出息。

在培养孩子的选择能力时应该注意以下三个方法：一是多出

选择题；二是多搞一些活动，让孩子做自己喜欢的事；三是回答问题不要答得太满，要给孩子留有思考的余地。

比如，有孩子问："你说有没有飞碟？"你不要不假思索地告诉他"有"或者"没有"，可以婉转地说："我不是自然科学家，所以回答不了这个自然之谜，这就需要你们长大以后去解开这些谜了。"

一次，一个孩子打电话来问："世界上有没有恐龙？"当时，在报社实习的大学生肯定地回答道："现在世界上没有恐龙。"结果，那个孩子立刻反驳说："世界上有恐龙！11个月前，澳大利亚发现了一个恐龙蛋。如果把它孵化出来，怎能说不是恐龙呢？……"

从经历中，我体验到，一个人如果选择了自己热爱的工作，那他便会充分发挥自己的聪明和才智，并自觉地以苦为乐。我从小就想当《中国少年报》的记者，做一名大家喜欢的"知心姐姐"，当我如愿以偿时，我便竭尽全力地工作，并以工作为自己的生命。

我最喜欢马克思的一段名言："如果我们选择了最能为人类福利而劳动的职业，重担就不能把我们压倒，因为这是为大家而献身；那时我们所感到的就不是可怜的、有限的、自私的乐趣，我们的幸福将属于千百万人，我们的事业将默默地，但是永恒发挥作用地存在下去，而面对我们的骨灰，高尚的人将洒下热泪。"

衷心希望我们的孩子能有这样的选择。

"知心姐姐，请您给我签个名。"

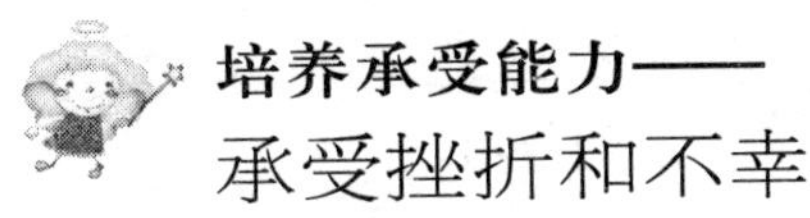

培养承受能力——承受挫折和不幸

对成长中的孩子来说，困难和挫折是最好的大学。

居里夫人是全世界女性的骄傲。她那种在困难和挫折面前不屈不挠的精神着实令人折服。她曾经说过："我从来不曾有过幸运，将来也永远不指望幸运。我的最高原则是，不论对任何困难都决不屈服！"

困难和挫折，对于成长中的孩子来说，是一所最好的大学。无论什么人，只要没有尝过饥饿的滋味，他就永远也享受不到食物的美味，不懂得生活到底是什么滋味；一个孩子，如果没有经历过困难和挫折，就品味不到成功的喜悦，没有经历过苦难，就永远感受不到什么叫幸福。

良好的承受挫折的能力，受到挫折后的恢复能力和百折不挠、不向挫折屈服的精神，是成功人士不可缺少的素质。培养承受苦难和不屈服于挫折的能力，对今天的孩子尤为重要。

近年来，在培养跨世纪人才的话题中，挫折教育越来越引起人们的关注。让孩子在艰苦的环境中，一洗养尊处优的习气，磨砺坚强的意志，学会在"黑暗中看到光明"的自信和技能，培养他们的韧性、耐挫力和受挫后的恢复能力，从而使他们不仅学会从别人或外界的给予中得到幸福，而且能从内心深处激发一种自己寻找幸福的本能。这样，他们才能在任何困难和挫折面前泰然处之，保持乐观。这是人生的无价之宝。

我们做父母的，不愿让孩子去经历苦难，总是千方百计地为孩子设计充满笑脸和鲜花的明天。但是，生活是无情的，也许有千百种灾难在等待着一个年仅几岁或十几岁的孩子，畏惧这些灾

难的人，永远不会有幸福。你不让孩子去面对不幸，这些不幸却会主动找到他。

这里，我给年轻的妈妈们讲一个真实的故事。

在湖北省武汉市有一个叫龚昊的男孩儿，被歹徒劫持拐卖。他机智勇敢，一次次逃离“虎口”。三个月后，他带着满身伤痕，只身回到家。

100 多个日日夜夜，1000 多里的茫茫原野，龚昊是怎么熬过来的呢？

龚昊的父亲是一名普通工人，家里十分贫寒。在龚昊很小的时候，妈妈就离开了家，他跟着爸爸长大。无助的爸爸只能要求孩子自立，龚昊从小就会帮家里做一些事情。

一天早晨，不幸的事情发生了。

龚昊去上学，忽然心血来潮，没走每天走熟的大道，拐向了铁路桥下边的小道。初春的早晨，路上行人很少。龚昊远远看见铁路桥旁停着一辆出租车，车外两个戴墨镜的男青年向他招着手：“小同学，过来，问个路。”

龚昊以为是外地人迷路了。于是，就走了过去。

龚昊刚走到汽车旁，猛地，一个人捂住他的嘴，另一个人拽着他的胳膊，把他推进了车里。

车开动了。龚昊想喊，其中一个用匕首顶着龚昊的腰部，恶狠狠地说：“不许喊，喊就杀死你。”龚昊明白，自己遇到坏人了。原来以为坏人只有电影上才有，可是灾难却偏偏降临到自己的头上。

龚昊被卖到河南省郑州市某郊区一个姓李的农民家。姓李的农民对他说：“你给我当儿子了，如果你想吃好喝好，就得给我好好干活！”龚昊这才知道，自己被卖了。

在李家，龚昊没吃上一顿饱饭。李家人吃的是米饭蔬菜，他只能吃剩下的馍，喝点玉米糊糊。白天，一个老头儿看着他下地干活；晚上，把他锁在灶房里。他只好蜷缩在冰冷的干草堆里伤心地哭，想爸爸，也想妈妈。

主人逼龚昊叫他们爸爸妈妈，龚昊倔强地低着头，不吭一声，主人就狠毒地用烟头烫他。龚昊的手臂上被烟头烫灼的伤痕有十多处。那剧烈、揪心的疼痛，使龚昊哆嗦起来，眼泪刷刷地往下流。这一切更坚定了龚昊逃跑的决心。但是，逃跑却没成功。龚昊被抓了回来并挨了一顿毒打。这次，他没有哭，他对自己说：一定要回家。

小龚昊的倔强令李家的人束手无策。半个月后，他被押上去河北省石家庄市的火车，又被卖给另一户农民。

在这家农户，龚昊要照看一个 5 岁的女孩儿。女孩儿一哭，他就要挨一顿木棒。在带女孩儿玩的时候，龚昊有一个重要发现，这里离铁路线很近。

平时，龚昊很喜欢上地理课，一有空就爱看地图。他知道湖北省周围有河南、安徽、江西、湖南、四川、陕西等省；他知道，沿着铁路线往南走，就能回到武汉。

他开始学乖了，“认真”地照看着女孩子。一天中午，地里干活的人都回家吃饭了，只剩下一位监视他的老头儿。龚昊知道，逃跑的机会来了！他捂着肚子，骗老头儿说要上茅房，趁老头儿不注意，撒开腿就跑。

爸爸曾教过龚昊辨别方向的办法，现在，这帮了他的大忙。他沿着铁道往南一口气跑了十几里路，天黑时，到了一个货车站。他爬上一列西去的货车。没想到，一下子把他带到陕西渭南，离家更远了。

有了搭错车的教训，龚昊决定先呆在渭南，哪儿也不去。他仔细地观察火车行走的规律，辨别方向，只要有去武汉的车他就上。他坚信，他一定能逃回家。

白天，他去讨饭，晚上便睡在废车厢里。他忍饥挨饿，发烧了，就使劲儿用冷水冲头，硬挺着。终于，他爬上了一列去汉口的货车。

龚昊回到武汉了！想到就要见到爸爸了，他流泪了。他很久没有哭过，饥饿、寒冷、疾病等都没有让他掉过泪。他一直记得爸爸的话：男子汉不流眼泪！

他沿着汽车路线走了六十多公里的路，终于回到家。

这时的龚昊衣服破烂不堪，头上、身上爬满了虱子，手臂满是伤痕。父子俩一见面，爸爸紧紧地抱住儿子哭了。

三个月来，儿子风餐露宿，受尽折磨；父亲艰难地挨过一天又一天。他扔下工作，到处打听龚昊的下落。他把眼泪咽到肚子里，逢人就讲:“只要不发生意外，我儿子一定能回来！”武汉市的公安人员说:“龚昊确实不简单，他是武汉市被拐卖走的儿童中唯一一个自己找到家的。”

龚昊为什么能逃回家?

因为他有很顽强的生命力，能够承受痛苦和不幸；面对艰难的处境，他有克服困难的信心和勇气；他有地理知识，会辨别方向；他有生活常识，知道饿了、渴了、病了怎么办……

龚昊的遭遇告诉我们：社会并不平静，还有坏人。一旦你的孩子遇到意外，帮助他回到你身边的，除了依靠执法机关，还要靠孩子自己的能力。

真金是从火中锻炼出来的，强者是在逆境中磨炼出来的。奇迹，多产生于厄运中。

曾经有调查数据表明，上海约有十几万个“苦”孩子。

他们有的出生在残疾人家庭，当同龄人还在妈妈的怀抱里撒娇时，生活的担子已降落到他们的身上；有的生长在单亲家庭，从小饱尝生离死别的痛苦，而逆境使他们自强、自立、奋发、向上；有的是父母下岗了，然而他们人穷志不穷；有的被医疗诊断书宣判了不幸。这些厄运中的孩子强烈地呼唤着:“我要读书！”

一篇文章记叙了这些“苦”孩子奋发图强的事迹，并深有感慨地写下这些文字：

“苦孩子”的成长告诉我们：逆境可以变成机会，变成锤炼自己品格和毅力的机会。艰苦的生活环境磨炼了他们的意志，培养了他们独立生活的能力，增强了他们的责任心；艰苦的学习任务没有压垮他们，凭着顽强拼搏的精神，取得了优异的成绩；疾病吓不倒他们，他们

以超过常人的毅力战胜了厄运，实现了生命的价值。孩子们在困境中所表现的不屈不挠的精神，将把他们锤炼成优秀的人……

奥斯特洛夫斯基曾经说过：“人的生命似洪水奔流，不遇上岛屿和暗礁，难以激起美丽的浪花。”一帆风顺长大的孩子，很难创造出生命的辉煌。

关于挫折教育，早在远古时代就已经开始了。在一些原始部族里，少年男子如果想拥有成年人的权利，被社会接纳，必须要通过一次优胜劣汰的近乎残酷的考验：大人们把这些男孩儿放到一个没有人烟的、野兽经常出没的恶劣环境中，让他们品尝孤独和挫折的滋味，学会面对和战胜各种困难。只有经过千辛万苦奋力挣扎返回部族居住地的男孩儿，才能被证明已是个成年人，是个真正的男子汉，他才能享有成年人的一切权利。这种考验可视为人类早期挫折教育的雏形。当然，这种以生命为代价的挫折教育，不免有些惨无人道。

现代社会里，尤其是一些发达国家，由于物质生活条件优越，就更加重视对下一代进行挫折教育。

日本很早就开始对孩子进行挫折教育。一些平民学校的老师经常带领学生到户外上课，让学生们到大自然中寻求知识和体验生活。这种名为修学旅行的教学方式一直沿用至今，其中体验生活的内容与我们现在开展的挫折教育相仿。

近年来，日本比较流行的做法是，定期向学生供应由萝卜、粟粒煮成的“饥馑午餐”，目的是让他们了解父辈的艰苦生活。学校还规定了穿短裤、短裙的日子，这一天，哪怕气温再低，全校学生一律都要换短裤或短裙；在学校规定的穿长衣长裤的日子，无论天气多热，学生们都必须换上长衣长裤……

每年，日本都有一些有钱人花钱让孩子到中国来参加夏令营活动，让孩子背着很沉重的背包，到草原上走一走，尝尝吃苦的滋味；他们有时还把孩子放在荒岛上，让孩子懂得什么叫饥饿，

让他们学会自己生存。

有位老师对我说，不久前他们学校的孩子同日本的孩子一起开展了一次活动。老师们发现：日本孩子身上有一种不怕困难、坚忍不拔的韧劲，耐受力很强，孩子发了烧，自己想办法，不去找老师。他们的领队说，从小家长就告诉他们，爱护身体是自己的事，自己的事要自己负责。

在韩国，家长同样也很注重从小锻炼孩子的意志。他们给孩子穿上羽绒服，让他们在冰窟窿里待上一阵儿再出来，让孩子懂得“寒冷”的滋味。

可是，在我们国家，挫折教育做得却很不够。由于父母的娇宠，孩子的心理承受力相当脆弱，一点点小的挫折或失败就有可能酿成一桩惨祸。

一个 9 岁的男孩儿，平时在家里很得宠，在学校是个中队长。有一天，他向哥哥要糖吃，哥哥说，糖是留给爸爸的，没有给他吃。这孩子一气之下竟用红领巾上吊自杀了。心理脆弱到了何等地步！

究其原因，是因为现在孩子们的生活太幸福了，许多家长唯恐自己的孩子再遭受艰难困苦，能够替孩子承受的，他们都“承包”了。幸好，并不是所有的孩子都有这样的“幸福”。一些生活在贫困环境中的孩子，由于生活的磨炼，比家庭条件优越的孩子更容易形成良好的品质。

黑龙江省有个男孩子叫纪洪波，他的爸爸只有一条腿，一只胳膊，妈妈没有双腿，只有一只胳膊、两个手指。从小，他就没有被爸爸妈妈抱过，学走路时摔得鼻青脸肿。3 岁起，他就自己照看自己了；到了 5 岁时，他就能帮爸爸做饭了。

后来，爸爸死了，妈妈便不吃饭、不起床。她不想活下去了，因为她不想连累儿子。小洪波对妈妈说：“妈妈，您不能死！您死了，我就成孤儿了。您好好地活着，我一定能养活您！”

从那以后，他每天早早起来给妈妈做饭、熬药；帮妈妈套上假肢后，自己再吃饭上学。一次，他病了，咬着牙挣扎着走下楼时，昏倒在地上，被路过的民警送进医院，他才知道自己患了十二指肠溃疡，面临着穿孔的危险。医生告诉他要住院治疗时，小洪波哭了：“我住了院，谁来照顾我妈呢？”

我想，像纪洪波这样经历过磨难和挫折的孩子，才会真正懂得生活的真谛，也才会更好地爱别人、爱我们的祖国。

承受挫折的良好心态，是在童年和青少年时受过挫折并不断地解决困难中磨炼出来的。这是一个人素质高低的重要标志。

卢梭曾经说过：“你知道用什么方法可以使你的孩子成为不幸吗？这个方法就是百依百顺。”

所以，父母对孩子的过分娇纵、百依百顺，只会产生强烈的负面效应；父母无微不至的关怀，只能让孩子一次次地与能磨炼他成长的艰难困苦、失败挫折失之交臂，使得他们缺乏面对挫折并战胜挫折的勇气和经验，一旦遭受挫折，便会无所适从，一蹶不振。

巴尔扎克说过：“苦难是人生的一块垫脚石，对于强者是笔财富，对于弱者却是万丈深渊。”一个人受不了委屈，经不起挫折，害怕困难，是不可能面对未来竞争激烈的大千世界的。哪些父母又能够保证，孩子一生不会受到挫折呢！

知心姐姐的话总是鼓舞人心。

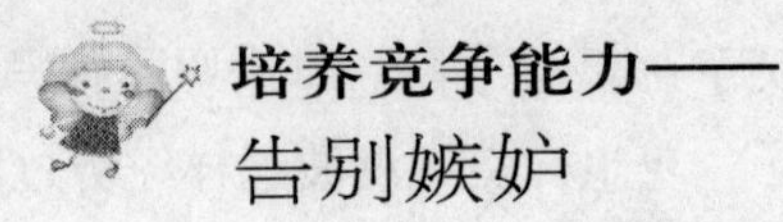

培养竞争能力——告别嫉妒

与嫉妒绝交的人才有可能取得优秀业绩。

随着社会和时代的不断发展，人们都越来越有一种紧迫感：现代科学技术越来越发达，生产过程越来越趋向自动化，地球上的人口越来越多…… 摆在我们和孩子们面前的将是激烈的竞争。

一位 82 岁的法国老记者来中国少年报社采访时，我问他："法国的孩子们都在想什么？"

他说："他们想的是如何占领太空。"

我听了心里一震。我们的孩子又在想些什么呢?

我们都知道，我们的孩子想得最多的是如何考取重点学校。这也是一种竞争，是一种较为低层次的竞争：人与人的竞争。

嫉妒心理是人与人相处、人与人竞争中十分可怕的一种阴暗心理。尤其对于孩子来说，其危害性最大。

北京市一所重点中学的一个男生曾对妈妈说："我们学校虽然是重点中学，但同学们都很自私。我病了那么长一段时间，没有一个人来看我，我落下了功课，谁都不告诉我。"有的学校里，学习好的同学临考前书包被人偷走，住宿的同学在被子里发现一根很大的针…… 这都是学生们嫉妒心理的表现。

南方一所县实验小学，搞了一个"甘璐落选的是是非非"队会。甘璐是一个女孩子，在和一个男孩子竞选大队长时当选了，可是半个月后，在选县少代会委员时，她落选了。一些师生感到奇怪和不理解，便召开这次队会进行热烈讨论。

一个男孩儿说："甘璐当了大队长后就骄傲了。有一个同学在放学路上玩纸镖，本来应该是路队长管的事，可是她偏要去管，她就是想出风头，显示她是大队长。”

另一个孩子马上说：“你说得不对，当时路队长不在，甘璐怕同学出危险，才去管的。如果在前线，班长牺牲了，战士冲上去，你能说他是出风头吗？”

又一个同学说：“有一次我和一个同学站在台阶上，甘璐把我们撞了，也没说对不起。”

另外那个同学马上说：“不对，当时咱们站在台阶上，甘璐拿着拖把，走得急了，碰到了咱们，她说‘对不起’了。”

每件事都摆开后，发现都不是甘璐的错。

有一个女孩儿说：“甘璐当了大队长以后，我就嫉妒她。以前她是中队长，我是小队长，她就比我多一道杠，现在她又比我多了一道杠。每当老师叫她回答问题时，我就用白眼儿翻她，希望她答错，挨老师的批评。”

那个落选了的男孩儿说：“我就是不服气，为什么好事儿都是甘璐的。”

于是同学们就说：“都是你嫉妒甘璐，在后边搞了那么多鬼名堂。实际上你就是光想当官不干事，我们才不选你。”这件事的是是非非终于搞清楚了。

这不是一件孤立的事，许许多多学习好的、当干部的同学在学校里是孤立的，因为其他孩子嫉妒他。

我跟一些孩子们谈过竞争与嫉妒的问题。我问他们：

“什么是竞争？什么是嫉妒？”

他们都说不太清楚。

我告诉他们：“比如说两个人跑步，一个在前边，一个在后边。后边的人想，前边这个人现在最好让石头绊一跤，然后我好超过他。这就是嫉妒，嫉妒是把自己的成功建立在别人失败的基础上。可是反过来，如果后边的人想，我要使劲儿跑，超过他，我一定要超过他。这就是竞争，竞争是把成绩建立在自己努力的基础上。”

孩子的嫉妒心理，很大程度上是大人们潜移默化的影响和熟

视无睹的默认造成的，并随之“根深”而“蒂固”。

有的孩子喜欢告状、打小报告，如果老师听信他们的话，那就是在助长他们嫉妒的恶习。

有一年，我们在武汉市举办了一次全国性的少儿艺术比赛。一位9岁的辽宁省男孩儿扬琴打得很好，在预赛中第一名。但决赛时，他得了第二名。吃晚饭时，他说：“比赛用的琴有毛病，比赛结果也不公平，你们能不能跟评委说一说？”

我们没有答应他。当天晚上领奖时，他妈妈竟然不让他去领奖，说：“二等奖有什么好领的！我们孩子参加比赛从来就没得过第二名。这次来之前已经和校长打了保票，就是要得第一的。”

我对这位母亲说：“中国这么大，人口这么多，有天才的孩子多的是，我们有责任让他们个个都成才。如果大家都像你一样，还谈什么公平竞争！”

我在一次联欢会上，给孩子们讲过这样一件事：两个中国孩子去国外参加歌唱比赛，一个唱得好些，另一个唱得差些。到了比赛地点以后，唱得稍差的孩子得了感冒，另一个孩子冒雨请来医生，自己也被冻感冒了。到了比赛那天，唱得差一点的孩子病全好了，得了金牌；唱得好一点的孩子因为嗓子还没恢复好，结果只得了银牌。

我问孩子们：“你们说，应该怎么办？”

一个男孩子站起来，不假思索地说：“应该把金牌还给人家，本来就是人家的嘛！”

也有的孩子说：“你说得不对。得金牌的孩子应该感谢另一位，说‘是你帮助了我’，而得银牌的孩子应该说‘不要这样说，都是为了祖国争光嘛！’……”看得出，先回答问题的那个孩子，存在着不正当竞争的心理。

后来，我发现许多有了些成绩的孩子，都不太懂得正确对待自己的成绩和别人的成绩；还有的孩子存在着“你好，我就要打击你”的狭隘心理……这些不良的心理状态，都是不能适应未来的发展的。

嫉妒的心理，在成年人中尤其是成年女性中，表现更为突出。她们的做法常常是“无事生非”。

一个辅导员是普通人时，没有人过多地议论她；一旦成了优秀辅导员，出了名，就会有人说她这也不好那也不是；如果成了全国优秀辅导员，还有人写匿名信。所以，我经常对女辅导员们说：“作为一个女人，要想成功，就不要怕别人背后议论。有这样一段歌词：‘要生存，先把泪擦干；走过去，前边是个天。从来女子做大事，九苦一分甜。’不是说得很好吗？我想，这不仅是指付出辛勤的劳动，而且要承受来自方方面面的压力。如果一个女人怕人议论，那她就干不成什么事了，因为，你过于计较别人的看法。要知道，只要你干得好，周围总有人不平衡，议论你，贬低你，以得到一时的满足。这种时候，你不要理睬他们，只管大踏步朝前走，走得离这些人远了，他们也就不说你了，因为，他们只对自己周围的事有兴趣。”

男人的嫉妒平时看不出来，其实更为可怕，表现为“怀恨在心”。两位同在一个研究室工作的研究生，都相当能干、有才华，互相也暗暗地在竞争着。后来，其中一位被派出国，另一位十分嫉妒。他虽然笑着把同事送到了机场，但随后在出国同事十分孤独寂寞的时候，接连写去了三封饱含刺激意味的信。第一封信写道：自己已经是研究室主任了，颇得领导们的器重；第二封信说：单位刚刚分给自己一套条件很好的房子；第三封信的内容是：我有女朋友了，非常可爱。她就是你原先的女朋友……

最后，那位出国的研究生由于意志薄弱，心理承受能力差，没有学完就提前回国了。他是一个失败者，他对男人的嫉妒没有任何心理准备。他也是一个脆弱者，没有那种“走自己的路”的意志和气魄，所以才会受外界干扰，当然不会成功。

只有具有良好的心理状态，既懂得竞争又懂得超脱的人，才会成功。孩子们应该从小就得到这种训练。

克服嫉妒，参与正当的竞争，是我们对孩子的期望，也是未来对孩子们的要求。善于处理人际关系，在竞争中求得共同的发

展和进步是我们最迫切的愿望。因为，还有更为激烈，更为高层次的生存空间、生命资源等等的竞争在等着我们的孩子们，与人的竞争都处理不好，何以参与更为深刻、广泛的竞争呢？

知心姐姐与少数民族小朋友们在一起。

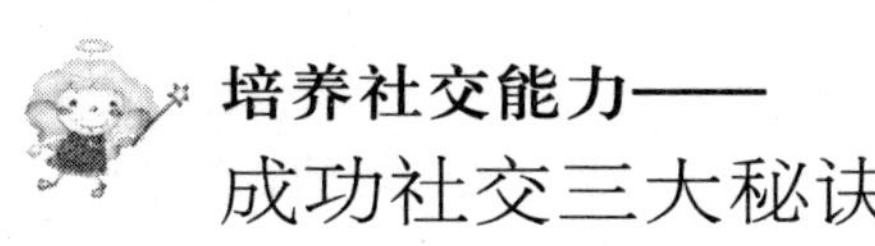

培养社交能力——成功社交三大秘诀

热忱——捧出你的心，沟通——打动别人的心，自信——赢得大家的心。

歌德说："人不能孤独地生活，他需要社会。"

良好的人际关系，不仅能给人生带来快乐，而且能助人走向成功。

因此，社交能力是人类生存的重要能力。

这一代独生子女虽然能够受到良好的教育，但由于小家庭之间的封闭、孤独而不善交往。这一点，应当引起父母的足够重视。

一些从小很有才华的孩子，就因为不合群，长大以后，一直"怀才不遇"，自感"英雄无用武之地"，不仅才华得不到发挥，而且一生总是"不顺"；一些很善于处理人际关系的人，反而受到大家的欢迎，才能得到充分的发挥，自己也感到很快乐。任何人都不会喜欢性情乖戾的人，人人都喜欢与快乐而热情洋溢的人在一起。

如何帮助孩子建立良好的人际关系呢？

从许多受人欢迎的孩子身上，我总结出三个秘诀。

秘诀之一：热忱——捧出你的心

一个人成功的因素很多，而热忱是不可缺少的因素之一。

热忱是发自内心的兴奋，是一种深存在内心的炽热的精神特质。成功的人和失败的人在智慧和能力上的差别通常并不很大，但如果两个人各方面的素质都差不多，具有热忱的人将更有机会

如愿以偿；一个人能力不足，但是具有热忱，通常也会胜过能力很强，但欠缺热忱的人。

领导的热忱，会影响他部下的工作情绪；父母和师长的热忱，会影响孩子和学生的情绪。

美国著名心理学家罗森塔尔，曾进行过“期望效应”的试验。他来到一所中学，考察一个十分普通的班级，临走时，他兴奋地告诉班主任：你们班上有 18 名学生很有培养前途。

罗森塔尔的热忱影响了这位老师。从此，老师对这些学生特别关心，脸上总挂满了微笑，尽量发现他们的优点，总爱向他们提问…… 高中毕业时，这些学生都考入了重点大学。

当罗森塔尔再次来到这所学校时，笑了，他告诉老师，那次他只是随便点了 18 个人，并没有认真对他们进行考察，是老师对学生的热忱、信任产生了今天的效应。这个故事说明，成年人的热忱能改变孩子的命运。

那么，成年人如何将热忱传递给孩子呢？这里介绍三点。

目示。父母或老师一个亲切的目光会使孩子兴奋不已。有的孩子因老师上课不看他而误认为老师不喜欢他，使他感到伤心。

一个男孩子问我：“上课老爱动怎么办？”

我告诉他：“找一张白纸，画上一双眼睛，当成是‘知心姐姐’的眼睛，放在课桌上。每次你想动时，看见‘知心姐姐’正看着你，你就赶紧告诉自己，上课时不能做小动作。”

果然，他很快克服了自己的毛病。

他爸爸说：“孩子上课总爱玩东西，老师经常告状。我打他，他也不听。用了您的办法以后，他就管住了自己，这个学期还被评上了三好学生。您说神不神？”

我说：“不神，这是因为我信任他，他有了自我约束的能力，就管住自己了。”

手示。不同的手势表达不同的感情。拍拍肩膀，表示鼓励和表扬；打屁股则是一种惩罚。许多幼儿园里的孩子、一年级的小学生，他们很需要家长或者老师的抚摸，所以他们经常围在你周围，这个时候你摸摸他的脑袋，他就会感到非常高兴。到了高年级以后，在他表现好的时候，你不妨拍拍他的肩膀，表示对他的赞许和信任。家长在教育孩子时要讲究艺术性，否则徒劳无功。

语示。用最热忱的语言给孩子带去希望。话不必多，一两句就能表达出你的爱；声音不必大，要能表现出你内心的兴奋。唠唠叨叨说个没完，是最令孩子心烦的。如果孩子犯了错误，不要大声训斥，或者有其他粗暴的行为，而应该到一间没有旁人的屋子里，盯着他的眼睛，严肃地对他说："我知道你这是第一次犯错误，也是最后一次，是不是？"这时，孩子会感到是自己不好，对不起父母，便会下决心改正错误。

父母对孩子的热忱通过目示、手示、语示传递给孩子，孩子受到了激励和鼓舞，也就学会了如何热忱地对待别人。

爱迪生曾讲过："一个人死去的时候，若能把热忱传给子女，他便等于留给他们无价的资产。"

秘诀之二：沟通——打动别人的心

如果你希望自己的孩子能够与别人友好相处，受到别人的欢迎，就应当让孩子从小学会尊重每一个人，学会与别人沟通，打动别人的心。

父母与孩子沟通的方法，会直接影响孩子的心。

沟通的原则有三条。

第一，不要总是批评、指责、抱怨。

现在，家庭教育中存在三多三少：看缺点太多，看优点太少；批评太多，激励太少；训斥太多，表扬太少。

在训斥中长大的孩子，往往爱谴责别人，这样的人最不受欢迎。训斥和指责往往收不到良好效果，只会使别人加强对你的防备，并想尽办法来证明自己是对的；训斥与指责，还会伤害一个人的自尊，而过分的伤害就会激起对方的怨恨。

第二，真心地欣赏和感激别人。

人类本性最深层次的需要是渴望得到别人的欣赏。每个人都乐意跟欣赏自己的人在一起工作和生活。让孩子成为受欢迎的人，一定要让孩子学会真诚地欣赏和感谢别人。

美国一家超级市场的老板和儿子有隔阂，常批评儿子。有一天，他去儿子主管的店时发现，那家店从亏损变为盈利，而且顾客和店员都很喜欢他儿子。

他把儿子叫到一边，说："你做得太好了，没有人比你更能招徕这么多的顾客！"

没想到，牛高马大的儿子竟流出了眼泪，说："爸，您从来没有这样称赞过我，我很高兴您对我有这样的感觉。"

这位父亲后来对别人说："这是儿子长大后，我与他的第一次真正的沟通。"

如果你希望孩子喜欢你，你一定要对他感兴趣；

如果你希望自己的孩子受到同学、老师的喜爱，一定要让他及时去感谢别人对自己的帮助。

第三，多发现别人的长处，不说别人的闲话。

一位农民的母亲，很善于教自己的孩子去发现村里和家族中的每一个人的优点，并告诉孩子说："每个人都是一棵小草，每棵小草上都有一颗露珠。太阳底下，每颗露珠都会发光。"于是，她的孩子学会了善良。

有些父母不太注意这点，常常在背后说别人的闲话，天长日久，孩子就容易学会说闲话。爱传闲话的孩子，朋友最少。在这里，我尤其要告诫女孩子们，千万注意不要在背后议论人。

秘诀之三：自信——赢得大家的心

我曾采访过农民企业家沈雯，他将一个小型塑料厂，发展成为在四个国家有分公司的大企业——上海紫江有限公司。我问他成功的秘诀，他讲了两个字："自信。"他说："只有你相信自己一定能成功，和你一起干的人才会有信心、有兴致。”

我访问了他周围的人。一位退休返聘的老工程师说，他愿意帮沈雯干，沈雯就是力量，跟他干，一定能成功！

与人交往中，自信就如同吸铁石的磁力，会把许多有能力的人吸引过来。相信自己能行，便会攻无不克。有人说：“失去金钱的人损失甚少，失去健康的人损失极多，失去勇气的人损失一切。”

但是，自信不是自负。只觉得自己行、别人都不行的人，一定不会成功。这里，我想送给年轻父母们一句话，这句话是教育家陶行知先生说的：“滴自己的汗，吃自己的饭，自己的事自己干，靠人靠天靠祖上，不算是好汉。”

与知心姐姐在一起，学生们精神焕发。

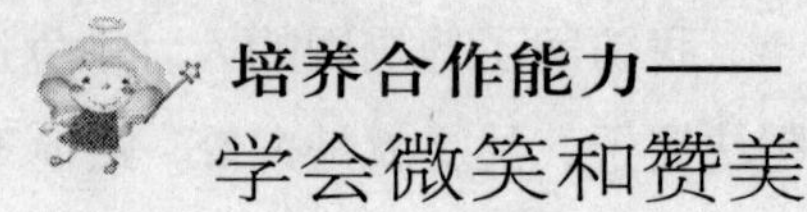

培养合作能力——学会微笑和赞美

良好的人际关系不仅能带来快乐，还助人走向成功。

有人说，日本人喜欢下围棋，走这一步想着下一步；美国人喜欢打桥牌，研究上家和下家的配合；而中国人喜欢打麻将，盯着上家，防着下家。

这种说法虽然偏颇，但反映出人们对中国人不善合作的批评。中国很早就流传着“一个和尚挑水吃，两个和尚抬水吃，三个和尚没水吃”的故事。

我们的孩子是属于21世纪的人，他们应该具有合作能力，否则就很难成功。所以，教会孩子与他人合作，是一个很重要的课题。

孩子与伙伴的合作

孩子中间的“头儿”，有一种团结人的本事。他能发现别人的优点，所以，伙伴们都喜欢他，愿意在他的“指挥”下玩游戏。有个被同学们称为“嘻嘻队长”的女孩子，一天总是笑嘻嘻的，从不向同学发脾气，在同学中享有较高的威信。

一次，两个男同学打架，难解难分之际，同学们找来“嘻嘻队长”。

她没有上去拉架，只是说：“待会儿再打行吗？你们两个不是还要出黑板报吗？”

两个男生听了，挥挥拳头朝对方喊声“等着瞧”，就一个写一个画起黑板报来。打架的事就过去了。

同学们最不喜欢动不动就“向老师打报告”的学生。这种人长大了，也不是好的合作伙伴。如果孩子在你面前讲别的孩子的“坏话”或“告状”，做家长的要表现出“无兴趣”，并引导他去发现别人的优点。

孩子与老师的合作

师生之间，不仅仅是教与学的教学关系，而且也应该是朋友关系。老师是孩子走向社会遇到的第一个成年人。要让孩子也能走进成年人的世界，学会与成年人合作。

有一次，上海市一位初中女生对我说：“我的班主任老师是党员，我很佩服她。可是有一件事使她在我心目中的地位完全丧失了，因为她作弊。上级要检查她的教学，她事先安排好谁第一个发言，谁第二个发言，并告诉同学们怎么说，这不是作弊是什么？”

我告诉她说：“老师作弊是不对的，但老师为什么要这样做？因为老师缺乏自信，怕学生不踊跃发言。你们没有给老师这种信心。如果你们对老师说：‘老师您放心，当有人来听课时，我们会比平时表现得更好。’那么老师就不事先安排了。”那位女生服气了，承认自己对老师支持得不够。

做父母的一定要注意，不要在背后讲老师的“坏话”。孩子如果在家中讲老师的“不是”，父母要站在老师的角度做孩子的工作，让孩子学会与成年人合作的本领。

孩子与家长的合作

这是如今最为紧张的一种关系。一个孩子，牵动着二至六位家长的心。孩子从小学会和不同年龄的家人友好合作，那么这孩子合作的能力一定很强。这里，占主导地位的是大人。家长与老师的教育不同，老师主要是施教，学生主要是受教；而家长主要是施爱，孩子主要是受爱。家长必须用爱教育孩子，和孩子商量

着办事。经常向孩子下命令和对孩子大声喊叫的父母，培养出的孩子或是蛮横不讲理，或是胆小怕事。

作为“知心姐姐”，我常常告诉孩子们如何与家长合作，其主要原则是学会体谅父母。

我曾接到过一个17岁高中男生打来的“知心电话”，他用低沉的声音问我：“昨天我看见我妈妈和一个陌生男人在公园里，我该怎么办？”

我问他：“你父母的关系好吗？”

“不好，经常吵着要离婚。”男孩子告诉我。

“他们多大年纪了？”

“五十多岁了。”

我明白了，这是一桩不幸的婚姻。为此男孩子承受着巨大的精神压力。

我告诉他：“你的父母可能会离婚，请你不要反对。幸福的婚姻维持下去是幸福的，不幸的婚姻解除掉，对父母来说也是幸福的。如果妈妈给你找个新的爸爸，你要表示欢迎；如果爸爸给你找个新的妈妈，你也要表示欢迎。你，永远是他们的儿子。儿子都是希望父母幸福的。关于昨天你在公园见到的事，永远不要对父母讲，你能做到吗？”

“能。”电话里传来深沉的声音，我的眼泪突然涌了出来。一个孩子，要承受多么大的心理压力呀！但是，我必须让他学会面对现实，让他学会从父母的角度考虑问题。

夫妻之间的合作

家庭氛围对孩子的成长至关重要。要营造一个良好的家庭氛围，夫妻之间就要很好地合作。现在许多父母吵架、离异，“恶劣”的家庭环境，严重伤害了孩子的身心健康。

夫妻之间如何友好合作呢？

从许多幸福的家庭中，我找到两件“法宝”。

法宝之一：激情和爱

爱情之树，要靠激情来浇灌，才能根深叶茂，结满果实。初恋时，男人充满激情的亲吻，会令女人激动得流下热泪；女人充满激情的亲昵，也会使男人倾倒。结婚以后，一些年轻的夫妻都忽视了自己激情的魅力，整天熟视无睹，甚至变得冷冰冰的。爱情之树的枝叶开始枯黄了。

一次，我去外地讲课。一位职位很高的女领导干部，听了很受感动，邀请我去她家和她丈夫谈谈。她说，他们夫妇俩的关系很紧张。

我接受了她的邀请。走进她那装修得挺豪华的四居室的家，我发现家庭气氛过于冷清。她的丈夫是某杂志社的摄影记者，女儿上了大学，住在学校。

“你跟‘知心姐姐’谈谈。”这位女士用命令的口气对丈夫说。我立刻觉得有点不自在。

“好吧，请到我的房间来。”男士站起身，我只好随他进去。

他说：“我从小就看《中国少年报》，知道‘知心姐姐’。今天，我要跟您讲点心里话，我一生中最大的不幸就是结婚！”

“为什么？”我不太理解。

“她根本不是一个女人，每天就会向我下命令。别的男人都拼命挣钱，给自己的妻子买衣服，可我却没那个情绪，我买的衣服她从来不穿，她说，当领导哪能穿这样的衣服！白天她很忙，晚上倒头就睡，醒了爬起来就走，像住旅馆一样。她这样无视我的存在，我觉得很没意思……”说着，他流泪了。

我惊呆了。这是我第一次看见男人痛苦的眼泪。同时，也第一次感觉到，女人对男人来说是多么重要。

这位女士送我出来时，问我她的丈夫跟我谈了什么，我如实地讲了她丈夫的苦恼。

女士也流泪了。“我辞职回家做饭去。”她赌气说。

我说："你的丈夫不需要厨师，他需要一个妻子。在外面你是领导，在家你是他的妻子，你不该用命令的口气跟他讲话。再忙，你也该给他留下一片温柔。"

这件事已过去多年，但我难以忘却。我觉得，即便是一个功绩显赫的女人，如果爱在她心中消失了，美的力量也就不复存在了。

做个女人的确不易。女人的爱要分成三份：一份给事业，一份给孩子，一份要留给丈夫。女人的爱，是事业成功的基石，是孩子成长的营养，也是丈夫生命的力量。

有人说："吃，悦己；穿，悦人。"婚后的女人，出门时才打扮自己；在家干活时，总是邋里邋遢，不注意仪表。其实，丈夫和孩子都希望每天看到的是一位端庄大方、整洁而美丽的女性。女人打扮自己，不光是给别人看，也该给家人看，给自己看。保持一种激情，女人的事业成功的同时，家庭也会幸福。

现在，不少年轻夫妇闹离婚。从他们陈述的理由中，我们发现这样一个事实：许多婚后感情尚好的夫妻，从孩子诞生之日起，大吵小闹便接连不断，最终导致感情破裂。什么原因呢？请听一位司机的陈述：

"自从孩子出生后，她心里只有孩子没有我。白天，她支使我干这干那，买菜、做饭、洗尿布……可到了晚上，她搂着孩子一起在大床上睡，让我去睡沙发，从来不愿理我。起初，我还忍着。后来，我觉得这个家越来越没意思，我在家里算什么？用人？奴隶？我不愿回家，每天下了班先到我妈那儿待一会儿，在街上遛几圈再回家。为这，她老跟我吵，说我不顾家，不管孩子……"

女方在陈述中说："婚后感情还可以，生孩子以后烦夫妻生活！他脾气大，有了孩子后更厉害了，对家庭不负责任！"

由此可见，孩子的出生，使家庭原本简单和谐的关系复杂化了。如何养育孩子？如何分配家务？这一切都需要夫妻间的协调、理解和沟通。然而，初为人母的妻子却忽略了这一点，她们往往有意无意地把当初对丈夫的爱全部转移到孩子身上，在孩子身上倾注了所有的感情。与此同时，却忽略了丈夫的心理需求和生理需求。

丈夫、孩子，谁第一？东西方人的看法有很大的不同。西方人总是把夫妻之爱放在第一位，孩子出生后安排单独的房间或床，从不与父母住在一起，更不允许孩子挤占双方的位置。而中国的夫妻却为了孩子而腾出自己的情感空间，对孩子的爱也远远超过对配偶的关心，其结果是宠坏了孩子的同时，夫妻之间的感情消失殆尽！

一位明智的母亲，不应该只顾在孩子身上倾注时间和精力，还应为孩子营造一个美满和谐的家庭环境，这需要夫妻间的亲密合作。把自己的丈夫放在一个合适的位置，在爱孩子的同时深爱自己的丈夫，这样不仅可以使夫妻之间的情爱绵绵，而且可以为孩子营建一个温馨幸福的家庭氛围，给孩子一份完整的父母之爱！这无论对于自己、对于丈夫、对于孩子，都是极为重要的。

法宝之二：微笑与赞美

微笑是友善的信号，赞美是赏识的外在表现。

有一首歌，其中的一句歌词我一直铭刻在心：“一句知心的话语，也许胜过万钧雷霆。”我想，微笑和赞美有时真有这样的威力。

女人最需要微笑和赞美。男人对女人的微笑和赞美是对女人最好的激励。然而，现在的女人容易得到周围同事、朋友的微笑和赞美，却很难得到丈夫的微笑和赞美。丈夫的挑剔、指责、埋怨，常常使女人望而生畏、心灰意冷：炒菜怕丈夫嫌难吃，不敢做；买衣服怕丈夫嫌难看，不敢买。久而久之，就没有了做饭、买衣的兴趣，谁愿意干“费力不讨好”的事呢？

一些和妻子闹矛盾的男士来找我调解或倾诉时，我为他们开

的“诊断书”上写的是“缺少微笑和赞美”。我对他们说，妻子工作一天，下班回来做好了饭，你却挑剔说：“你炒的叫什么菜呀！”于是妻子就会说：“你嫌我做得不好，以后你自己做吧。”如果你不服气，再添一句：“做就做，大不了我去饭馆里吃，那儿的菜好吃，还不用听人唠叨！”……这样一来，你们俩准打架。你不妨换一种心态，想着妻子干了一天工作，回家还要做饭，多么辛苦，就会觉得饭菜很香。你如果能发自内心地赞美说：“我妻子做的菜就是好吃，比饭馆做的又干净又可口。”那你的妻子一定乐意为你服务。

我有一位女友在回忆因车祸死去的丈夫时说：“每次他的朋友们来我家吃饭，我下厨房去炒菜，他一定要等我上桌再开饭。他总是在朋友面前夸耀说：‘我最爱吃我妻子做的菜。’他的朋友们都很羡慕他有一个漂亮能干的妻子。我心里很高兴，多累也不嫌烦……”

妻子从丈夫的微笑和赞美中得到的是爱的信息。这种信息，是女人保持激情的源泉。

有一个日本人与妻子相处得很紧张，面临着离婚的危险。他的心理医生告诉他：“你没有什么毛病，就是不会微笑。”他听了以后并未十分在意。第二天早晨，妻子拿衣服来给他穿，他忽然想起心理医生的话，朝妻子微笑了一下。妻子惊讶之余欣喜若狂，于是做了一顿十分丰盛的晚餐，等着他回来吃。吃晚餐的时候，他又想起医生的话，便又笑了一下。结果，夫妻关系竟一天天好起来。他的妻子幸福地对别的女人说：“我觉得像新婚一样。”这位丈夫仅仅是微笑就挽救了这桩婚姻。有许多男人，在外面对别的女人嘻嘻哈哈，一回到家里就对自己的妻子满脸阴云，这没法不引起夫妻间的感情不和。

夫妻之间要互敬互爱，对别人的关心要及时表示感谢，对别人的成绩也要及时表示赞美。

父母之间这种微妙的合作，会直接影响到孩子，他们也会学着与他人友好地合作。

婆媳之间的合作

每一位年轻的妈妈都是婆婆的儿媳妇，因此有必要说一说与婆婆的合作。“婆媳是因一个男人而相遇的两个时代的两个女人。”婆媳关系历来被认为是最难处的。作为成长在新时代的年轻女性，应当体谅上一个时代过来的老人。婆婆心里希望让儿子得到母亲和妻子双重的爱，这也是人之常情。有的年轻媳妇爱当着婆婆的面让丈夫为自己盛饭、倒水……显示丈夫对自己的爱和顺从；婆婆则看不惯自己的儿子被支使，希望儿子得到别人的照顾……这些矛盾，并不难处理。如果你能勤快地为公公婆婆或丈夫做一些事，丈夫会觉得你很尊敬老人，一定会感谢你。

在这方面，我自认为做得不错。所以婆婆很疼爱我，我也很爱她。我总想：多得到一份妈妈的爱有多好！跟婆婆对着干，给婆婆难堪，无疑也给丈夫难堪。自己有个儿子，早晚你也会成为婆婆，你愿意自己的媳妇也跟你别别扭扭的吗？

美国一位心理学家在他的著作中曾写过这样一段发人深省的话：

如果孩子生活在批评中，他便学会谴责。

如果孩子生活在敌视中，他便学会好斗。

如果孩子生活在恐惧中，他便学会忧心忡忡。

如果孩子生活在鼓励中，他便学会自信。

如果孩子生活在受欢迎的环境中，他便学会钟爱别人。

如果孩子生活在安全中，他便学会相信自己周围的人们。

如果孩子生活在友谊中，他便会觉得他生活在一个多么美好的世界。

试想，我们的孩子从小能够生长在一个充满文明、祥和、赞美和友谊的氛围中，那么，他们一定会是有情有义、有合作能力、善于与他人友好相处的乐观的人，他的一生将充满爱，充满快乐和成功。作为妈妈的你，一定会倍感欣慰，觉得自己的一生辛苦没有白费，你奉献给了人类一部最为辉煌的作品。

让我们为了这样的日子努力吧！

知心姐姐、徐惟诚和孩子们在夏令营活动中。

第五章

帮孩子开发自身的财富

有两个毕业生分别打电话给我，让我帮他们找工作。他们不约而同地提出：给我一个机会吧！

一天，我跟儿子聊起这件事，问他怎么看待机会。

儿子说："假如是我，我会对用人单位说：'给我一个机会，还你一个奇迹！'人家肯定为之一振，首选一定是我。这叫作自信。"

儿子的回答果然让我为之一振。假如我在做招聘工作，可能真的会对他发生兴趣：究竟他有什么本领？他会用什么还我一个奇迹？

"机会不是靠别人赐给的，要靠自己去争取。"儿子补充说。

仔细想一想，在人的一生中，最大的财富是什么？不正是自己吗？相信和运用自己身心迸发出来的神奇力量，是多么迷人的事情啊！一个不相信自己、不敢大胆追赶机会的人，如何能抓住机会呢？

美国一所商学院做过一项调查，结果表明，这所学院的毕业生开始工作时都很出色，但十年之后却被那些没有受过正规教育的人超过了。参加调查的一位教授认为，原因在于我们只教他们如何解决问题，而没有教给他们如何抓住机会。

21 世纪带给人们前所未有的磨炼和超越的机遇，还有抉择和改变的权利。

在这个全新的时代里，什么叫成功？有一位教育学博士用一

句话做了归纳："在一个人的一辈子当中，所有的机会乘上他对每一次机会选择的智慧，再乘上执行他自己所选择机会的行动力，这样的一个乘积称之为成功。"所以说，准备好的人才能抓住机会，才有可能获得成功。

在21世纪，要想让孩子成为成功者，并不是忙着去为孩子积累财富，而是让孩子自身成为财富。竞争中，哪里拥有高素质的人才多，哪里创造的财富就多；哪个国家拥有高素质的人才多，哪个国家就强大。

我认为，真正对孩子一生负责的父母，应该帮助孩子开发自身的财富。

知心姐姐与孩子们在国际儿童读物联盟书展上。

会思考的头脑

想象力比知识更重要。

我们每个人都有一个神奇的大脑，大脑有左右两个半球：左脑主要处理语言、逻辑、数学、次序，即所谓的学术性活动；右脑主要处理节奏、旋律、音乐、图像和幻想，即所谓的创造性活动。

今天，人类十分重视对右脑的开发，而开发右脑，发挥创造力，主要是运用想象力。

“想象力比知识更重要。”这是科学家爱因斯坦的著名论断。他还说，因为知识是有限的，而想象力概括着世界上的一切，推动着世界的进步，并且是知识进化的源泉。在20世纪自然科学发展史上，几乎无人能与爱因斯坦的成就相比，他在科学史上占据着划时代的地位。

然而，谁能知道，这个头发蓬乱、不修边幅的犹太人，在中小学时代竟然常常被斥为“智力迟钝”，甚至被断言将来“一事无成”。

爱因斯坦在回顾自己的童年时，多次谈起他所体验的惊奇感。他说：“思维世界的发展，在某种意义上说就是对‘惊奇’的不断摆脱。”他认为，学生最可贵的动力是想象力、好奇心、求知欲、学习中的乐趣以及对学习结果的社会价值的认识，而学校最重要的任务是努力引导学生形成这些能够启发创造性的心理能力。他的结论是：“教育应当使所提供的东西让学生作为一种宝贵的礼物来领受，而不是作为一种艰苦的任务要他去负担。”

画画，是培养孩子创造力、想象力的重要途径。

我曾经看到这样一篇文章——《创造性能不能教》，作者是

留美教育管理学博士黄全愈。其中写道：

美国孩子学画画，老师往往不设样板，不定模式，让孩子从现实生活到内心想象的过程中自由构图。孩子虽然画得“一塌糊涂”,但十分高兴。画完之后,只问老师“好不好”,而从来不问“像不像”。黄博士说:“回答‘像不像’,是指‘复印’得如何;回答‘好不好’，是指创造得如何。”

黄博士讲了这样一个故事：美国的小学美术老师达琳曾来中国云南省进行学术交流。不少中国老师请教她：“怎样教孩子的创造性？”达琳很困惑:“创造性怎么能教呢？”

达琳给中国孩子出了一道题:《快乐的节日》。结果发现，很多孩子都在画圣诞树，而且画得一模一样！她仔细观察，原来孩子们的视线都朝着一个方向：教室墙上的一幅画里有棵圣诞树！达琳把墙上的画遮起来，要孩子们自己创作一幅画来表现这个主题。令达琳感到吃惊的是，那群孩子竟然抓耳挠腮，一副茫然的样子……达琳老师不得不又把墙上的那幅画揭开……

这个真实的故事的确令人深思。中国有千千万万个孩子在学画画,问题是怎么学？学什么？用什么方法去学？是用“眼”画画，还是用“心”画画？这可能就是模仿与创造的不同点。

我很同意黄博士的观点：模仿是一个简单的由眼睛到手的过程，由于没有心的参与，可以说是一个类似“复印”的过程。长此以往，虽然技艺越来越高，可想象力却越来越差。他的眼睛里有画，而心里没有。眼睛里的画只能是别人的画，只有心里的画才是自己的。

有创造性的孩子，往往是用“心”画画，正是在“心画”的过程中，培养了创造力。

北京市和平里四小就是一个注重培养孩子创造力的学校。有一天，日本教育代表团来校观摩四年级的美术课。美术老师胡明亮画了一只流着眼泪的小鸭子，让同学们以这只鸭子为主题，当场创作一幅画。30 分钟后，全班 36 名同学创作出了各异的图画，令日本教育家们大为惊讶，连连称赞:“中国的孩子太富有想象力了！”

孩子们都画了些什么呢？胡老师把同学们的作品带给我。

赵亦鑫画的是《失去自由》：小鸭子被关在铁笼子里，望着一群高飞的大雁在默默地流泪。

陈溪画的是《不准动！》：一个戴着假面具的人，正用枪口对准一只流泪的小鸭子。

李佳画的是《水污染》：小鸭子从被污染了的河里叼起一条小鱼，而小鱼只有骨头架子，小鸭子伤心地哭了。

最精彩的是唐小晰的《触景生情》：一只小鸭子呆呆地站在“烤鸭店”门前，看到爸爸妈妈都被挂起来烤熟了，自己成了“孤儿”，不禁伤心地流下了眼泪。

我想，如果我们的美术课都能像胡明亮老师这样教，让孩子们充分展开想象的翅膀，那孩子可就解放了。一名优秀的教师，必须重视培养学生的想象力。

人类的发明，都来自大脑。一个奇妙的主意怎样才能产生出来呢？这就要张开想象的翅膀，打破原有的模式，学会重新组合，把不方便变为方便。比如：

改变的方式：把两辆汽车摞在一起，改成双层，让它的容量加倍，也可以把汽车减半、扩展、切开、拉长等。

代替的方式：用小球代替钢笔尖，制造出圆珠笔；用互联网代替传统的通讯方式。

重组的方式：把耳机和收音机组合在一起，成为“随身听”；把商场和地铁车站连在一起，地铁的出口也就是商场的入口。

我向全国著名少先队教育专家段镇老师学了一招：“加一加，减一减”。比如，在一个圆圈上加点儿什么，能变成什么？

我曾经去一所城市小学和一所农村小学，让孩子们做这个游戏。我在黑板上画了五个圆，让五个孩子上来画。结果，城里的孩子画的多数很复杂：向日葵、小花、小孩、钟表、太阳等。而农村的孩子画得却较为简单，比如圆上加一竖——梨；圆下加一竖——气球；圆下画一横——太阳从地平线上升起；圆中画

一个正方形——铜钱；圆上点上很多小点点儿，一个男孩儿告诉我——芝麻烧饼！

新知识、新技能怎样才能学得快呢？有一个成功的做法：进行“形象训练”，画脑图——把全部东西在脑子里绘画组合。

日本有位著名医生，小时候，祖父教他骑自行车，并不先买车，而是让他看别人怎么骑，让他反复想着自己应该怎样骑，在这个阶段，他一次也没有骑过车。过了一段时间，在他找到感觉以后，祖父才买了自行车。他开始骑的时候，有点儿摇晃，但很快就得心应手轻松自如了，连他自己都奇怪为什么掌握得这么快。其实这就是画脑图的作用。学医后，这个经验得到充分的运用。他第一次给患者做阑尾手术，就十分出色。执刀之前，他先反复进行形象练习，回想观看高年级同学手术时的全过程，脑子里浮现出自己执刀手术的全部形象，预想可能出现内脏粘连等复杂症状，描绘着自己有条不紊地及时判断处理的全过程。由于事先做好思想准备，一旦走上手术台，就没有了初次执刀的紧张慌乱。

再说说我自己。我利用业余时间学习了大学本科和研究生课程。考试前，我的复习方法是将知识画成树状的图，所有的知识点就是树突，反复看、反复想，最后形成一个脑图。这样，大部分要点都记得比较清楚。另外，上台讲话，我也很少拿稿子，有的时候一口气讲三四个小时。有人说我记忆力强，其实不是，是我已经事先把所要讲的内容画好了脑图，想着“图”讲，这样就能声情并茂，用心与听者交流。有时，我觉得有了稿子反而会限制我讲话，反而给自己造成“麻烦”。

这其中，冥想是十分重要的。你把自己想象成一个成功者，你就能成为一个成功者；想象成一个失败者，你就可能是一个失败者。孩子在上考场、上赛场、上台讲话或者表演之前，你对他说“别紧张”，他肯定会紧张；如果让孩子想“我都准备好了，我会自如发挥的”，那一定会有好结果。

第四次全国少代会在北京召开，我担任小代表的辅导员，每天要对孩子们进行“知心姐姐十分钟”讲话，送他们一份“人生的礼物”。

第一天讲的是“快乐人生三句话”。讲到“我能行”时，我说，任何时候都要把自己想象成一个成功者，如果你晕车，上车前要大声对自己说：“我不晕车，我不晕车，我才不晕车呢！”然后，你就想象自己上车后高兴、自由、快乐的感觉，你可能就不晕车了。真的，少代会结束时，好几个孩子对我说：“知心姐姐，您教的这招真灵！”有个带队老师告诉我：“我们团一个孩子晕车，从机场到饭店，那么短的路程吐了好几次。听了您的课，他每次上车前都要说：‘我才不晕车呢！’结果这几天，天天乘车开会、活动，他一次也没有晕过车！”可见，给自己一个积极的心理暗示，就会使紧张的心情得到放松。

做父母的，都希望自己的孩子有一个聪明、敏捷、健康的大脑。那我们应该做些什么呢？

一、“喂”好脑

大脑需要能量，能量主要从食物中获取。有人说，你的孩子早餐吃什么，决定着你的孩子成为什么样的人。这当然有些夸张，但也不无道理。平时，要多给孩子吃富含维生素 C 和蛋白质的食物，比如新鲜蔬菜、水果、大豆制品、肉类、鱼类等，早餐能吃一根香蕉更好。脑在工作时需要大量的氧和糖，所以要常常保持室内的空气清新，注意通风换气。要让孩子经常做深呼吸运动，也就是“调息”。具体做法是：闭目，吸气——吸到丹田，呼气——把气吐尽。平时让孩子多运动，才能保证大脑有充足的养分。

二、使用脑

俗话说得好：“你不用它，就会失去它。”要使大脑得到开发，就要经常使用它，脑子越用越灵，不用就越来越笨。集中精力多

思考是锻炼大脑的最佳方法。思维敏捷的人，都是好动脑筋、勤于思考的人。我们批评“题海战术”，是因为它把复杂的脑力劳动变成了重复的“体力劳动”，对孩子的智力发展极为有害。

三、放松脑

自然放松、轻松愉快，可以活跃大脑的生理功能，是保护大脑的好办法。我掌握了一套大脑的“放松术”，效果很不错，通过主观意志的活动，放松全身肌肉，从而调节紧张情绪和高级神经活动的机能。

现在，每逢组织孩子们活动，在紧张之余，我经常带着他们进行放松训练。当然，程序没有这样复杂，但常常使疲惫而又兴奋的孩子得到很好的头脑休息，也方便他们更好地参加后面的活动。

父母们还要注意，保证孩子充足的睡眠，是保护大脑的最好办法。因为人只有在睡眠时，肌体内的免疫细胞才能很好地生长。长期睡眠不足，免疫功能自然下降，人就爱生病，也会影响工作和学习。

大脑，就像一个“沉睡的巨人”。帮助孩子开发大脑吧——巨人醒来之时，正是即将成功之日。

会观察的眼睛

观察力是创造力的源泉。

一天，我去天津市大港油田参加中国少年报社召开的儿童诗人“世纪盛会”。开幕式当天下午，我们来到大港油田实验中学，参加“大小诗人见面会”。

台下坐的是热爱诗歌的中学生，台上坐的是时任中国作家协会书记处书记的高洪波和著名儿童文学作家、诗人金波、尹世霖、关登瀛等。热情的孩子们非要让“知心姐姐”讲话不可，原来只准备听会的我只好站了起来。

“今天台上台下全是‘湿人’（“诗”“湿”同音，我开了一个玩笑），只有我一个是‘干人’。”我的开场白引来一片笑声。

“今天我想说说对诗人的认识，讲讲‘干人’怎么变成‘湿人’！”台下一下子安静下来，同学们被这个奇怪的话题吸引住了。

“我想先问问大家，人有几双眼睛呀？”

“当然是一双眼睛喽！”中学生们一定觉得我提出这个问题太可笑了。

“可是昨天，我却发现了有两双眼睛的人！”

话音没落，台下已是一片哗然。

“两双眼睛的人？在哪儿？”同学们你看看我，我瞅瞅他，到处寻找。

“不用找了，他们就坐在台上，那就是诗人。”

“啊？台上的诗人？不也是跟我们一样，长着一双眼睛吗？”同学们更不明白了。

于是，我讲了我的发现：“昨天下午，我陪诗人们来大港油田。

天已经黑了，大港油田完全笼罩在黑色里，一片黑暗中只闪烁着点点灯光。可是今天开幕式上，高洪波老师却朗诵了他昨晚刚写的诗。诗的前几句是：我们被童心簇拥着／被内心涌动的诗情推动着／擎着丹柯一样炽热的心／来到大港油田／脚下是燃烧的地火／是驱动祖国列车隆隆行进的伟大的能源……我十分惊讶，我看到的明明是黑黑的水泥地，而诗人看到的却是'燃烧的地火'，他不是有另外一双眼睛吗？"

我对同学们说："诗人与我们的不同之处在于，诗人有另一双眼睛藏在心里，叫作'心灵的眼睛'，这双眼睛能看见别人看不见的事物，能发现别人发现不了的秘密。你也许要问：我能不能也有一双心灵的眼睛呢？我的回答是：完全可以！如果你能一边看一边想，细心感受，你便会有新的发现、新的感悟。"

我还告诉同学们："想当诗人，就要用欣赏的眼光去观察世界，用爱的情怀去感受世界，用热情的语言去表现世界。这样，我们才有可能变成诗人！"

同学们对我这位"干人"的讲话报以热烈的掌声。

接着，尹世霖老师又做了重要补充。他说，好诗在意境，让人去联想。要用意境去写诗，用情感去写诗，而意境也要用心去感悟。

观察力是创造力的源泉，观察力是可以培养的，特级教师李吉林老师就十分注重培养学生的观察能力，充分发挥"眼睛"的作用。

一个晴朗的早晨，她带着学生来到开满野花的河畔。

"野花有名字吗？"孩子们兴奋地问。

"有啊！这是荞麦花，那是知风草。你们看，那边还有更美的野花——"李老师把孩子们带到了蒲公英的旁边，让同学们按照"根一茎一花"从下向上顺序观察，并指导他们边看边描摹各个局部。

"蒲公英的叶子是这么整齐，是二月的风伯伯裁剪的。"

"它像一棵小巧玲珑的向日葵。"

学生们你一句我一语地议论着。

夜晚，李老师坐在灯下思索：孩子们认识了蒲公英，怎样调动他们的写作兴趣呢？让他们用拟人的方法把看到的写下来，不是更能激发想象力吗？

上课了，李老师启发孩子们自己拟题目。

孩子们兴致勃勃，一下子出了七八个题目。最后，大家选中了《我是一棵蒲公英》。

李老师在黑板上画了一朵大蒲公英：圆圆的花盘里，有着一对眼睛和一张微笑的嘴巴。

孩子们看着这拟人化的蒲公英，也都笑了起来。

"现在许多小朋友还不认识你们这些蒲公英，你们准备先介绍什么呀？"

"介绍我的家。"

"介绍我的名字。"

孩子们七嘴八舌地抢着回答。

李老师继续启发："你们的家住在哪儿？家里有哪些人？谁是你们的兄弟姐妹？"一连串的问题，给孩子们提供了广阔的想象空间，又把他们带到一个新的意境之中。

"小草是我的兄弟。"

"野蔷薇是我的姐妹。"

"蝴蝶姐姐是我家的常客。"

孩子们想象的翅膀张开了。

老师又提出一个问题："还有一个重要人物没介绍呢！"

孩子们顿时愣住了。

这是李老师精心设置的"障碍"，她想让孩子们想得更深更远。

在孩子们冥思苦想的时候，李老师拿出一棵蒲公英，把茎轻轻折断，让孩子们观察冒出的白色乳浆。

孩子们豁然开朗。

"我知道了，还要介绍土壤妈妈。"

"我们是吸着土壤妈妈的乳汁长大的。"

下课前，李老师拿起那毛茸茸的种子，使劲一吹，小伞一样的种子从窗口飞向蓝天。

孩子们的心跟着蒲公英的种子，飞啊、飞啊，飞向了远方……

许多父母整天把孩子关在家中，休息日也不让他们出去玩。结果这些孩子眼里就缺少画面，写起作文来不是干巴巴的，就是抄点儿形容词装点一下，一点儿意思也没有。

你的孩子有一双明亮的眼睛，请千万珍惜！让他们睁大眼睛去观察，去发现。注意：是让孩子用自己的眼睛，而不是我们的眼睛！

知心姐姐与山区孩子在一起。

会倾听的耳朵

不听，耳朵的功能就会退化。

我们每人都有两只耳朵，耳朵的功能是倾听。

一、我们要学会倾听，倾听大自然的声音

我们生活在大自然中，只要用耳朵静心地倾听，就能感觉到，大自然打开了它的大门，让我们听到风声、雨声、雷声、水声、小鸟的唱歌声、蝈蝈的演奏声、小狗的玩耍声、母鸡的报喜声、公鸡的打鸣声……于是，我们融入了大自然。

器官不用就会退化，我们可不想让孩子生活在无声的世界里。那么，假日里，就带上孩子，离开喧闹的城市，到野外去，到山里去，到海边去，到大自然中间去倾听，忘掉如山的作业，忘掉考试的成绩，忘掉往日的不快，只是去听，听平日听不到的声音，感受听的美妙！

二、我们要学会倾听，倾听对方的声音

我们每天要跟人打交道，周围的人都是我们倾听的对象。大人要倾听孩子的声音，孩子也要倾听大人的声音；学生要倾听老师的声音，老师也要倾听学生的声音。只要我们专心倾听，就能够感觉到对方接纳了我们。

跟对方交谈时，无论是大人还是孩子，我们都要专注地看着对方，耐心地听他说话。虽然我们工作一天十分劳累，但当孩子向我们诉说时，我们要鼓励他说，尽量让孩子通过语言，

把自己所有积极的、消极的情绪都表达出来。今天的孩子太缺少倾听者了！

人人都有喜怒哀乐，人人都希望与他人分享喜悦和悲哀，人人都渴望得到共鸣和理解，孩子自然也不例外。对孩子来说，与他们共享阳光或分担风雨的最佳人选，无疑是他们的父母。

我们的耳朵要有“承受力”，不能只爱听“好话”，不爱听“坏话”。听到孩子带回“好消息”，便喜滋滋地摸摸孩子的头表示赞赏；可是听到“坏消息”，就嗤之以鼻，甚至劈头盖脸地训斥，即使很想对孩子的处境表示理解，也往往不知如何表达。

倾听需要修养。人长了一张嘴巴，耳朵却有两只，就是要少说多听。平日跟朋友交谈，虽然我们有一肚子的新鲜事，但还是要把更多的时间留给朋友，自己甘当“听众”，鼓励别人谈自己，让每个朋友都感受到有人倾听的快乐。假如朋友把“秘密”告诉我们，我们保证决不乱说，因为这是倾听者应有的“道德”。

三、我们要学会倾听，倾听自己的回声

我们每天都生活在自己的回声中，只要竖起耳朵就能听到。

一个男孩儿跟妈妈闹别扭，独自跑到大山里喊：“我恨你！”大山里也传来一个男孩儿的声音：“我恨你！”男孩儿害怕了，回家告诉妈妈，山里有个坏孩子说恨我。妈妈陪他又来到山里，让他冲着大山喊：“我爱你！我爱你！”果然，大山回应着：“我爱你！我爱你！”

这声音就是回声。回声是我们自己发出声音的重复。我们要常常倾听自己的回声，检讨自己哪些话说得对，说得文明，哪些话说得不对，说得不文明。我们不要当着孩子的面说不应说的话，更不要在背后说别人的坏话。记住，孩子就是父母的回声。

学会了倾听，对方就会打开心扉，世界就会在我们面前打开新的窗口。

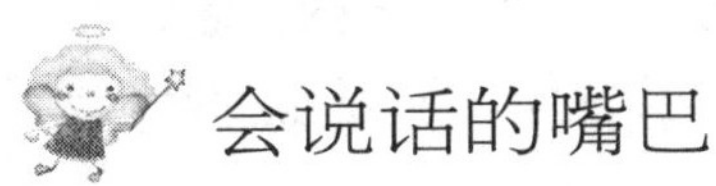

会说话的嘴巴

在现代社会，一个人要成功必须学会说话。

说话是一门学问。

在现代社会里，一个人要成功必须学会说话。会说话是与别人沟通的一种重要能力。想让孩子成为会说话的现代人，要注意些什么呢？我来说说自己的体会。

一、敢说话才能会说话

当一名“知心姐姐”，经常要面对众人讲话。尤其是1986年孩子们强烈要求“知心姐姐”从报上走下来，我创办了“知心姐姐咨询活动”，参与创办了“知心电话”，经常要登上讲台，面对孩子、家长和教育工作者，谈我对人生、对教育的看法，向成人倾诉孩子的心声，向孩子转达成人的期望。

我最先要克服的是当众说话的恐惧心理。记得我第一次上台讲话，看到台下黑压压的人，紧张极了，浑身打战，手脚冰凉，脑子里一片空白，把背好的词全忘了……最后，只好拿出稿子来念。

后来，我拜访了著名的故事大王孙敬修老师。孙老师向我传授了当众说话的几点“秘诀”：

一是讲话要吸引人。如果上场时会场乱哄哄的，不必大喊大叫：“大家安静……”这样，即使暂时安静了，讲话不吸引人，场上还会乱起来。面对第一排小观众，先小声讲一个故事。一会儿，孩子们笑起来，后面孩子

就会急了："说什么了，我没听见……"带着遗憾，他们的注意力会全集中到台上，生怕再落下什么有趣的事。这样，场上自然会安静下来，便可以言归正传了。

二是眼睛不必去看那些不听讲的、交头接耳的、睡大觉的，如果注意看他们，就会影响自己的情绪。只要选定一两个表情丰富、能与自己互动的人，即我笑他也笑，我难过他也会掉泪，我激动他会鼓掌的人……面对这样的人，自己会始终情绪饱满。

三是如果实在是一见人就紧张，那不如把台下的人头看成是萝卜、青菜、土豆，视而不见，完全进入自己的状态，全神贯注地去讲，也能够引人入胜。

孙老师的一番话，让我茅塞顿开。跟孩子说话实在是一门大学问，难怪一代又一代的小朋友都爱听他讲故事！

我开始一边实践，一边摸索。经过十几年的努力，我终于找到了克服恐惧的三个方法：

（一）深呼吸法。上台前先做30秒的深呼吸，这样可以提神，也可以起到为自己"打气"的作用。

（二）自我暗示法。往台上走，心中反复告诉自己："我很棒，讲话算什么，我能行！"

（三）主动交流法。主动与台下听众交流，语气恢复到正常说话的状态，不拿腔拿调，不时用提问法请听众参与。这样，心情就会放松，也会引起台下共鸣。

现在上台讲话，无论有多少人听我都从容不迫了。

二、练说话就能说好话

俗话说："台上三分钟，台下十年功。"说话的能力，通过勤学苦练是可以提高的。有一个孩子，小时候说话结巴，老师、同学都笑他，可他却立志要成为最有魅力的演说家。他喜欢看书，也喜欢到法庭听别人辩论。平时，他看到树林就对树林说话，看到小狗便对小狗说话，随时随地在学习演讲，后来，他的理想真的实现了。

有些小孩说话结巴，很让父母焦急。其实，说话结巴的人往往聪明、思维能力强，由于“心理语速”比“口齿语速”快，才出现语言表达不连贯的现象。越是急于表达，就越害怕表达，于是便结巴起来。

我儿子小时候说话也有点儿结巴。我提醒他：“慢慢说，别结巴……”结果，他结巴得更厉害了。后来，我意识到：你提醒他“别结巴”，实际上是在提醒他“你结巴”，反而加重了他的心理负担。我索性不去理会他这个毛病了，他说什么我都耐心听，慢慢地，他结巴的毛病好多了。

六岁时，儿子从幼儿园毕业了。我参加了他的毕业典礼。

小朋友们一个接一个上台表演节目。

我担心地想：我儿子能演什么呢？他说话结巴……

出人意料——儿子大大方方地跟一个小男孩儿表演了相声！他俩幽默的语言逗得大家哈哈大笑。我惊奇地发现，5分钟的相声，儿子说得十分流畅，没有一处结巴！

“儿子，你真棒！”我在心里大声喊着，两行热泪不知不觉流淌下来。我明白了，儿子的心理障碍解除了——现在在他看来，上台说话是一件很平常的事情，没有什么了不起的。

儿子上小学后，通过竞选当上了学校电视台的副台长，主持“开心一刻”节目。在中学和大学里，他仍然是学校的活跃分子，自编、自导、自演的小品，还在大学生自创大赛中荣获最佳表演奖。

真是“有心栽花花不开，无心插柳柳成荫”啊！我怎么也想不到，一个曾经在语言上有障碍的孩子，竟然在语言上也有这样的造诣。

三、准备好才能讲得好

要想讲得好，就要做到准备好了再上台。没有准备就站在听众面前，与不穿好衣服就出来一样使人难堪。我的体会是，要想讲得好，只用大纲，不用讲稿。照着讲稿讲话，对听众来说是一件很枯燥的事情，听众会因为缺少交流而失去听的兴趣。每次讲话前，我都要先准备好一个大纲，在每个问题下面写上要讲内容的题目。这样讲话有顺序，体系完整，不至于东拉西扯。我还要准备一个精彩的开头，以引人入胜，但决不说没用的套话。最重要的是，我以充沛的精力和热忱的心去面对听众——我相信，只有自己感动，才会感动别人。

每次上台讲话前，我都针对不同的对象做不同的准备。准备不是写稿，而是构思。这是一个挺艰苦的过程，真有点儿“受煎熬”的感觉。有时，我坐在桌前，关上灯，掩卷沉思——黑暗中，面前出现的是无数孩子、家长和老师企盼的目光……这促使我打开心灵情感的闸门，一句句充满激情的语言从心里涌出。当“文思如泉涌”时，我立刻打开台灯，演讲提纲挥笔而就。我的许多获得好评的讲话和文章就是这样诞生的。也有实在憋得难受的时候，那我就走到室外去，仰望美丽、静谧的夜空，展开想象的翅膀，对月亮说，对星星说……心旷神怡时，奇妙的构思会突然冒出来。我马上回屋写下来，第二天清晨再用心想一遍。经过这样的思索过程，思想会出现一个飞跃，“心路”变得十分清晰，不用稿子，讲上几小时，也可以做到文思不乱，既有一定的逻辑性，又能够保持足够的激情。

讲话，虽然出自口齿，但实际上是在用“心”。

教孩子讲话，不是让他重复大人的语言，也不是让他讲套话，而是鼓励他讲出自己心里的话。

作为父母，要教会孩子说话。会说话，是他们迎接新世纪挑战的一项能力，也是帮助他们早日成功的一项素质。

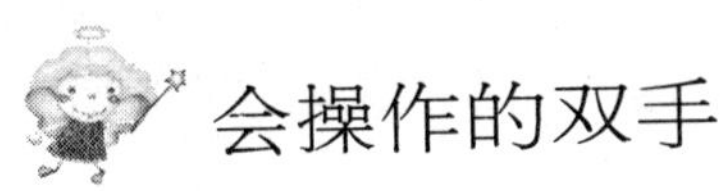

会操作的双手

世界上许多奇思妙想都是通过手变成现实的。

手，是伟大的。

世界上有许多奇思妙想，都是通过手变成现实的。手创造了世界，也造就了人类自己。

一、手，要从小锻炼它，它才会劳动

小时候，听妈妈讲过这样一个故事：一个懒汉，什么活都懒得做也不会做。一天，他的媳妇要出远门，怕他饿着，就给他烙了一张特别大的饼，套在他的脖子上。过了几天，媳妇回到家，懒汉已经饿死了。原来，他吃光了前边的饼，却懒得用手转动套在脖子上的饼。我当时就想，我可不能做这样的懒汉。于是，我从小就帮着妈妈做事：生火、做饭、洗衣服、买菜……许多活像玩儿一样就学会了。后来，十几岁离开北京到农村插队，我们集体户的女同学都会做家务，“小日子”过得还挺红火，很让邻村的知青羡慕呢。

现在，人们的物质生活越来越好，许多孩子应该做也能做的事父母都给包办代替了，孩子很少参加劳动，结果，孩子手的功能退化了。

一次，我带孩子们去一个自然保护区参加夏令营活动。第一天早餐，一个女孩儿拿着一个煮鸡蛋发愣。

我问：“你怎么不吃啊？不喜欢吗？”

她告诉我说，这个鸡蛋跟家里吃的不一样。

“怎么不一样呢？”我奇怪。

“我家的鸡蛋是白白的，软软的，这个鸡蛋太硬，是红的。”女孩儿为难地说。

我忍不住笑了，一了解才知道，这个女孩儿从小就没有见过熟鸡蛋的剥皮过程，每次吃鸡蛋都是妈妈或者姥姥剥好了端上来。

一位长期为学生搞军训的军官告诉我，他问过一个小学生：“你知道鸡蛋是哪里来的吗？”小学生想也没想就回答：“妈妈从冰箱里拿出来的呗！”

城市孩子们手的功能就这样在父母的溺爱中退化了。农村的孩子又怎么样呢？他们自由的天空也面临着越来越多的威胁。福建省平潭市小学生刘华钦给“知心姐姐”来信“告”了家长一“状”。信中这样写道：

我是独生子，爸爸妈妈很少放我出去玩，怕我出事。同学们都在背后叫我“笼鸟”、“岸头鸭”。我不知有多烦恼。如果我是一个超人，飞出这11平方米的小屋去自由玩耍，那该多好啊！

有一次我偷偷溜出去，准备和小伙伴游泳。妈妈发现了，拿了一个崭新的救生圈满头大汗地赶来，小心翼翼地套在我身上。我想，这下总该放心了吧？正要下水，妈妈一把把我拉住，从口袋里掏出两根绳子，一根系在救生圈上，一根系在我腰上，她把两根绳头牢牢地抓在手里，才放我下水。水中的小伙伴哄堂大笑，叫着：“阿姨，您干脆叫‘岸头鸭’去浴池游吧！”说完，他们钻进水里，自由自在地向远方游去。

我再也憋不住了，赌气说：“我不游了。”

“不游好。”妈妈反而高兴，“回家给你买冷饮喝。”

我不做声。

“开西瓜怎么样？”

天哪，我哪里吃得下啊！

妈妈，您哪里知道此时此刻我有多苦恼，我多么希望得到自由。撒手吧，妈妈，我能行！我不希望别人叫我“笼鸟”、“岸头鸭”。

要让孩子学会动手，父母就要放开手。

二、手，要经常使用它，它才能变得灵巧

人们常说“心灵手巧”，脑越用越灵，手越用越巧。边晓春是一个性格内向的女孩儿，平时不爱劳动，也很少有创新思维，她想改变自己，于是寒假里向妈妈学刻水仙花。她边刻边研究水仙花的组织结构，发现不懂的问题就独自去图书馆查资料。后来，她写出了一篇小论文，还在北京市获了奖。为此，她得到了去韩国汉城参加第一届亚太经合组织青年科学节的机会。她的爸爸说：“真没有想到，仅仅是刻水仙花这一件小事，就促使女儿开始了科学探索。”

三、手，要珍惜它，它才能创造奇迹

重庆市有一个严重残疾的女清洁工高中兰，两岁时家里发生的火灾使她失去了健全的双手，左手只有四个变形的手指，右手臂高位截肢。然而，她用残手断臂创造了奇迹——每天劳动，最终搬走了一座5000吨的垃圾山。

孩子的手也很了不起，“中国少年儿童手拉手地球村”的小村民，在两年的时间里，用一双双小手回收废品中有用的东西，一点一滴地攒起89万元，为江西、甘肃、山西省的等贫困地区小伙伴建起了四所“手拉手环保小学”和上百个“手拉手书屋”。在20世纪末，“中国少年儿童手拉手地球村”荣获了世界环保大奖——福特汽车环保奖最高奖项长城奖。

如果孩子们的手都能创造奇迹，这个世界该有多美好啊！

进入新的世纪，手，还要学会操作电脑。由于有了互联网，世界变成了一个巨大的村落，只要轻轻按动鼠标，坐在家里便可以遨游天下，了解各种信息，学习各种知识，享受高科技带给我们的便利服务。

这一代孩子被称为“网上的一代”，一点儿也不过分。

1999 年“六一”节，首都的人民大会堂里举行了“小伙伴手拉手共话祖国 50 年”交流活动。当胡锦涛、李岚清等党和国家领导人步入会议大厅时，上海的小记者迅速用数码相机拍下一幅幅珍贵的照片，并当场制作了一张小报。领导同志离开时，小记者把小报送到胡锦涛同志手中，在场的领导同志都惊叹不已。

一年后的“六一”节，第四届全国少代会在北京召开。会议期间，我们又举办了“中国少年世纪论坛”。一名来自山东省的 13 岁女孩引起许多人的注意——她叫林粼，是一位小电脑专家。她最初接触电脑是从玩游戏开始的，随着“技艺”不断提高，她入迷地学习起有关电脑的其他知识，进步非常快。她告诉我们说：“动手玩电脑可以培养自制、自理能力，如今我正在学习基础的电脑编程，将来还要学更多的东西。”

如今，小“电脑迷”不计其数。他们的小手操作起来速度之快，有时候真让人眼花缭乱：他们给你在屏幕上展示出一个漂亮的画面，你还没弄明白是怎么回事，他们的小手噼里啪啦一阵儿鼓捣，另一个漂亮的画面又出现了……你想要找资料吗？别着急，他们又是噼里啪啦一阵儿——你要的东西全出来了！嘿！你瞧——多棒！

我们的孩子将生活在信息化时代，如果他们这方面的素质跟不上时代发展，我们整个国家就很难在未来成为社会主义现代化强国。

计算机知识，你的孩子具备了吗？你帮助他们做好迎接信息时代挑战的准备了吗？

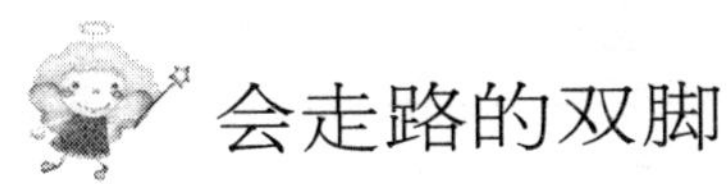

会走路的双脚

别忘了脚的功劳，它会帮助我们走好人生路。

脚，是神奇的。

每天早晨，我们一起床，就会把它塞进鞋子里，站起来，又将全身的重量加给它，这一双脚带着我们去学习、去打球……被鞋子捂出臭味来的是它，累得又酸又痛的还是它。

脚，有着“光荣历史”。当年震惊世界的二万五千里长征，正是红军战士凭着一双脚板，一步一步地走出来的。

现在，交通发达了，出门可以乘汽车、火车、飞机、轮船，也可以骑自行车，走路的机会越来越少了。我真担心，哪一天脚的功能退化到不会走路了，那人不是白白长了两只脚？

我们既然有两只脚，就要锻炼它，不停地给它刺激，让脚的功能得到最大的发挥。

根据中医学的观点，人的脚底有很多穴位和经脉，与我们的五脏六腑都是相通的。只要用力按压脚底不同的位置，发现哪里疼，八成是身体上与之相关的器官出了毛病。因此，人们摸索出用足底按摩来治疗全身疾病的方法。

30 多年前，日本科学家发现某地区的人长得特别高。经过深入的观察，这里的人吃的喝的都很普通，唯一不同的是，他们每天光着脚，在当地特有的凹凸不平的路面行走。于是，科学家们分析出，刺激脚底会有增高的效果。其实，人穿鞋的历史并不长，我们的老祖先不都是光着脚在地上走的吗？婴儿学走路的时候，也是双脚放松，用五个脚趾用力抓地，才使身体得到锻炼并促进发育的。

一次环保夏令营，环保博士李皓带领小营员一起光着脚丫在草地、土地上走，孩子们以前很少经历脚与土地的直接接触，感觉神清气爽，舒服极了。

从美国回来的朋友告诉我，那里的男女老少掀起了走路运动的风潮，每天早晨或者傍晚，许多人穿上“走鞋”，快速行走半小时以上，直到走出汗。这时再坐下来看书或工作，精力特别容易集中，工作效率也特别高。

我们有的父母舍不得让孩子走路，孩子也懒得走，出门就乘车，结果走不了远路。很多学校组织学生远足，一些孩子走不了多远就头晕恶心，更谈不上坚持走完全程了。

一次我去无锡市出差，听说了这样一件事：一个学校举办远足活动，起先同学们都十分兴奋，个个生龙活虎，谈笑风生，但随着时间的推移，同学们再也忍受不了炽热的阳光，直埋怨路怎么那么长。于是同学们一个个干脆席地而坐，老师一个劲地加油也无济于事。一直跟在后边的父母们看了，立刻发动自己的摩托车，纷纷把“心肝宝贝”带走了。一次远足活动就消失在“突突”声和烟尘中。我真是感慨万分！孩子们连这点路都走不下去，那么人生的路又怎么走到底?

人生的路很长很长，要靠孩子自己去走。一路上，不仅有灿烂的阳光，也会有风风雨雨；有平坦笔直的大道，还会有崎岖不平的小路。作为父母,我们要教会孩子走路,最重要的是告诉他们,遇到困难的时候，要勇敢积极去面对，坚定不移地走下去，成功正在前面招手。

桑兰是一位出色的运动员，17岁时，到美国参加大赛不幸摔伤，造成颈椎断裂、错位，脊椎神经全面损伤，胸部以下完全失去知觉，原来灵活的双脚再也不能走路，从此，将在轮椅上度过一生。

但是,桑兰十分坚强,在公众面前,没有掉过一滴泪,她说:“哭不是我的性格。人生何尝不是一场比赛呢？每当面临困难，我就假设决赛开始了，只能前进，不能后退。战胜了自己，就等于获得了比赛的冠军。”

2000年9月6日，桑兰随中国残疾人艺术团去美国演出。桑兰异常兴奋，说：“我在美国跌倒，我将在美国站起来！”她每天勤奋学英语，终于能够熟练地用英语会话。

在美国的舞台上，桑兰用英语背诵她写的诗《我是桑兰，我又回来了》。诗中说：

三年前的纽约／我跳马比赛时摔了下来／亮如白昼的大厅／刹那间一片漆黑／我的梦，破碎了／无数的奖牌／雪花般从天而降／却唯独没有落到我的脖颈上／——我觉得好冷好冷

我看见一只受伤的小鸟／摔了下来／它挣扎着，挣扎着／又飞向天空／越飞越远／——它好美呀

朦胧中，一张张陌生的／熟悉的面孔／一双双关切着我的黑眼睛，蓝眼睛／扶持着我／桑兰，你站起来

今天，我回来了／我要告诉所有的亲人们／我已经站起来了

桑兰两只脚不能站立、不能走路，但是她真正站起来了，因为在与命运的抗争中，她没有倒下，她非常坚强！即使没有了健全的双脚，也能走好人生之路。

亲爱的父母，你企盼孩子一生快乐幸福吗？就把坚强教给孩子吧！你希望孩子走好人生之路吗？那就告诉他，学会在困难中微笑。孩子，迈开双脚上路吧！爸爸妈妈相信你——新世纪，你能行！

第六章
让孩子做最好的自己

让孩子有成功的信念

成功靠自己。我常常见到这样一些同学：不管她是耳朵上打了6个耳洞的城市女孩儿，还是因为贫困而失学的农村女孩儿；不管他是一提到学习就犯傻，一提到爸妈就嫌烦的“新新”人类，还是整天成为同学们嘲笑对象的打工子弟，总之，每个人一开口几乎都是同样的一句话：“知心姐姐，生在这种家里，我真是倒霉透了！我怎么就那么命苦呢？”每当这个时候，我都会学着他们的语气告诉他们：“要相信自己，改变命运，全靠自己！”

前几天，我一口气读完了美国作家哈罗德·阿尔吉的小说《流浪儿迪克》，心里有一种冲动。我的第一个念头就是，如果这本书在中国出版，我一定要多买几本，送给那些家境贫寒的同学，同时告诉他们：改变命运靠自己。迪克行，你也一定能行！

书中的小迪克，是一个从小失去父母、一无所有的流浪儿。但是，他通过诚实的劳动和不懈的努力，逐步改变了自己的命运，最终成了一个成功的青年绅士、一个受人尊敬的人。我们一起来分享一下迪克感人的故事，同时分析一下他成功的秘诀。

1.成功是目标，改变目标就改变了世界

原来的流浪儿迪克，成天穿着“华盛顿将军的上衣和拿破仑元帅的裤子”，破破烂烂、脏兮兮地游荡在街头，靠替人擦皮鞋挣钱填饱肚子。可是每回走在街上，他就觉得十分神气；每天只要能吃上饭，能在街头的木桶里睡觉，他就心满意足了。直到有一天，一次偶然的机会，他结识了有钱的男孩儿弗兰克，体验了一天的绅士生活，这才第一次为自己的无知和邋遢感到羞愧。弗兰克送给他一套绅士衣服，虽然是旧的，却彻底改变了迪克的形象。当人们不再用鄙视的眼光看他，对他彬彬有礼时，迪克第一次感受到了他人的尊敬。于是，他心中有了新的目标——“将来我要成为一个受人尊敬的人”，过上“真正受人尊敬的生活”。正是这个目标，最终改变了迪克的人生。

所以，目标对人的一生是十分重要的。正如高尔基讲的那样：“不知道明天该做何事的人，是很不幸的。”要我说，目标对成长中的你更加重要！无论你是贫穷还是富裕，如果少年时期就能树立起人生的目标，便犹如在心中播种了一个太阳，一个带给人希望的太阳，一个带给人力量的太阳。这个太阳，能够把你带进一个光明的世界。

2.成功是一种态度，改变态度就改变了命运

迪克是个诚实正直、勤劳上进、乐观热情的孩子。他从不撒谎骗人，也不偷东西，还很乐于热心帮助别人。小伙伴有困难，他更是经常解囊相助。这些优秀的品质，让他拥有了真正的朋友。但是，由于没有受过教育，又整天在街头上流浪，迪克也沾染了一些坏毛病，比如自由散漫、抽烟、赌博，有了钱就去百老汇，将平日里辛辛苦苦挣的钱，大手大脚地全部花光……可是，自从迪克确立了过“真正受人尊敬的生活”这一目标后，就“下决心改变自己”。首先他改变了自己的生活态度，开始去银行存钱，花钱租房子住，不再露宿街头；他还学会了自我约束和节俭，让每一分钱都用得其所。正是这种积极的人生态度，最终使迪克告别了流浪儿的生活，“逐渐享受到不断改善自己和拥有一些财富的快乐”，过上了“真正受人尊敬的生活”。

你们看，成功是不是一种态度？你一旦改变了自己的态度，

由消极变为积极,由自我放纵变为自我约束,由“我不行”变为“我能行”，最终就能改变命运。

3.成功是一种开发，改变内存就改变了生活

迪克是个十分聪明的孩子。由于他从小失去父母，流浪街头，失去了上学的机会，所以大字不识几个，就连自己的姓名也拼写得歪歪扭扭。但是，自从他向往过“真正受人尊敬的生活”开始，心中第一次有了学习知识、开发自己的强烈愿望。于是，他以免费住宿为报酬，请有文化的小擦鞋匠弗斯蒂克做了自己的“家庭教师”。从此，他白天去街头擦皮鞋，晚上就在油灯下学文化，再也不去剧场和百老汇鬼混了。当一起流浪的小伙伴问他:“你怎么能学得进去呢?”他的回答是:“只要你想，你就会学。”经过刻苦的学习和不懈的努力，迪克最后终于成了一个“有教养的年轻绅士”。

所以，人是最有潜力的，并且这种潜力是可以开发的。迪克清楚自己没有优越的条件，只能依靠自己，因而最大限度地努力开发了自己。结果,他成功了！“只要你想,你就会学！”这句话，也可以看作是他与命运抗争，并最终取得成功的最重要的秘诀。

当然，成长离不开环境的影响，进步也离不开大人的帮助。在迪克与命运的抗争中，他不仅依靠自己的努力，还虚心地接受了长辈的指点。

对迪克影响最大的三个成年人，赠予迪克的不是金钱，而是尊重，是激励，是机会，更是人生的启迪。

第一位是惠特先生，他告诉迪克“任何劳动都是值得尊敬的。只要是诚实的职业，你就没有理由为它感到羞耻”。他还建议迪克养成“读书和学习的习惯”，“不要乱花钱，尽量存些钱”。就是这些话，让迪克找到了做人的尊严：虽然自己只是一个擦鞋匠，但是也不应该有卑贱感；因为自己从事的，同样是一项神圣的事业，一项能帮助他人的事业；人不怕穷，就怕没有志气!

第二位是格雷森先生，他给了迪克第一次在社交场合露面的机会，让这个小流浪儿第一次有了“过体面生活”的真切感受，

体验到了“成功的感觉”，成为迪克与命运抗争道路上的第一个加油站。

第三位是落水儿童的父亲罗克韦尔先生，他的小儿子约翰尼在渡船上不慎掉入水中，是迪克勇敢地跳了下去，救起了这个孩子。罗克韦尔先生当时许诺说，谁能救起他的儿子就能得到一万美元。但是最后，他回报迪克的却不是有数的一万美元，而是一份体面的工作——大公司会计室的工作。这是一份迪克梦寐以求的工作，一种新生活的开始。

这些成年人都对迪克说过这样一句话：“未来只能靠自己！”就这么一句简短的话，却是迪克一生取之不尽的财富。

大音乐家贝多芬的故事，同学们也一定听说过，在不到30岁的时候，他的听力就渐渐衰退了；后来情况越来越糟，到最后竟发展成两耳失聪！对于一个音乐家，尤其是作曲家来说，就如同飞机失去了双翼。可是，贝多芬没有屈服。他说：“我要扼住命运的咽喉，决不让命运所压倒！”就是凭着这份对音乐的挚爱、对理想的追求，贝多芬硬是靠着把耳朵紧紧贴在琴板上，去感受琴键的颤动，最终艰难地完成了一篇又一篇不朽的旷世之作。

你们会觉得：“人家是世界级的音乐大师，咱哪有资格和他比呀？乌龟撵兔子——不在一个档次啊！”其实音乐大师不也是从普通人成长起来的吗？只不过他的命运更多舛，意志更坚强罢了。

我建议同学们读读迪克，读读贝多芬，相信会从中找到人生的智慧，感悟一种精神，更会在自己面对生活、面对困难、面对世界的时候，充满自信地笑着说一声“我能行”！

面对命运，你要相信自己。只要树立了人生的目标，你就有了希望。希望，它是所有成就的出发点，也是你走向财富的第一步。

面对命运，你要改变自己。只要有了坚实的行动，你就有了改变。改变，它是所有事物发展的根本，也是你走向成功的第一步。

成功全靠自己！

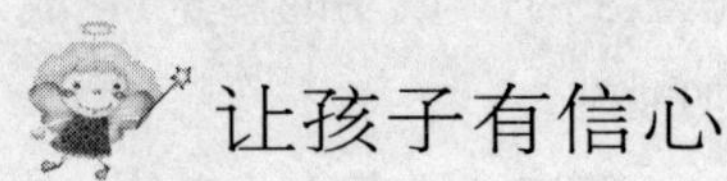

让孩子有信心

2000 年，4000 名少年精英报考了清华大学国际 MBA，最终，62 人入选，其中就有北京四中才华横溢的高才生王海翔。

海翔的妈妈张培祯是我的老朋友、北京市翠微小学的退休教师。说起海翔的成长，张老师感触最深的是“没有什么能比自信对孩子的成长更重要了”。

的确，自信，是人生最宝贵的财富。

法国教育家卢梭曾经说过：“自信对于事业简直是一种奇迹，有了它，你的才干便可以取之不尽，用之不竭；一个没有自信的人，无论他有多大的才能，也不会抓住一个机会。”

美国的心理学家曾对 150 名很有成就的人的性格进行过研究，发现他们都具有三种优秀的品质：一是性格上具有坚韧性；二是善于为实现目标不断进行成果的积累；三是很自信，不自卑。

海翔就是一个很自信，不自卑，善于抓住机会的人。

清华大学 MBA 分普通班和国际班，考入国际班的学生英语水准很高，英文听说读写成绩都在 80 分以上。与他们不同的是，海翔没有在外语环境中工作过，口语也不如别人好。所以一开始他就面临很大压力。

细心的妈妈看在眼里，劝他说：“要不行咱们就回到普通班？”

张培祯是个心地平和的人，她很欣赏自己的儿子，也从不给儿子增加压力。她对海翔说：“你已经是大学本科生了，又考上清华大学 MBA。只要那个位置适合你就好，上普通班、国际班都是研究生，不必太勉强自己。”

海翔却不同意调班，他说：“我相信自己的能力，下点苦功不会有问题。”

这之后，海翔用数倍于别人的努力去学习。第一年坚持下来，学年考试就获得优秀，在清华大学 MBA 国际班里拿到了光华奖学金。

海翔的自信正是来自妈妈对儿子的自信。当儿子“爬坡”时，妈妈从不给儿子任何压力，而是在一旁赞赏儿子已经走过的路程，帮他“数脚印”。妈妈的这种“欲擒故纵”（儿子语）的做法，大大激发了儿子继续向上攀登的愿望：“人家行，我为什么不行？让我试试吧！”

那些整天“逼”孩子学习的父母缺少的正是对孩子的信心。那些对孩子“推着、压着、吵着、骂着”的父母，恰恰是缺少对孩子的信心。

自信的人并不是没有压力，不是盲目地自以为是，而是面对压力知己知彼。刚刚进入清华大学，学校里开展了一次拓展训练，其中有一个项目是：站在一个 9 米高的木板上，从一块木板跨到另一块木板。海翔起初有些害怕，他去问教练：“两个木板之间的距离有多远？”教练说大概是一米四到一米五吧！海翔偷着跑到旁边，在平地上试了一下，发现自己使劲跨出去，能跨出一米六七，他心里有数了：到上面有什么好怕的？这样他完成了“知彼”。他又想：上去就当在平地上，最差掉下来也有防护设施，只不过寒碜点而已。于是，他又完成了“知己”。结果，他一次成功。

海翔因此大受启发：自信来自心中有数，只要做到知己知彼，就有成功的把握。学习也是一样的道理。他认真分析了自己的劣势：英语用得少，那么现在就开始用，加大阅读量，在课堂上完全用英语对话；接下来分析优势：自己原本学经济，对其他同学来说，经济学是新的学科，而对自己来说是学第二遍。

自信使海翔在学业上取得了成功，毕业后他受聘于一家基金管理公司，工作出类拔萃，还获得公司业务演讲比赛第一名。他到中国教育电视台《知心家庭》电视栏目当了一次嘉宾，就被导演看中，不久，成了这个节目的业余主持人。

作为一个普通的妈妈，张老师是怎样帮助儿子树立自信的呢？

母子俩总结出三条经验。

1.今天比昨天强

海翔小时候刚刚开始会用毛笔写字，妈妈就开始“收藏”儿子的作品，那些写在废包装纸、废信封上的歪歪扭扭的字，以至现在很像样的书法作品，妈妈都像宝贝一样收藏起来。

不管写得好不好，妈妈总要在儿子写的字上画圆圈，至今已有几千个。她常对儿子说的一句话是：“只要今天比昨天强就好。”

对妈妈的鼓励，海翔记忆犹新，他对我说：“小时候，妈妈给我买来字帖，但从来不强迫我练习，我高兴了就拿出来写两页。但只要我一写，妈妈就走过来非常欣赏地说：‘这字是怎么写的？很好啊！你什么时候学的呀？怎么比上次提高得这么快？’她老是表扬我，一下子就把我拉到书法这个门里来了。后来我真的爱上了书法。对母亲来说，她已经无法从技巧上再给我帮助了。但我仍然觉得，母亲跟我站在同等的位置上，她作为一个欣赏者，对我很重要。”

现在，海翔在书法方面很有造诣。

孩子的爱好变成特长，其中重要的原因是妈妈的欣赏和鼓励。

自信源于成功的暗示，恐惧源于失败的暗示。人积极的暗示一旦形成，就如同风帆会助你成功；相反，人消极的心理暗示一旦形成，又不能及时消除，就会影响一生的成功。

2.孩子需要张扬

海翔多才多艺，唱歌、弹琴样样都不错。可他小时候并不喜欢音乐。

海翔回忆说：“我小时候老爱瞎嚷嚷，嗓音比较哑，一唱歌，老师就不满意，我觉得我唱歌可能真不行。有一次，我们班举行合唱比赛，唱《让我们荡起双桨》。最后一句音比较高，就是‘迎面吹来了凉爽的风’这句，别人都唱不上去，我也不知道哪来的劲，一个高音就唱上去了，结果被同学‘揭发’，后来老师让我领唱。我紧张了，一回家就跟我妈说：‘坏了，老师让我领唱！’我妈说：

‘你从来没唱过歌啊，你唱唱。’我书包都没顾得放下，就站在门口开始汇报演出。我妈说：‘唱得很好啊！’后来这个爱好就一直坚持可下来。”

“你看，人一旦被人发现，就发现了自己。”海翔这样说。

孩子在成长中特别需要“发现”，尤其是对自我还不甚了解的孩子，格外需要有人去欣赏。孩子需要张扬，不要怕孩子骄傲，他张扬的时候就会把个性表现出来，这时候家长与老师要对他说：“孩子，你真棒！”

3.志不高者智不达

自信的人往往拥有远大的抱负，志向不高的人智力也达不到。

海翔进入北京四中第一天，老校长就在开学典礼上讲了两句话：“以祖国为己任，同人民共呼吸。”这两句话，一直伴随着海翔的成长，“报效祖国”的责任感一直激励着他。妈妈把这 12 个字写下来，压在儿子书桌的玻璃板底下。刚开始儿子不太理解，随着年龄的增长他懂了：“国家花这么大力气培养你，你就必须成为最好的！你没有理由不优秀。”

“学校有这么好的校训也是我们希望的。培养孩子应该有方向，家长要不断为孩子导航。”张老师说。

父母在乎孩子的分数，孩子就要去追求分数；父母在乎孩子的名次，孩子就会追逐名次；而父母在乎孩子品质的发展，孩子就会成为一个有理想而自信的人。

自信的人能够走遍天涯海角，自信的根基就是他能够扬起理想的风帆。

人生是大树，自信是根。

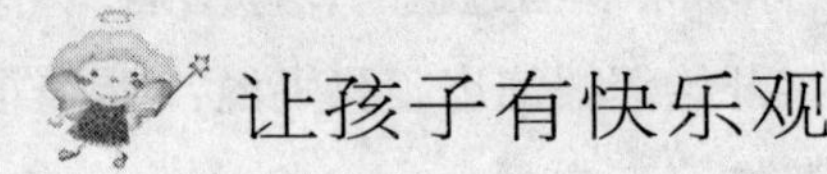

让孩子有快乐观

快乐享受每一天!

"年岁不饶人，它不会总让我们享受人生的乐趣。那么，在我们的年龄还能享受，还渴望享受这种乐趣的时候，为什么苛求自己呢？"古罗马哲学家塞涅卡是这样看待生活的。

所以，"今天，最好！"珍爱生命的人都会这样说。

有一位老爷爷是著名的内科医学专家，健康快乐地活到了98岁。据说，他长寿的秘诀就是——每天早晨大声朗诵这句话："今天就是最好的一天！"他还说："今天，只有今天，才是真真切切的生活。过去的就让它过去吧！"

但是，在现实生活中，我们有些同学却不是这样的。而是每天早晨一睁眼，就慌慌张张爬起来，忙着穿上衣服，忙着刷牙洗脸，忙着塞上几口早点，忙着一路狂奔冲向学校……一门心思地想着赶紧打发完手里的事，去完成"梦中更重要"的目标。可结果却是把自己弄得手忙脚乱，被总也做不完的"小事"裹挟着，狼狈不堪地往前奔跑……忙着听老师讲课，忙着放学回家，忙着"喂饱脑袋"，忙着写作业，甚至连玩都变得忙忙叨叨！就这样"拼杀"了一整天，等到晚上累瘫在床上时才发现，自己竟然一点收获也没有！面对这种忙乱的生活，有人写了一句顺口溜来调侃自己："活也忙，学也忙，忙忙碌碌一整天，一觉又到解放前！"

其实，所有的同学都不愿这样活着。每当问起他们，个个都说：

"啥，这也叫生活？忙着吃，忙着喝，还不动脑子……简直就和猪一样嘛！"

"这种苦日子我算是过烦了！也过够了！再这样过下去，我非'秀逗'了不可！"

“要说谁还乐意这样活着，不用多问，这家伙准是脑袋进水了！”

……

可是，依然有很多同学向我诉说内心的苦闷：

“都说我们是花儿的季节，可是，我感到的却是无尽的压力、无尽的累！每天晚上，我都得 12 点以后才能上床；每天早晨，我 6 点钟就要准时起床。知心姐姐，告诉您吧，我最近已经连上一个月的学了，一天也没歇过！我真的快要累死了！每当写完作业的时候，我就想哭，想痛痛快快地大哭一场。可望着眼前堆得满满的辅导资料，我知道，自己连哭的时间都没有啊！”

这是一位女同学的来信，现在的孩子活得真累！

有位退休老人说得很风趣：“日出东海入西山，愁也一天，乐也一天；遇事不钻牛角尖，身也舒坦，心也舒坦。”多好的心态！我就把这句话送给你们。因为我知道，你们都很聪明，一定能从这句话里琢磨出一些东西。

既然愁眉苦脸是一天，高高兴兴也是一天，大家为什么不高高兴兴地面对每一天呢？又何必像上足了发条的机器呢？所以我劝大家，应该轻松地踏着生活旋律，快乐地享受每一天吧。

打个比方，很多同学把每天写作业看成是痛苦无比的事，总想着赶紧写完作业好去玩；可事与愿违，作业却总也写不完。于是，他们只好每天在痛苦中煎熬。其实，如果能换一种心情，把写作业看成是自己乐意干的事，安静地坐下来，细细琢磨每道题的解法，好好体验写字的感觉，而不是一心惦记着玩游戏有多高兴，写作业有多苦恼，也许就能感受到学习的乐趣，学习效率也会大大提高，同时更让自己拥有一种成就感。

北京市女孩儿郭羽洁是个非常快乐的小姑娘，外号“疯丫头”。面对学习和生活，她每天都快乐无比。哪里有她，哪里就有笑声。

有一次，走路不小心，她从楼梯的拐角处头朝下栽了下去，摔得很惨，两颗门牙都只剩下了一半。医院诊断书上清清楚楚地写着“三级毁容”。

当班主任郭老师去家里探望时，却见她正舒舒服服地躺在椅子上，仰面朝天喝着什么东西。看到老师进来，羽洁吃惊地叫了一声“郭老师”，紧张地像变魔术似的戴上了一个卡通口罩，起身冲到郭老师面前开始傻笑。大概是伤口很疼，笑声很快变成了捂着嘴的哼哼声。随后，她使劲地跺着脚，指着郭老师呜呜噜噜地说：“干什么呀？不许看我！”看到她那副怪模样，郭老师也笑了。郭老师知道，羽洁永远都是这样，无论遇到什么倒霉事，她都能很快找到快乐的突破口，带着大家一起快乐起来。在郭老师的强烈要求下，羽洁终于答应摘下口罩（只一秒钟），让老师一睹她的“庐山真面目”。看到羽洁的整个嘴肿得老高，郭老师忍不住问：“那你怎么吃东西呀？”这下可打开了羽洁的话匣子，她略带兴奋地叨叨起来：“医生说了，我只能吃流食。所以，妈妈这回得由着我的性子了，开恩批准我可以喝各种牛奶。喝的时候只能用吸管，太麻烦了。为了省力，我就仰起头往嘴里倒。这可好，喝得我脖子疼极了！”她边说还边用手揉自己的脖子。但是看她的神情，似乎根本就没遇到什么倒霉事，而是终于等来了一个体验嘴肿的机会！

就是这种积极的人生态度，让郭羽洁成了一个快乐的天使，而拥有这种感受快乐的能力，也将使她一生受益。

面对生活，学会感受，这也是一种习惯。假设一个人从小在挑剔和抱怨中长大，那他就只学会了挑剔和抱怨；如果一个人从小在赞许和感激中长大，那他就有可能学会每时每刻感受生活的快乐。有这样一个故事：

有两个兄弟，一个乐观，另一个悲观。他们的父亲觉得，必须设法矫正。于是有一天，他把所有能买的玩具都买了下来，放进悲观孩子的卧室里；然后，又在车房里堆了一大车的马粪，送给那个乐观的孩子。等到第二天早晨，这位父亲发现，他那悲观的儿子正坐在房间里哭泣。“你为什么不玩你的那些新玩具呢？”父亲奇怪地问他。“我不敢，我好担心会把它们弄坏。”孩子哽咽着说。父亲摇了摇头，无可奈何地走进了车房，却看到他那乐观的儿子正兴高采烈地在掏马粪呢。“你这是在干什么？”“哦，爸爸！”孩子兴奋地叫道，“这太好玩了！我知道，你一定在里面藏了一匹小马驹！”

面对生活，你有什么样的感受，就会有什么样的生活。

乐观是快乐的根源。而保持乐观的唯一方法，就是紧紧抓住生活的每一次快乐。

学会分享，就拥有了快乐！

“分享”是我家的“传家宝”。记得小时候，由于家里兄弟姐妹多，东西又不像现在这样富足，所以有了什么好吃的，都要大家一起分享。一个瓜切开，每人一块儿；一个橘子剥开，每人一瓣……分着吃，抢着吃，这样吃起来觉得更香。慢慢地，家中每个人都习惯了分享。后来长大，结婚，各自成家，可分享的习惯却没有因此而改变。谁家做了什么好吃的，依然忘不了和兄弟姐妹们分享。

至于我嘛，只能是尽量地奉献我的作品了。“卢勤，再给姐拿10本《告诉孩子，你真棒！》好吗？我们医院里的大夫都冲我要呢！”接到大姐的“命令”，我立马如数送上，心里觉得特有成就感。大哥从海外回国探亲，一进屋就会说：“在国外，我身边的中国人都听说了，我妹妹写了几本书，都想要，你能不能多给几本让我带回去？”这样一来，书白送了不说，我还很得意自己为祖国争了光呢。

就这样，分享，成为凝聚家人的力量。

不光我们兄弟姐妹懂得分享，习惯分享，乐于分享，就连我的儿子也是从小在分享中成长起来的。

小时候，他发现姥爷每次炒出香喷喷的菜后，总要先用小盘盛出来一些。

“姥爷，为什么要单独盛出来一盘呢？”他好奇地问。

“留给你妈妈呀，她还没有下班呢！”姥爷说着，同时把饭锅盖严，“悦悦，你盛过饭后要记得把盖儿盖紧，不然等你妈回来饭就凉了。”儿子仔细一看，发现留下的菜又多又好。

有一次，他神神秘秘地跑来告诉我：“妈，我告诉您一个秘密吧！在姥姥家，谁晚回家吃饭谁合适！”

分享，对于幼小的他原本是一种“新发现”，到了后来，习惯变成了自然。

儿子上幼儿园时的一件小事我至今难忘：“六一”联欢会上，老师发给每位小朋友一份节日礼物——两块巧克力。

拿到巧克力，儿子就飞快地跑来找我：“妈妈，给，礼物，分您一半！”说完，把一块巧克力塞在我手中。

“好，谢谢你！”当着他的面，我立刻把巧克力放进嘴里，“好吃，好吃，真好吃！”

儿子乐着跑回座位上。

我身边的一位妈妈羡慕地说：“看你多幸福啊！你瞧见前面那个胖小子了吧，就是我儿子。你看他一个人吃得多香啊，居然瞅都不瞅我一眼。”听了这话，我觉得儿子懂事了，懂得了分享。

记得日本作家森村诚一说过：“幸福越是与人分享，它的价值便越会增加。”所以说，“分”的人是幸福的，因为他实现了自己存在的价值；“享”的人是快乐的，因为他感受到了真爱和友谊。

曾经有个男孩子对我说：“我不快乐！虽然我家有两个保姆，上百本图书和数不清的玩具。可是，我就是不快乐！”

于是我就问他：“你把那些书分给没有书的小伙伴看过吗？”

“没有。”

“那你把那些玩具分给小伙伴玩过吗？”

“也没有。”

“你的压岁钱用来帮助过有困难的同学吗？”

“更没有了。”

“所以你不快乐！”我这样对他说，“如果你能把这些东西拿出来和别的伙伴分享，快乐自然就会来到你的身边！”

当他和妈妈听完我的报告，了解到贫困地区有许多爱学习的孩子没钱买课外书时，他真的很吃惊，就和妈妈一起捐出一万块钱，要求为五所农村小学建立“手拉手书屋”。

我亲自将这些“希望图书”送到安徽省阜阳市，郑重交到五所农村小学校长的手中，同时反复叮嘱他们，一定要让看到书的农村孩子把自己的感受写给那个男孩儿。

几个月之后，男孩儿真的收到了上百封农村孩子的来信，男孩儿所在学校的校长惊讶不已，以为这个男孩儿干了什么惊天动地的大事。

在这些信中，农村孩子对城市男孩儿表达了最朴实的感谢，说他们从来没有看到过这么多的书，还说这些书让他们产生了许许多多美丽的梦想，给他们带来了不曾有过的快乐，更说他们一定会好好读书……

男孩儿被感动了！他忽然觉得，自己是多么重要，自己的这些书是多么神奇！

慢慢地，男孩儿变得快乐了！他还和妈妈商量好，每年都要省下一些钱来捐书，送给山里的孩子。第二年，他又捐了1000册书……

分享是快乐的大门，学会分享，你就进入了快乐城堡；

独享是痛苦的大门，只去独享，你就陷入了痛苦的泥潭。

当你学会了分享，你就拥有了快乐！

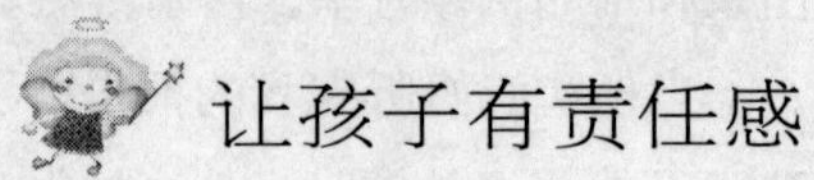

让孩子有责任感

有的年轻妈妈曾经问我："你觉得母亲的职责主要是什么？"我回答："培养责任感，教孩子做人。"

责任感对国家、对家庭、对孩子本人都极为重要。一个人没有责任感，这个人是不可信任的；一个单位的领导和职工没有责任感，这个单位迟早要垮台；一个社会的公民没有责任感，这个社会很难有凝聚力；一个国家的下一代没有责任感，这个国家永远不会有希望；一个民族的母亲没有责任感，这个民族注定要灭亡。

我们伟大民族的命运，掌握在今天千千万万个母亲的手中；我们伟大民族的希望，也寄托在明天千千万万个将要接班的孩子身上。

母亲的责任多么重大！

100 多年前，梁启超先生讲过一句话："少年强则国强。"

孩子们强不强，直接关系到我们民族下一个世纪的面貌和命运。这决不是我们个人的事情。

邓小平同志早就告诫我们，未来世界的竞争，是人口素质的竞争。

在人的素质中，责任感是极其重要的。

假如，由于我们教子不当，让他们从小对家庭没有责任感，只知受爱，不知爱人；对父母没有责任感，只知索取，不知回报；对集体没有责任感，只顾自己，不管别人；对社会没有责任感，目无法纪，我行我素；对国家没有责任感，只图享受，不讲奉献，那么我们这些做母亲的，岂不成了千古罪人？

不能再糊涂，不能再抱怨，我们必须马上认清母亲的责任，用自己的全部心血去培养孩子们的责任感。

从对比中找到自己的责任。

一个沉重的数字，一份沉甸甸的责任。

“手拉手”互助活动最可贵的一点，是使不同情况的孩子成为好朋友，从相互的对比中他们看到了自己的弱点，看到了自己肩上的担子。

山西省太原市有个叫李笛安的女孩儿，去父亲插过队的吕梁山看朋友——山里妹子李建珍。

一见面，李笛安十分惊讶：同样是11岁，李建珍比自己矮了半头；自己已是五年级的学生了，李建珍才上二年级。

小姐妹俩一见面便谈得很投机。“你放学回家干什么？”李笛安问山里妹。“写作业。有时候没写完就得去砍柴。”“你的功课好吗？”“不行。”“能让我看看你的作业吗？”“可以。”

山里妹从怀里掏出一张纸递过来。李笛安接过那张皱皱巴巴的纸一看，呆了！那一行行字迹娟秀极了，比自己在舒适的写字台上写出来的字要好得多！

“你是怎么练的字？”城里孩子问。

“我上山背柴的时候，拿着树枝在地上练的。”山里妹平静地回答。

李笛安被深深感动了。她下决心珍惜时光，努力学习，长大了当个老师，报效祖国，让祖国更快地富起来，不需要讲更多的道理，这种亲身经历带来的责任感，是实实在在的。

我觉得，有时间的话，城市孩子的妈妈真该带自己的孩子去农村走一走；真该和农村孩子多接触，和农村的老百姓交朋友。这样，在母亲的生命中，就会多输进一些新鲜的血液，母亲有了强烈的责任感，所发出的生命信息才能感染孩子。

有一次，广西百色等贫困山区的八个孩子，来北京参加活动。一个男孩儿说：“山里的老师待我好，我想给老师买一个长城纪念牌。”

"你有钱吗？"我问他。

"没有。"他小声说。

"你们谁带钱了？"

八个孩子中，只有一个女孩子手里攥着一张揉成一团的5元钱，她说这是奶奶借给她的。我听了，鼻子酸酸的，便马上拿出包里仅有的100元钱，请服务员换成10元一张的，送他们每人一张。我告诉他们："这是知心姐姐送你们的，走时买点小礼物，送给那些帮助过你们的人。"

过了不久，我收到了好几个孩子的回信。其中，那个想给老师买长城纪念牌的男孩子在信中说："知心姐姐，我永生永世不会忘了您。您那么瞧得起我们穷孩子……您给我的10元钱，我没舍得买别的，我给老师买了个本，因为，我发现老师讲的课全写在本子上，可老师的本子已经用完了。我把本子送给老师，他哭了……"

见到这封信，我的眼泪怎么也控制不住了。

第二所用全国各地的孩子捐的压岁钱建的"手拉手"希望小学在云南省彝良县洛旺苗族乡云丰苗族村落成时，我去参加了落成典礼。

这里是乌蒙山区，著名的革命老区。但由于地处偏僻，不通火车，经济文化都十分落后，至今仍为国家级贫困县。

小学校建得十分漂亮，被当地人称为"老区的白天鹅"。

落成典礼极为热烈，山前山后，十里八村，来了4000多位农民。这些山里人多么渴望教育啊！他们知道教育不出有文化的人，就永远摆脱不了贫困，就要祖祖辈辈受穷。今天他们用双手托起了自己的"白天鹅"，他们将从这里看到老区明天的希望。

从互助中找到责任感。

让只知受助、不知助人的孩子学会助人。

助人为乐是集体主义思想的一块重要基石。但这个"乐"字很多孩子却没有体验到。

几乎被“爱河”淹没的城里孩子，一切都由别人帮他们做好了。他们看不到生活中有谁还需要他们的帮助，自然也就品尝不到助人的快乐滋味。

自从城里孩子和农村孩子交上朋友，城里那些一贯受宠的孩子心里有了别人。买来了新书，格外地爱惜、保护，因为他打算自己看过后要寄给农村的朋友；买文具时多买上一份，因为他们有心让好伙伴分享自己的一切。

这种真情，这份友情，是许多城里孩子平时很难感受到的，而在与农村孩子的交往中却感受到了。

我带小记者团去河南省信阳市光山县王大湾“手拉手”希望小学看朋友。第二天离开村子后，张家口市来的一个男孩子悄悄对我说:“我在朋友家只住了一个晚上，您猜他送我一个什么礼物？”

“什么礼物？”我好奇地问。

“送给我他家的门钥匙。他说，我家穷，没什么好送的，你带上这把钥匙吧，以后你就是我家的人了。以后来我们村，随时都可以进我家。知心姐姐，您看他多么信任我呀！”

孩子说话时，很激动，一脸庄重。

“手拉手”的实践，使城乡小朋友从对方身上找到了快乐，找到了责任，找到了新的知识。他们彼此不再陌生，他们彼此产生了浓厚的兴趣，并且打开了封闭的孤独的心灵大门，结为知心朋友。

了解朋友的需求，满足朋友的需求，这是一个孩子成熟的表现，也是一个孩子有责任心的体现。

重任在肩，不再把自己当孩子。

一个国家的下一代没有责任感，这个国家就不会有希望。

国庆45周年前夕，我在一次“共和国同龄人”的座谈会上，遇见了著名作家梁晓声，他也是我们老三届的知青。他在座谈会上讲了一番颇有道理的话语：本来，我们中国已经拥有了多达3亿的儿童，但有些大学生还口口声声自称“男孩子”、“女孩子”。咱们中国孩子的队伍已经够庞大了，仍然有一些人往孩子们的

队伍里挤。我们中国的青年到哪里去了？美国一位中学教师在开学的第一堂课上讲的是这样的话："先生们、女士们，从今天起，你们就是美利坚合众国的公民了。"今天，我要对大学生们说一声："先生们，女士们，不要再把自己当成小孩儿啦！"曾有一位企业家问我："您说，在从大学生中挑选人才时，应该选什么样的人？"我告诉他，凡是自称"男孩儿"、"女孩儿"的大学生一概不要，因为他们还没有从高等幼儿园毕业，根本无法承担社会给予的责任。

对梁晓声的一番话，我深有同感。在一些大学生写的文章中，或在同一些大学生交谈的时候，我发现他们"男孩儿"、"女孩儿"的心态相当严重，没有青年人应有的豪情和责任感。

我建议大学生们，从今天开始，应该理直气壮地说："中国的青年在我们这里！我们不再是孩子，我们已经长大。"并且告诫他们，责任心是从内心呼唤出来的，如果过分地娇惯自己，就永远长不大！

我对大学生们说："爱国成才，首先应该成人。如果你是一个没有责任感的人，即使有天大的本事，谁敢委你以重任？

"有人曾说：智育抓不好，便出次品；体育抓不好，就出残品；而德育抓不好，势必出危险品。

"在座的青年朋友，谁也不愿意当次品，当残品和危险品，而希望自己成为精品。要成为精品，就要下一番苦功，做好准备，去迎接新时代的挑战。

"现在，社会上有一个很时髦的词：定位。商品有市场定位，报纸杂志有读者定位；我们自己是否应该想一想，我们如何定位？"

我和大学生们讲了三个定位。

第一，大学生和祖国的关系。我们是祖国的公民，是新世纪的主人，21世纪的大厦在我们的手中矗立，所以我们对自己的祖国负有责任。

第二，我们和家庭的关系。对家庭来说，我们是爸爸妈妈的孩子，家庭的希望在我们身上，家庭未来的蓝图将靠我们去描绘，家庭的幸福，取决于我们能否给别人带来幸福。从这一点来说，我们对家庭负有责任。

第三，对我们自己。我们是主宰自己命运的主人。我们的今天是为明天做准备，为明天打基础，所以我们要对自己的今天负责。

我对大学生们说："我们每个人对国家、对家庭、对自己都负有不可推卸的责任。处在新世纪的我国青年，任重而道远。党和人民期待着你们，21 世纪召唤着你们。相信你们一定会创造出无愧于我们伟大的社会主义祖国，无愧于人民，无愧于时代的英雄业绩。"

大学生们用热烈的掌声表达了对我讲话的支持和认可。散会后，一个学生激动地说："过去我们总埋怨社会忽视了我们大学生的价值，今天我明白了，我们首先应该找准自己的位置，承担起我们这一代人应该担负的责任，这样自己才有价值。"

种下责任的种子。

只有对自己负责的人，才有可能对国家负责。

有些家庭，父母每天早晨叫孩子起床、上学要经过一场"混战"。为此，许多父母问：早上，孩子不肯起床怎么办?

首先要让孩子明白，上学是他自己的事，父母没有义务替他包办一切。学生就应该按时起床、准时上学，根本不能迟到。遇上刮风或雨雪天气，要提早一些起床，早一点出家门，坐不上车，走也要走到学校，按时上课，这就是学生的责任。这份责任，父母有必要在孩子上学的第一天就让他们明白。孩子刚刚入学，你可以送他一件礼物：一个可爱的、会叫的小闹钟，并告诉他："以后你要跟小闹钟交朋友。每天早晨它一叫你，你就一定要起床，再困也得起来。父母不再叫你，上学迟到的话，由你自己负责。"这样坚持三五天，孩子的生物钟调整过来了，到时小闹钟一响，他会自己起床的。

说实在话，我们替孩子做得愈多，照顾得愈周到，孩子们就

愈是不会料理自己的事情。今天这些依赖性很强的儿童，注定会成为明日无能的父母！

身为一个孩子的母亲，我从经验中悟得这样的道理：做父母的，能够给予子女最好的礼物，应该是“根”和“翅膀”，也就是责任之根与独立之翼。如果缺少了这两样东西，结果会给父母惹来烦恼，甚至会给家庭带来悲剧。

如何在孩子的心田里播种下责任的种子呢？许多父母积累了不少成功的经验。其中最重要的一点就是：让孩子自己决定。

培养责任感的另一个办法：在家里要给予孩子参与劳动的机会和岗位。

现在，许多年轻的父母包办了孩子的一切，家务活根本不让孩子插手，如果孩子有心帮助大人干点什么，大人便会说：“把你的学习抓好，考试分数上去了比干什么都强，家里的活不用你干。”这样的家长可真糊涂，如果孩子不干活，就不会对这个家表示关心，久而久之，可能会变得自私冷漠，好像是这个家的局外人。到那时父母醒悟过来，再埋怨孩子不干活，就已经太晚了。

据一份调查材料介绍，中国城市的孩子每天劳动的时间平均不足0.2小时，是世界儿童中参加劳动最少的一群。“饭来张口，衣来伸手”这句被大家熟悉的老话，在我们的孩子身上体现得最为明显。

“地是种出来的，事是干出来的。什么时候不劳动也不行。”这是一位农民父亲教育子女的话。“不劳动者不得食”，我们应该让孩子体验到，如果我们把孩子培养成“不劳而获”的人，那将来大家都会没有饭吃。

让孩子在家里有固定的工作，如洗碗、扫地、拖地板、擦玻璃、取牛奶、拿报纸等天天都要做的事情，分几件给孩子干，并且负责到底，有利于帮助他们了解生活，了解父母。

对孩子所做的工作，家长要给予认同，以赞赏作为给孩子的奖励。如果用金钱来奖赏孩子的劳动，最终会培养其不恰当的功利心。

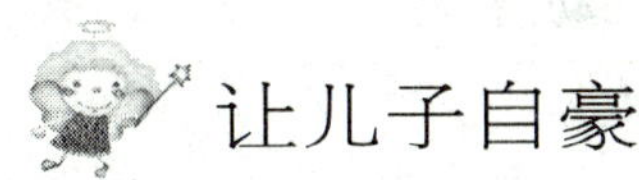

让儿子自豪

我跟很多男孩子的妈妈讲过：儿子是什么？男人！男字怎么写？一个“力”顶着一个“田”，顶天立地就是男子汉。

男子汉应该有阳刚之气，说话掷地有声，做事敢作敢当。这种气质的男孩儿肯定会被女孩儿仰慕和追求。

但是，现在有些男孩儿唯唯诺诺、胆小怕事。许多孩子的名字和过去有了很大不同。过去多用钢、铁、山、海、江、涛、鹏、伟、诚、军等阳刚气十足的字，而现在改用“洋洋”、“多多”、“贝贝”。这表明，时代变化了，家庭对男孩子的期望值也发生了变化。过去把男孩子看成是家庭的“根”，未来家庭的支柱。现在各家只有一个孩子，便把这唯一的男孩儿当成“宠物”，不再委以重任。表面上看去是宠爱，其实爱已被扭曲。

爱是什么？

爱是一种感受。一个人在被他人需要时，才能感受自己的价值。一个孩子被大人需要时，才能感受到自己幼小的生命是多么重要，进而感悟到一种深深的爱，并且产生强烈的责任感。

对于一个男孩儿，如果希望他将来对祖国负责，对人民负责，那么从小就要培养他对家庭负责，对父母负责，对自己负责。而这种崇高责任感的产生，需要动力，这动力便是父母的需要。

有些父母从小给文弱的男孩儿起女孩儿的名字，穿女孩儿衣服；对淘气的男孩儿，非打即骂，极少肯定和鼓励。有些父母还常常当着儿子的面对外人讲，儿子“胆小”、“怕黑”、“像女孩儿”、“什么都不行”、“笨得要命”等等，久而久之，胆小无能、没有责任感的男孩儿就被这些父母塑造出来了。

其实，母亲对儿子的肯定，最能激发男孩儿的潜力。为了给

妈妈一个惊喜，儿子可以创造奇迹，这种动力能使一个弱小的男孩儿成为勇敢的男子汉。父母要懂得享受儿子！

那么，该如何做呢？我的切身感受是：用“男子汉”意识塑造男孩儿。

我也是一个男孩儿的母亲。儿子3岁时，有一次我抱他挤公共汽车，不料腿一软，没挤上车，险些摔在路边。儿子马上关切地问我：“妈妈，您怎么啦？”我认真地对儿子说：“妈妈下乡插队时，把膝盖摔坏了，抱着你上不去车。”

儿子一听，马上跳到地上，用小手为我捶腿。我高兴地说：“有儿子就是不一样！”儿子十分得意，以后再也不让我抱了。

儿子上二年级的那个盛夏，一天我下班回来，他兴冲冲地端上一杯茶：“您喝茶！我给您倒的。”茶已经凉了，我胃不好，不能喝凉茶，但还是一饮而尽，然后知足地说：“太好了！我正渴呢！有儿子就是不一样！如果茶再热一点就更好了！”第二天，我就“享受”到儿子沏的一杯热茶。

儿子上四年级时，一天他爸爸要出差，儿子高兴了，我却为难地对他说：“你高兴了，我可惨了，下了班还得赶回家为你做饭。”谁知，儿子拍着胸脯，神气地说：“爸爸不在，还有我呢！”俨然一个小大人。我马上“恍然大悟”：“对！对！还有你，你也是个男子汉！”

第二天，放学后他早早地回到家，炒好两个菜，放在盘子里，还用碗盖上。我一回家，儿子马上说：“妈，您快去洗手，我给您盛饭去！”

我特别“听话”，洗好手，坐在饭桌前。儿子盛来米饭，我大口大口吃起来。

儿子看着我问：“味道怎么样？”

“味道好极了！”我说。

“和我爸爸做的菜比怎么样？”

“比你爸爸炒的菜强多了！”我夸张地说。其实，他的手艺比爸爸差远了！但几年以后，儿子就是炒菜的高手了。

儿子上大学了，长得像山一样壮。每次陪我出去买完东西，我都优哉游哉地在前面走，儿子拎着大包小包在后面跟着，我感觉特好，像是在向人们显摆："有儿子就是不一样！"

这种感觉能带来什么呢？男孩儿会有男人的责任感。他看你干事费劲，会走过来用大人的口气说："您去吧，我来！"在他眼里，你好像变成了孩子。我的一位朋友，儿子6岁，她说，她和我的感觉一样。让我们听听她和儿子的故事：

儿子3岁时，丈夫出国留学了。我的胆子小，我家楼上有人养了一条大狗，每次上楼，狗一叫，我就吓得浑身哆嗦。以前，都是丈夫走在前面，我跟在后面。丈夫一走，我便对儿子说："这回惨了，你爸走了，我连楼都不敢上了！"

儿子拍着胸脯说："别怕，有我呢！"

于是每次上楼，儿子走在前，我跟在后。大狗一叫，儿子虽然也害怕，却壮着胆朝我说："别怕，有我呢！跟我走！"每到这时，我都非常感叹："有儿子就是不一样！"

一个冬天的晚上，外边漆黑一片。姥姥要去倒垃圾，儿子大喊一声："姥姥，别动！看我的！"

只见儿子搬着小板凳，走到黑黑的楼道里，踩着小凳子，把过道的灯拉亮，朝姥姥喊："现在可以出来了！"

姥姥感动得差点掉下眼泪，嘴里不停地说："家里有个男人就是不一样！"

儿子4岁时生病发烧，我带他去打针。针刚扎进屁股，儿子"哇"地大哭起来。我一见他哭，也跟着哭起来。

儿子立刻不哭了，问我："又没扎您，您哭什么？"

我说："妈胆小，看你一哭就害怕。"

儿子显出一副无奈的样子："唉！你们女人太胆小，算了吧！以后您甭进去了，我一个人进去！"第二天，他独自壮着胆走到护士面前，大声说："你扎吧，我是警察！"

听了她讲的故事，我笑得前仰后合。你看，妈妈对儿子的评价多么重要！你用"男人"的标准来塑造男孩儿，男孩儿就会变

成勇敢的男子汉！

一次我在温州市讲学，当地团市委一位女书记带着9岁的儿子来听，我讲了刚才的故事。第二天，这位书记对我说："我儿子长到9岁，从没帮我做过一件事。昨天散了会，儿子破天荒地帮我背包。一路上，还不停地朝我看。我问他：'你怎么老看我？'儿子说：'您还没说，有儿子就是不一样呢！'"

你看，不是儿子不愿、不会替父母做事，而是儿子从未受到过父母的肯定和鼓励，从未体验过帮助父母做事的快乐。一个人只有被他人需要时，才会产生动力，产生真正的快乐。

尚秀云是北京市海淀区人民法院"少年法庭"的法官，少年犯都亲切地叫她"法官妈妈"。一天，我对她讲了上面的故事，她竟遗憾地说："我虽然鼓励过许多少年犯，却从来没有赞美过自己的儿子。我儿子对我特别好，他已经长大去上海工作了，家里的电器大部分是他买的。"

一天晚上，尚秀云打来电话告诉我：

有一天，儿子从上海回家来，我情不自禁地说："有儿子就是不一样！我一用洗衣机、一开电冰箱就想起你，有儿子真好！"

没想到，儿子听完这番话，激动地对我说："妈，您把刚才的话再说一遍！"

我又讲了一遍，儿子马上说："妈，您等着！我再扛一件电器回来让您看看！"

电话里，我俩开怀大笑。

儿子多么渴望被母亲肯定，被母亲需要！母亲的伟大，不在于能否让儿子上大学、出国留学，而在于让他有一种成就感，找到自信，找到自我，找到父母和社会对他的需要！当他找到这种需要时，便找到了一种责任、一种幸福。

有一次，我在电视节目里阐述了这个观点。事后，一个上中学的男生对我说："我妈听了您的话，天天朝我喊：'有儿子就是不一样！'我可惨透了，我们家的活儿全由我包了！"

我问他："你爱听这句话吗？"

“当然爱听了，我听了心里美滋滋的，累点儿也高兴！”他得意地说。

真正爱孩子的父母，要让儿子做高山，让儿子顶天立地！

孩子们在与知心姐姐开心地互动。

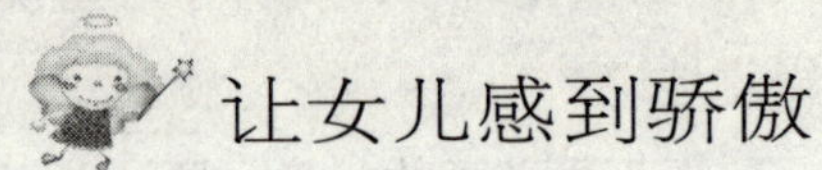

让女儿感到骄傲

“有个女儿真好！”所有的女孩儿都爱听父母这样说。

我的父母有六个儿女，我排行老五。小时候，每当我为父母做点事，他们总是会说：“有个女儿真好！”这句话让我觉得，父母最疼爱我、最欣赏我。其实，在父母眼中，六个孩子都一样。

长大了，因为工作的需要，我常常外出采访，没有更多的时间陪伴爸妈，心里觉得很内疚。所以，每次去外地都会买很多好吃的给他们。妈妈逢人就讲：“有个女儿真好！坐在家里就能吃到全国各地的好东西！”于是，我采购的积极性更加高涨。我总是希望能带给爸爸妈妈一份快乐，让他们享受幸福的晚年，我也能从“有个女儿真好”的赞叹中得到满足。

“有个女儿真好！”是父母对女儿的欣赏，也是对女儿最大的鼓励，它能使女儿乐观与充满自信，学会善良与关爱。

时任团中央书记处常务书记的赵勇同志有一个聪明可爱的女儿，名叫赵信。赵勇很疼爱他的女儿。

他给我讲了一件有趣的事。

赵信过 10 岁生日那天，赵勇从外地赶回家。在飞机上，他为女儿写了一篇短文，题目是《有个女儿真好》。回到家，他把这篇文章作为生日礼物送给女儿。没想到，赵信看了一遍又一遍，提出的问题一个接一个：

“爸，您说有个女儿真好，是针对只有男孩儿的爸爸说的吗？”

“是的，我的确觉得有个女儿真好。”

“爸，您说有个女儿真好，是指所有的女儿，还是特指我赵信？”

“我只有一个女儿，当然是特指赵信了。”

这回赵信满足了，高高兴兴收下这份礼物。以后，她变得更开朗，更活泼，更善于思考，跟爸爸无话不谈，因为，她知道爸爸很在乎她、喜欢她。

你看，女孩儿多么在乎父亲的爱！父亲在女儿心中的位置是任何人都无法替代的。女儿在乎父亲，并不在乎父亲送她什么东西、满足她什么样的物质要求，女儿在乎的是，父亲与自己的交流。能在父亲面前讲一讲自己的感受，这对于成长中的女孩儿尤为重要。女孩儿天生感情细腻，善于掩饰自己的感受。父母应给予女儿更细致的关心，让她感到可以向父母随意表达自己的内心感受，而不受责备。一个女孩儿，从小能够得到父亲的关爱，有助于培养她良好的性格、开朗大度的胸怀以及善于交往的能力。父亲也更容易给女儿带来安全感，这在她的成长中是非常必要的。女儿如果从小缺少这种安全感，在她将来的人际关系中就会不断地去寻找“父亲”这个角色。所以，一个从小失去父爱的女孩儿，在择偶时容易选择一个父亲般的男友，或者总是对男性心怀仇恨。

有父亲爱的女儿是快乐的，有女儿爱的父亲也是幸福的。

有一位年轻的爸爸对我说：“一天，妻子不在家，我生病了，独自躺在床上。我 5 岁的女儿轻轻走到床边，用手摸摸我的头，细声细语地说：‘您发烧了，别哭，我给您拿药去。’她拿来两片小孩吃的果味维 C 片，倒了一杯凉开水，说：‘乖，吃药，这药不苦，好吃。’我乖乖地把‘药’吃下去，眼泪却不知不觉地流了下来，我的心中涌起一种幸福感：有个女儿真好！”

心理学家指出：尽管母亲在生活层面上更多地影响了女儿，父亲却对女儿的性格和一生的幸福有着至关重要的影响。父亲对女儿所做事情的评论和反应比母亲对女儿的影响更大。为什么呢？美国著名心理学家莱特博士说：“因为父亲的表达是通过一种完全不同的方式，并且次数很少。他的积极介入有助于抑制女儿对母亲的过度依赖。父亲对女儿及其能力的信任会逐渐给她自立的信心。特别是女儿处在青春期的时候更是如此。”因此他建议，作为父亲，千万不要吝惜在别人面前骄傲地介绍：“瞧，这就是我

的女儿！”莱特博士了解到，中国的爸爸通常不说或是很少说一些充满情感的词汇。但是在美国，父亲向女儿说："我爱你！""我为你感到骄傲！"却是很常有的事情。他认为中国爸爸在这一点上要向美国爸爸学习。当然，由于两国的文化背景不同，中国的爸爸可以寻找适合自己和女儿沟通的方式。

《知心姐姐》杂志记者绍梅曾采访过几位女性，请她们谈谈爸爸对自己的影响，其中一位35岁的女士说：

"朋友都觉得我非常自信，我觉得这要感谢我的爸爸。爸爸最常和我说的一句话是：'我觉得你是对的！'记得我上高中的时候，一道老师解得很复杂的几何题，被我用很简单的方法搞定。结果老师非说我做得不对，我很气愤地对爸爸说起这件事，没想到，爸爸竟然又是那句：'我觉得你是对的！'连老师都说我不对，爸爸还觉得我对！我觉得爸爸简直太伟大了。"

"有个女儿真好！"这句具有中国特色、充满感情色彩的赞语，如果能被父母经常使用，那么你的女儿就会发生奇妙的变化。

在这方面，《中国教育报》记者苏婷深有感触。2002年暑假，我们在风景如画的河南省信阳市鸡公山"手拉手"营地举行夏令营，苏婷和她上小学的女儿都去参加。

一天，我主持召开"不知道的世界——我的妈妈"抢答活动，她的女儿语惊四座。

我问她的女儿："佩服你的妈妈吗？"她不假思考地说："不佩服。"

"为什么？"

"因为她很爱唠叨。"

"那你佩服爸爸吗？"

"也不佩服。"

"为什么？"

"……"女孩半天没有说出原因。我注意到，苏婷的眼里闪着泪花，流露出遗憾、委屈、失落无奈的目光。

当着妈妈和众人的面，女儿竟然采取了对妈妈否定的态度，而且一点不顾及妈妈的情面。我很奇怪，事后和苏婷谈起此事。苏婷难过地说："作为父母，我们不是非要听孩子感激的话语，但是，父母每天的辛劳，难道她都熟视无睹吗？"

"那平时您女儿在家是什么情况呢？"

"每天放学回家，她就闲坐在沙发上看电视，到时间饭会摆到她的面前；每次我拖地板，擦到她的脚下，她会自然地抬起双脚，若无其事；每回买来好吃的，肯定首先保证她的需要，由着她吃个够……自在享受在她看来理所当然。而且，好像不单我的孩子是这样，与周围人聊天，觉得今天的孩子多有这样的通病：对一切都无所谓，显得冷漠无情。"

"是父母对孩子生活的照顾太多了，给她的责任意识太少了！"我向苏婷介绍了自己"享受儿子"的体会，并且对她说，"我从来不在孩子面前扮演强者的角色，不把一切都创造好摆在他面前让他享受。儿子在我面前的表现总是'顶天立地'，有时他会拍着我的肩膀学着周总理的口气说：'小卢同志，你要注意身体呀！'我就答应说：'谢谢首长关心！'只有让他帮你，他心里才有你！"

苏婷觉得这是一个高招儿，决定试一试，把唠叨变成欣赏。

夏令营结束后的一天，苏婷带女儿外出，行李比较多。她就有意面露难色。女儿什么都没说，自己主动承担了一多半。看着这个小人儿肩扛手提的，妈妈一再告诫自己别心软，让她坚持下去，果然，女儿帮助了妈妈，有了成就感，便来了精神，一路上照顾妈妈。一会儿关照："您好好睡吧，夜里不用管我了！"一会儿问候："您喝水吗？您没事吧？"妈妈欣慰地说："有个女儿真好！"女儿更来劲了，到了目的地，俨然一个小大人，跑东跑西，忙前忙后，好像一下子长大了许多。

回到家，苏婷不敢松懈，着力巩固"战绩"：下班后，不再把自己的疲劳"藏"起来，不再像以前那样只是扮演一个精神饱满，似乎永远不会倒下的好妈妈。女儿也察觉到了这些细微的变化，知道了妈妈工作的辛苦。她经常跑到厨房去问："老妈，我能

干点什么吗？”这时妈妈一定会找个活儿给女儿干，让她感到妈妈需要她的帮助才能做好这顿饭。有时，妈妈躺在沙发上休息一下，在女儿眼里妈妈很少这样，她马上凑过来给妈妈按摩，而且不停地下着命令：“闭目休息”、“双眼放松……”女儿很卖力气，干得直冒汗。妈妈闭着含泪的双眼，自言自语地说：“有个女儿真好！”

说起女儿的这些变化，苏婷异常激动，她说：“现在我真从内心里感到‘有个女儿真好’。以前，我没少教育孩子，但是，那些道理说得太多，就变成了唠叨，最终让孩子产生了逆反心理，你越说什么她越不做什么，形成对立局面：她越不做，我就越说得多，慢慢竟把女儿‘修炼’得‘百毒不侵’。其实女儿对我们并不冷漠，有时她想对我们说些什么，但我们的喋喋不休使她哑口无言——也许恰恰是我们‘逼’得孩子如此‘冷’。我由此相信，在培养孩子情感时，把命令变为欣赏，把无穷的唠叨化为一句充满感情的话：‘有个女儿真好！’事情就会发生神奇的变化！”

家长与孩子们一起听知心姐姐讲座。

第七章
亲子同做的七件大事

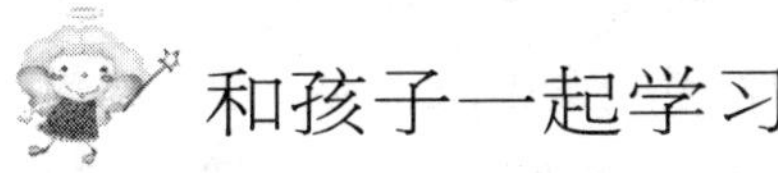

和孩子一起学习

在美国一所大学的日文班里，突然来了一位近60岁的华裔老太太。她每天总是最先来到教室里温习功课，上课时十分认真地跟着老师阅读。她的笔记写得工工整整，年轻人便纷纷借她的笔记来参考。每次考试，老太太总是紧张地复习。有一天，老教授对青年们说："做父母的一定要自律才能教好孩子。你们可以问问这位受人尊敬的女士，她一定有一个有教养的孩子。"青年们一打听，果然，这位老太太叫朱木兰，她的女儿正是1986年当选为全美六大杰出妇女之一的赵小兰，曾任美国政府劳工部长，这是迄今为止华裔在美国联邦政府中任职最高的官员。

一国之希望在于人才，人才之根本在于教育，而教育水平之高低，又与家庭教育有着至关重要的关系。

党的"十六大"报告中强调要"形成全民学习，终生学习的学习型社会，促进人的全面发展"。

在共青团十五大上，中共中央总书记、国家主席胡锦涛同志向全国青年提出三点希望，一是努力学习；二是善于创造；三是甘于奉献。

一个学习型社会已经到来。不仅青少年要学习，父母老师也

要学习，才能跟上时代的步伐。

弘扬中华民族的先进文化，是民族大业之基础，也是父母之责任。

近几年来，学界重新认识国学经典，团中央倡导“读千古美文，做少年君子”。中华民族素来的教育目的是“读书明理”。明什么理呢？就是明白做人的道理，也是培养人的综合素质。读千古美文可以在潜移默化中，帮助孩子完善人格，陶冶情操。

别看北京市白云路小学的张宇轩是个小学生，她可真是了不起，能背诵数百篇中华美文。她的爸爸是全国总工会干部，妈妈是英语教师，夫妇俩常常和女儿一起诵读古诗文。更可贵的是，他们一家人还能用古诗文中的经典句子来规范自己的言行，做到知行合一。

女儿背会《明日歌》，懂得了“今日事，今日毕”的道理，每天不用父母提醒，自觉按时完成作业；妈妈背会“天下事有难易乎……”迎难而上，终于通过了北京外国语学院的英语考试；爸爸常常用古诗文中的道德知识教女儿做人做事。一家人勤学向上，创立了很好的家庭文化氛围。

中华美文代表了中国传统文化中的先进文化，传播了道德知识，宣传了道德规范。亲子同诵中华美文，是加强家庭道德建设的好办法。

“知心家庭”倡导一家人“同诵中华美文”，妙就妙在共学同诵上。有些父母，曾生活在一个把文明踩在脚下的特殊时代，对中华民族优秀的传统文化知之甚少，和孩子一起学，既补偿了过去的不足，又能感染孩子。

当你和孩子一起背诵北宋大政治家、大文学家范仲淹的《岳阳楼记》时，一定会被“先天下之忧而忧，后天下之乐而乐”这气势宏伟的警句打动。你告诉孩子，“忧虑在天下人之前，享乐在天下人之后”就是崇高的民族精神，他幼小的心灵就会受到激励，并懂得少先队队礼的含义，懂得什么是“人民的利益高于一切”。

当你和孩子一起背诵《老子·道德经六十三章》中“轻诺必寡信”一句时，你一定会想到说话不算数的家长没威信，轻易许诺一定缺乏信用，你做到了诚实守信，再教育孩子明礼诚信，就有了说服力。

当你和孩子一起背诵《孟子·梁惠王章句上》一篇中的千古名句“老吾老以及人之老，幼吾幼以及人之幼”时，告诉孩子“尊敬我的长辈，并用这样的态度对待别人的长辈；爱护我的孩子，并用这样的态度对待别人的孩子”，同时身体力行：你常常带着孩子去看望老人，孝敬老人，给老人过生日；你不仅关心自己的孩子，还关心贫困地区的孩子。在你的影响下，你的孩子便学会了“尊老爱幼”的中华美德，学会了“团结友善”的道德规范。

共学同诵重在“同用”。知识是需要学习的，道德是需要传播的，家庭的道德建设靠父母、孩子共同完成。我们要从一言一行做起，从一点一滴做起，不断增强道德建设的感召力和影响力。

有个中学男生在学校表现很好，可在家很懒，从不打扫自己的房间，他认为这是区区小事，自己是干大事的料。爸爸在他的屋门上贴了一句古训：“一屋不扫何以扫天下？”儿子看后受到了启发，知道了大事都是由小事组成的道理，开始自己打扫房间了。这种交流的方式，是心灵的沟通，以理服人，比斥责有效。

闫妮是名优秀的中学生，她的成长也得益于先进文化的熏陶。

闫妮的父亲是一名军人，一直在边远山区工作，女儿 10 岁时才调回北京，和女儿生活在一起。作为军人，他有自己的事业，作为父亲，他很歉疚，觉得欠了女儿很多。他一直扪心自问：“我拿什么奉献给你——我的女儿？”最后，他决定帮助女儿励志。

上小学时，闫妮有一个日记本，她主动请爸爸在扉页上为她写一段话。父亲写了荀子《劝学篇》里的一段话：“不积跬步，无以至千里；不积小流，无以成江海……”

闫妮对这种方式很乐意接受。她对我说：“我知道爸爸是在鼓励我学习，告诉我在一点一滴积累中学习。这种方法挺好的。如果他把这段话读出来，就是另一种感觉了。因为那时我才 10 岁，

听不懂；可他抄在我的本上，我可以天天看，天天想，爸爸为什么要送我这段话？爸爸不向我说明，我的好奇心越重，这样一步一步去思考，就理解了。”

“山不在高，有仙则名；水不在深，有龙则灵”，话不在多，有用则灵。闫妮的父亲虽然有10年不在女儿身边，他却能用中华民族传统文化去点燃孩子心中理想的火花，去树立道德规范，这种父爱是理智的爱、智慧的爱、独特的爱。

闫妮上了中学后，每当遇到挫折和困难，比如：学习成绩下降了，竞选干部落选了，和同学吵架而陷入苦恼，情绪出现波动，父亲都会找一本书或抄一段文字，让女儿自己去看。隔一段时间，再和女儿交流：“你对这事怎么看呀？”

女儿对父亲心服口服。

这是一个很独特的方法，对于今天有学习和思考能力的中小学生来说是个很好的办法。

大科学家牛顿有句名言：“我之所以看得比较远，是因为我站在巨人的肩上。”我们，作为21世纪的中国人，应豪迈地站在中华五千年文明的历史山峰上，面向世界，开创未来，共同营造“知心家庭”。

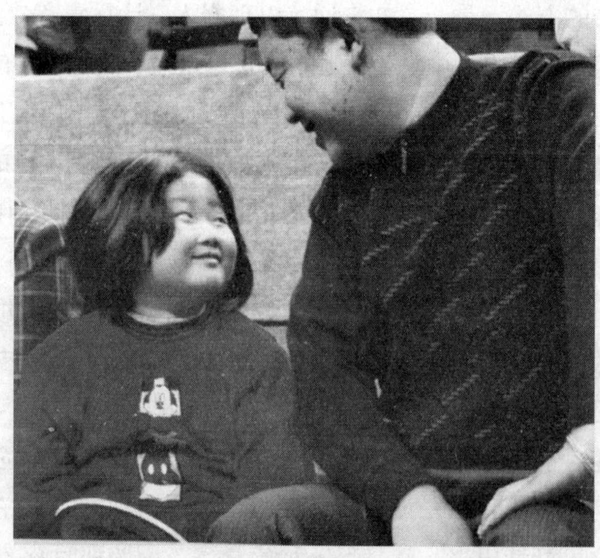

在《知心家庭·谁在说》节目现场的可爱父女。

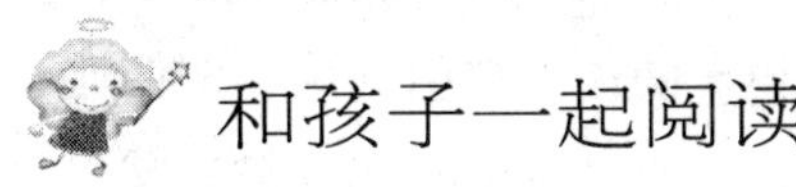

和孩子一起阅读

我的朋友绍梅的儿子康笛才4岁就很爱读书，据绍梅介绍，康笛喜欢读书是因为他觉得读书是有趣好玩的事，书里有他感兴趣的东西。康笛有一本很喜欢的书叫“在沙滩上”，讲的是一个孩子在沙滩上走，不断地发现很多好玩的东西，先是贝壳、螃蟹、用沙砌成的城堡，后来又发现了一只鞋，又发现了一只脚，故事的最后一页是“我发现了我爸爸”，画面上，爸爸躺在沙滩上，身子埋在沙子里，只露出头和脚。绍梅说，康笛每次看到“发现我爸爸”的时候，都会哈哈大笑。康笛不但喜欢看，还学会了用，一次，绍梅带康笛到野外的草地上去玩，康笛在草地上爬来爬去，还说自己在割草。当绍梅无意中说了句“在草地上”，没想到康笛就编了个故事——《在草地上》：

在草地上，有人在放风筝；

在草地上，有人在照相；

在草地上，有人在和小狗玩。

当听了康笛的故事后，绍梅非常地兴奋，接着康笛的话说：“在草地上，有人在爬。”结果康笛马上接着说：“不是，不是，是康笛在割草。”回到家里，绍梅带着康笛把白天在草地上的故事画在纸上，并配上了康笛编的文字做成了册子。至今，这本“书”还是康笛最喜欢的一本“自己的书”。

每个父母都希望自己的孩子爱读书，但生活中，真正懂得为孩子营造阅读世界的父母却并不多。

在现实生活中，提起孩子的阅读，很多家长心中常会画出这样一个等式：阅读＝看课外书＝看闲书＝和学习无关＝影响学习。这和家庭教育中老生常谈的父母功利思想直接相关。许多家长，

让孩子在学龄前读书是为了认字，上学之后，孩子只能看和学习直接相关的书，家长很少鼓励孩子自主阅读、自由阅读，即使让孩子看书，最多也是看点优秀作文。不少孩子的阅读兴趣被父母的教育功利思想慢慢泯灭了。

在“知心热线”咨询中，有不少家长打来电话说自己的孩子很聪明，可就是学习不好，令他们非常苦恼。家长在电话中常常将孩子学习不好的原因归结为坐不住、注意力不集中、缺少学习兴趣，有些父母甚至怀疑孩子得了多动症。但北京师范大学心理系儿童阅读研究专家舒华教授告诉我，家长的这种理解并不全面，很多孩子的学习问题是由阅读问题引起的。舒华的这一结论来自她与她的研究小组几年来的研究和调查，他们发现很多智力正常的孩子存在不同程度的阅读困难，严重的已经发展为阅读障碍。甚至在文化气氛浓厚的首都北京，小学生的阅读障碍率也达到6%—8%。

也许多数家长认为阅读能力顶多会影响到孩子的语文成绩，其实，阅读困难不仅会使孩子的语文学习产生困难，也会影响到其他学科的学习，因为任何学习都是从阅读开始的。

早在四年前，世界经济组织进行了一次全球青少年阅读能力的调查。

这个组织在调查报告中指出，15岁的青少年不可能在学校里学习到成年以后所需的一切知识和技能，因此，学校教育必须为其终生学习奠定稳固的知识基础，而阅读能力是一个人终生学习的基础和最大的本钱。

一个经济组织为什么要关注青少年的阅读能力呢？原来他们在研究国际成人阅读能力时发现，阅读能力强的人不但比较容易找到工作，甚至薪水也比较高。学历高低固然会影响就业机会，但是当学历相当时，阅读能力强的人担任高技能白领工作的几率就明显高得多，而且阅读能力比学历更能准确预测一个人在职场的发展。

如何给孩子营造一个阅读的世界？父母要从培养孩子的阅读

兴趣开始。

对孩子而言，读书是从兴趣开始的。

绍梅说，不仅如此，康笛喜欢上了什么东西，就让妈妈给他买有关的书，比如他喜欢火车，就找妈妈要关于火车的书，他去科技馆迷上了火山爆发，就让妈妈给买关于火山爆发的书。

这不仅是绍梅这位妈妈的经验，也是国内外众多阅读研究专家的共识。

能否乐在阅读，也是继续保持和发展阅读能力的关键要素。孩子会不会为兴趣而阅读、喜不喜欢和别人讨论读过的书、逛书店和上图书馆看书的频率高不高、重不重视阅读，都会影响他们未来的阅读习惯。而国际成人阅读能力调查发现，中学毕业后，若是长期不阅读，阅读能力就会逐渐退化。

为了保持孩子的阅读兴趣，培养孩子更高的阅读能力，我建议家长要做到：

第一，家长要以身作则，自己也应该有阅读习惯。

第二，要替孩子创造一个很好的阅读环境，例如孩子有自己的书房、书桌、书架。

第三，家长要为孩子买一些书，鼓励孩子和其他朋友交换书来看。家长也可以让孩子自己选书。

第四，和孩子一起读书。这一点非常重要，对小学阶段的孩子尤其如此。美国的一项研究显示：父母给予孩子读写支持的多少，将显著影响孩子的读写能力。一项名为“阅读能力在美国”的研究报告显示，以小学四年级学生为例，父母参与少的学校，其阅读分数低于全国阅读平均分数 46 分；相反，父母参与高的学校，其阅读分数高于全国阅读平均分数 28 分，两相比较相差达 74 分。

世界经济组织在他们关于青少年的阅读能力调查中提道：家财万贯，不如满室书香。因为文化资产的影响力更胜于物质财富。家里图书的数量、种类愈多，父母愈常和孩子讨论书籍、电影、电视节目的内容，孩子的阅读能力也愈强，这就为他们将来参与

社会竞争赢取了一张最有价值的通行证。

犹太民族饱经磨难，但在智力领域中，却常能处于优势。在犹太人家里，小孩稍微懂事，母亲就会翻开《圣经》，滴一点蜂蜜在上面，然后叫孩子去吻《圣经》上的蜂蜜。这仪式的用意是，书本是甜的。犹太人家庭还有一个世代相传的传统，那就是书橱要放在床头，要是放在床尾，就会被认为是对书的不敬。14 岁以上的犹太人平均每月读一本书，为世界之最。

在犹太人的传统教育中有这样一个有趣的习俗：

在象征书本的石板上，用蜂蜜写出希伯来文或《圣经》中简单的一节，请孩子在默记内容的同时舔食石板上的蜂蜜，然后再吃掉准备好的蛋糕、水果。所有这些美味都使孩子们从小就感觉到：书本是甜蜜和充满诱惑力的，品过之后，值得细细回味、咀嚼。

在这里，“知心姐姐”告诉家长朋友们：如果您能够帮助孩子从小就体味到阅读的甜蜜和快乐，这将是您送给孩子的最珍贵的一笔财富。

谢谢中央领导给“手拉手”活动赠书。

和孩子一起谈性

“妈妈，我是从哪儿来的？”

“从妈妈肚子里生出来的。”

“那我是怎么进去的呢？”

……

面对孩子对性知识提出的种种疑问，做父母的常常无言以对或难以启齿。

一对双胞胎男孩儿长到12岁了，可学校里还没有开设生理卫生课，于是，他们的父母决定亲自上阵。他们到处找课本、找资料，可惜，根本没有图文并茂的教材，所有关于青春期教育的书，都是在讲伟大意义，在讲重要性。

“伟大意义还用说？我们最需要的是怎样开口。”母亲如是说。

于是，夫妻俩开始自己编教材。他们在电脑上为孩子们展示了各种图片，指着图告诉孩子什么叫生殖系统，什么叫遗精，什么叫艾滋病……两个孩子像上课一样，了解了许多人体的基本常识。

需要说明的是，双胞胎男孩儿的父母是报社高级编辑，他们有选择资料的便利条件，在家庭性教育这个问题上，更多的父母仍然面临着无法开口的尴尬处境。他们是怎样对待孩子性健康教育的呢？孩子们是怎样获得性知识的呢？

北京市妇联对北京5个区的1500个家庭作了调查。调查显示：父母对孩子进行性教育的方法存在很大问题。有74%的父母没有意识到应该适时对孩子进行性教育。当孩子向父母问及关于性方面的问题时，有50%的父母告诉孩子长大后就知道了，能够给孩子进行比较深入讲解的只占3%。

而另一项调查表明，目前中国青少年的犯罪数量占总犯罪数量的70%，其中有30%是性犯罪。其中，婚前性行为普遍、性病和艾滋病蔓延、少女怀孕增加是目前青少年性健康教育面临的三大难点。调查显示：中国青少年性知识的主要来源是书籍、宣传单和杂志，来自母亲的只有3%，来自父亲的更少，只有1%。

一次，我来到北京市一所中学，和十几个初一的男生女生座谈。

“你们是从什么时候开始有性别意识的？”我问这些来自独生子女家庭的孩子。

“上小学。”一位瘦瘦的男孩儿抢先说，“上厕所时，男生进了男厕所，女生进了女厕所。”

“有了性方面的疑问，你们到哪儿找答案？”

“问同学。”

“看卡通书。”

“问妈妈。”

同学们你一句我一句小声说。只有三个男孩子大声说：“看《中国儿童百科全书》！”

“这书是怎么来的？”

“过生日时爸爸妈妈送给我的礼物。”一个男生自豪地说。

我眼前一亮。

我看过这套由中国大百科全书出版社出版的《中国儿童百科全书》，全书共分4卷，大16开本，全部由彩色图画组成。4卷分别是《地球家园》、《人类社会》、《科学技术》、《文化生活》。男孩子说的内容在《文化生活》卷，题目是“我从哪里来”。上面有人体图像，男女生殖器结构、精子和卵子的作用以及胎儿在母体中的不同形象等，一目了然，生动形象，难怪许多孩子那么爱看。

孩子们为什么爱看这套书呢？这套书最大的特点是把知识形象化了，不是干巴巴的说教，更不是纯文字的枯燥无味的知识灌输，而是运用各种图片把一些深奥的科学道理简单化、形象化了。

此外，一些由国外翻译到国内的生动活泼的性教育手册，也可以作为父母和孩子共学的资料。

我们这代父母，都没有很好地接受过性知识教育，即使懂得一定的知识也不知道该怎么对孩子说。面对孩子的提问，我们常常十分尴尬，或避而不谈，或对孩子提这样的问题感到担忧和不满。时代在发展，孩子在成长。在性教育方面，父母是孩子第一任老师，而且是最合适的老师。不懂，没关系，找出一本好书，和孩子一起学，肯定比你敷衍孩子或欺骗孩子好得多。

孩子有时很幼稚，他提出的“性”问号，实际上他并不明白是怎么回事，父母也不必惊慌。只要认真地用讲童话的方式讲给他听就可以了。一次，我的朋友绍梅对我说，她4岁的儿子一天忽然问她：“妈妈，我是怎么生出来的？”绍梅耐心地告诉儿子：“爸爸在妈妈的肚子里种下了种子，种子长大了，就长出了你。”

过了好几天，儿子有了“重大发现”，他对妈妈说：“妈妈，你说得不对，我仔细看过了，爸爸肚子里没有种子，都是饭！”

我俩捧腹大笑。

但是，对于青春期的孩子，就不能讲“童话”了，除了要讲知识，还要重视对他们进行性别教育，帮助他们树立正确的异性交往的观念。孩子的异性交往，是对生命的认知。

孩子和异性交往时，充满了好奇和神秘感。从生理角度分析，荷尔蒙使人带有阳极或阴极电场，在一起会“触电”，有些专家管这叫“磁场效应”，也就是我们说的“异性相吸”。少男少女对异性的好感和注意力是成长中的自然现象。另外，有相当多的孩子在家庭中没有兄弟姐妹，所以产生一种对异性的渴望。

一次，我去广西桂林市开办短期“知心电话”。一个小学六年级的女孩儿跑到我的住地来找我，一见面就问：“我爱上一个男生，他脸白白的，个子高高的，很有魅力，我能跟他结婚吗？”

我告诉她：“不可以。人的认识会变化的。在他没有成熟之前，可能会改变。你今天看到的他，可能不是你明天认识的他。我给你一个建议，把这份感情先收起来，过十年以后再拿出来看，如

果还觉得很喜欢他，就跟他保持联系。如果你现在就把这种想法告诉了他，他看到你会被吓跑，以后你就找不到他了。”讲着讲着，女孩儿忽然哭了：“妈妈要像您这样就好了。她坚决不让我跟他来往，我就越想跟他来往！”

女孩儿的妈妈不知道，青春期的孩子，除了想了解自己的生理发育，还想了解异性。这时候，爸爸妈妈更应该是孩子的引导者。否则越禁止，孩子就越好奇，想方设法去尝试。有些父母觉得孩子是在早恋，其实孩子更多是模仿，他们的人生阅历还没有到谈恋爱的阶段。

性教育专家陈一筠教授忠告父母说：“我们要跟孩子讲，种果树要有夏季的耕耘、除草，才能有秋季的收获。如果夏天就摘下果子来吃，味道肯定很涩。社会有很多陷阱和诱惑，要避免一些事发生，爸爸妈妈得有打预防针的准备，随时了解孩子和异性的交往是什么状态。而且引导要科学、有艺术性，不能用成年人的方法，也不能用一般学科的方法。应该先让孩子心中有数，再让他去交往，决不能等孩子有危险了才想到教育。另外，男孩儿女孩儿交往，一旦进入两个人的世界，就容易走入误区。因此父母应该提倡孩子群体交往。这样既能达到对异性的了解，同时又避免走入误区的危险。不要等到考试的时候再去读书。”

和孩子谈性，还要谈谈如何防止性侵害。

据《知心姐姐》杂志社2004年3月发布的一项名为“关注中小学生性侵害”的网上调查显示，一半多（52%）的被访中小学生网友表示，没有人和自己提到过这个问题。

该项调查从2004年1月29日开始，在“中少在线”网站上进行了20天，先后共有6164名中小学生网友参加了调查。调查结果显示，相当一部分被访中小学生网友对儿童性侵害有误解。有三分之一的被访中小学生认为“性侵害只会源于异性”，有27%的被访中小学生认为“只有女生才会遭受性侵害”，还有26%的被访中小学生认为“性侵害只会来自陌生人”。

儿童性侵害定义大致可以这样描述：一切通过武力、欺骗、讨好、物质诱惑或其他方式，把儿童引向性接触，以求达到侵犯者满足的行为。

在这次调查中，中小学生获取这方面知识和办法的途径不容乐观。在被问及“是否有人告诉过你遇到性侵害时该怎么办”时，只有 41%的被访中小学生表示“爸爸妈妈对我说过”，只有 7%的被访中小学生表示“老师对我说过”。

面对这些问题，《知心姐姐》杂志记者钟银平、《中国青年报》记者万兴亚采访了有关专家。北京市青少年法律与心理咨询服务中心主任宗春山建议，性侵害教育首先应该在家里开展，每个孩子的发育、思想状况不一样，有些属于身体秘密的部分，只适合与亲近的人一对一地讲，还有性别问题，父母和孩子谈起来会更方便。

北京市青少年法律援助与研究中心副主任张雪梅说，有的家长在孩子遭受性侵害后，对孩子态度不好，抱怨孩子，这样会对孩子造成“二次伤害”。家长首先要在语言上、态度上让孩子接受你，不要让孩子有灰色记忆。同时，家长对孩子心理的关注，不一定仅表现在语言上，有时可能给孩子一个亲切的眼神，对孩子生活习惯的关注，都会让孩子感受到你在关心他。比如：一个在放学途中遭受过性侵害的孩子，可能对上下学的那条路有恐惧心理，家长应该先护送一段日子，消除他的恐惧心理，让他感觉到监护人的保护。

和孩子一起谈性，是孩子成长中的一件大事，为人父母千万不能忽视。

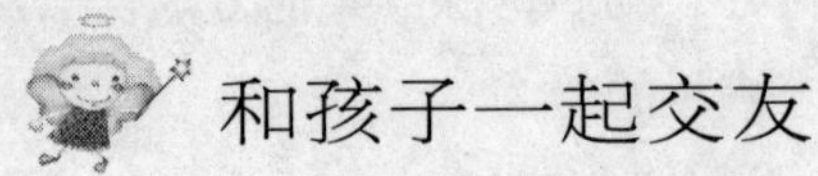

和孩子一起交友

不久前，我去拜访从美国回来的哈佛商学院的MBA陈宇华女士。我问她："哈佛最看重人的什么？"她回答："能力。主要是为人处世的社会交往能力，也就是会不会交朋友。"

陈女士告诉我，国内一个名牌大学的男生在哈佛读博士，获全额奖学金，但性格孤僻、不喜交往、心理压抑，去美三个月后便卧轨自杀。哈佛大学曾作过调查，一个人的成功，百分之八十靠情商、靠人际关系。那些封闭自己、与人交流困难的人，即便很有学问，也很少获得成功。

孩子终究会长大，会独自走向社会。他们能否独立生存，能否获得成功，主要看他们能否与人和谐相处。知识使人变得文雅，而交往能力使人变得完善。

交朋友是需要学习的。不仅孩子要学，父母也要学。许多家庭创造了很好的和孩子一起交朋友的经验。

北京市女孩儿陈文静、陈文佳是一对双胞胎姐妹，她们的父母就非常善于帮助孩子交朋友，并和孩子一起交朋友。说起这点，文静、文佳的爸爸陈小群感受颇深：

"现在父母很少教孩子怎么去处理人际关系，我的体会是，人际关系，父母一定要教孩子。大人在单位，如果同事关系不好，很难愉快地工作，甚至还会把坏心情带回家。孩子大部分的时间在学校，如果和同学、老师关系不好，与人有了矛盾冲突，也不知道怎样处理，孩子就很难快乐起来，也很难保持健康平和的心态。

"我们经常教孩子的为人处世原则是：在不影响别人的情况下，爱做什么做什么；在不伤害别人的情况下，爱说什么说什么。

其实，这个原则的前提就是一定要尊重别人。

“有时，孩子回到家也会很激动地说：‘谁谁什么什么地方不好。’我们在听她说完后，最后都会问她：‘这件事情是他不对，那你觉得他有什么优点呢？’孩子就会去想别人的优点，这样在人际关系中孩子就比较容易看到更积极的一面。

“四年级的时候，文佳班里有一个女孩儿是班干部，总爱找借口扣她那组的纪律分，弄得她特别烦恼，不知道该怎么办。轮到文佳值日的时候，她也想找理由去扣那个女孩儿的分。我就告诉文佳：‘你不是觉得她的做法挺差劲的吗？如果你也像她那样做，你不就是在做自己讨厌的事情吗？最好的办法是，你告诉你那组的同学，要做到100%好，别给人家留下借口。’可文佳说：‘我们组里总有一两个调皮的孩子，他们也不听我的。’我就又跟她说：‘调皮的孩子最需要的就是表扬，别人总爱看他们的缺点，很少有人能表扬他们。但每个人都是有优点的，你只要发现他们的优点去表扬鼓励他们，我保证他们能做得好。’后来，文佳这样做了，果然，那些调皮男孩儿也很服她，从那以后文佳那组很难让别人找到借口。最让我们欣慰的是，那个女孩子看到自己总和文佳作对，文佳并没有以牙还牙，慢慢也改变了，后来她们成了好朋友。”

文静、文佳学会了交朋友，就渴望结交更多的朋友。她们的父母理解女儿，还和女儿一起交朋友。在全国少工委组织的“五十六个民族小伙伴手拉手进北京”活动中，两次分别把内蒙古女孩儿娜荷芽、云南省布朗族村寨女孩儿张会莲接进家，全家与她们交朋友。

张会莲家住云南省澜沧江畔，祖祖辈辈都是茶农，她是村里唯一来过北京的人。为了来北京，她坐了七天七夜的汽车、火车。她的梦想是从家乡修一条直接通到北京的非常快非常快的路，能让更多的小伙伴到北京来，也让更多的大哥哥、大姐姐到她的家乡去，把家乡建设得和北京一样漂亮！娜荷芽的家乡在内蒙古大草原，她的梦想是让已经变成沙漠的地方长出绿草。这些都是姐

妹俩在北京难以了解到的，远方的朋友就像一扇小窗户，一下子向她们打开了一个大世界，萌发了一个个美丽的梦想。

对于娜荷芽、张会莲这样的偏远地区的孩子，交往的意义也是一样重要。第一次来北京，张会莲十分拘谨，不爱讲话，分别时连“再见”都不会说。通过敞开心扉的交往，她们距离拉近了，从陌生到熟悉，第二次再见面，会莲像变了一个人：爱说爱笑，活泼开朗，主动打招呼、演节目，灿烂的笑容挂在了脸上。

2003 年 7 月，共青团第十五次代表大会开幕式在北京举行。这四个小女孩儿连同另一对男孩儿——河北省赤城县的郭伟杰和北京市的李索然成了手拉手好朋友，走上人民大会堂讲台，讲述了自己手拉手的真实故事，表达了心中对共青团员的敬慕和向往。这不同寻常的献词，感动了全场每一个人，连中共中央总书记胡锦涛同志都流下了眼泪。

文静、文佳的妈妈感慨地说：“这简直是个奇迹，孩子们的变化令我们吃惊，让我们感动！手拉手活动真能改变一个孩子的命运。和孩子交朋友，我们大人也跟着受感动，跟着受教育。”

心是一个小窗口，这个小窗口打开了，再大的世界都能装下。孩子要勇敢地走向世界，父母要热情地鼓励孩子敞开胸怀。

孩子都渴望朋友。但是现在，很多孩子缺少与同龄人交往的机会，久而久之，不合群的孩子越来越多。

不合群的孩子有着很多的困惑和迷惘，时常陷入孤独、寂寞和多疑的不良情绪之中，容易产生自卑或自负心理。做父母的，一定要有意识地开放孩子的空间，让他们在同龄人中学会交往。

孔屏是一位懂孩子的母亲，她定期约孩子的小朋友到家里玩或带孩子到小朋友家里做客。每次家里来了小客人，她都准备好孩子们爱吃的水果和点心，让他们一起边做游戏，边分享他们喜欢的食品。孩子们喜欢唱歌，她就让他们独唱和合唱轮流进行；画画的时候，先出一个题目，每人画一张，她指出每人画得好的地方，然后让他们合作画一张最好的。孩子们在这些看起来微不足道的事中渐渐地学会了合作，从而培养了合作意识。

近年来，有些专家提出一个新观念——同伴教育。同伴教育的内涵就是让同伴一起交往，在交往中相互学习，相互帮助，这样更容易提高孩子的学习能力、协作能力、交往能力。最好的同伴就是朋友。

孩子们常常给“知心姐姐”写信，打电话，述说与朋友交往时遇到的烦恼与困惑，比如：“不知该如何选择朋友”、“交不到朋友怎么办”、“怎样看待朋友的缺点”、“需要请客送礼才能维持朋友关系吗”、“与两个合不来的同学能不能同时成为朋友”、“和朋友发生了矛盾怎么办”、“有了恋友情绪怎么办”、“和异性同学怎么交往，引起非议怎么办。”

这些苦恼正困扰着孩子们，有的甚至不想上学，爸爸妈妈千万不要小看孩子的这些苦恼，要帮他们支支招，教他们一些交友的技巧，孩子会感谢你们。

知心姐姐与孩子们再度相逢。

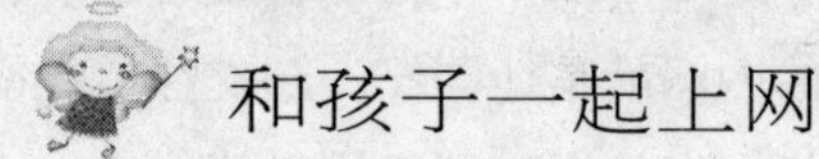

和孩子一起上网

当今孩子的社会交往与以前相比有了很大不同，他们除了面对面、写信、电话交往之外，还可以通过网络交际。父母和孩子在网络面前“地位”几乎是平等的，而父母更需要加强网络知识的学习，因为孩子接受新鲜事物的能力更强。

有个 13 岁的初中女孩儿，是班里的学习委员，网名叫“红红的青苹果”，迷恋上我们总社主办的全国优秀青少年网站——中少在线。一天晚上，她为了上网居然连晚饭都不吃。妈妈火了，对她说：“你再上一分钟网，我就把电脑送人！你和那些沉迷在网吧里的坏孩子一样！”没想到女儿说：“一样？妈妈，您错了！在网上我有那么多朋友，甚至比我身边的朋友还好！我离不开他们！”打那以后，母女俩很少说话，一天最多说两句。母亲十分烦恼，怎么对待这个矛盾呢？她终于鼓起勇气，上网求助。她给自己起了网名叫“激情燃烧的岁月”，学着发帖子向小网友们述说自己的烦恼。

一时间，引起强烈反响，网友们纷纷回帖发表自己的感受。

拉比·雷奎特：既然您已经上了这个网，您可以学着去喜欢这个网站。这里的确是一个很有趣的地方。我和她一样的年纪，我也很喜欢这里，这里可以交到许多朋友，甚至是知心朋友。我认为她上这个网站没有什么错误，但到不吃饭的地步可能就过头了……您一定是一位负责的母亲，您可以和她谈谈，而不是以冷战的方法解决。希望你们的亲子矛盾尽快解决。

风雪狂刀：对于父母比较武断的行为，孩子都会有反抗心理，何不放任她几天，等到开学后她静下心来再说呢？当然，孩子对父母也不能过于无情，经常陪父母聊聊天谈谈心也是很不错的选择。

芽伽：如果您经常上网就会觉得这里的确有许多好孩子，大家是抱着学习的心态来的。

激情燃烧的岁月：我想，我和孩子还需要更密切的沟通，我需要了解孩子。

风雪狂刀：两代人的隔阂太大了，以至用水泥是不可能填平的，但是如果两边的人都努力地往鸿沟里填上膨胀性塑料的话，说不定这个隔阂不会变得那么大，会一点一点缩小，直至愈合……

拉比·雷奎特：其实家长也是担心孩子网恋，或聊天时遇到坏人什么的，我认为家长应该保持警惕，但不要采取过于怀疑的态度。如果起疑，也要用尽量缓和的方法来和孩子交谈，让孩子对父母信任。

激情燃烧的岁月：我会试着向孩子解释。我想她现在甚至开始厌恶我了。她把整个身心都投入到中少网，所以不让她上网对她来说是个打击。

拉比·雷奎特：是吗？那您叫她来看看这个帖子，她会知道妈妈是很关心她的。

红红的青苹果：我已经跟妈妈说明白了……她答应我每星期天可以上半个小时中少网，感谢各位。

许多父母认为，今天和孩子沟通很困难。难在哪里？难就难在我们不懂得和现代孩子沟通的方法。到网上看一看，孩子们讲得入情入理，推心置腹。为什么网上交流这么容易？因为是平等交流。在平常的生活里，父母老想教育孩子，总是摆出家长的架子居高临下给孩子“上课”，要么讲千篇一律的大道理，要么怀疑猜测，使孩子反感与成人沟通交流，时间久了，就关闭了与别人交往的大门，变得孤僻。

孩子迷恋上网，父母恐惧孩子上网，成为当今父母与孩子间最激烈的矛盾冲突。

袁融跟他当大学教授的妈妈窦卫霖之间的矛盾，正是从上网聊天和玩电脑游戏开始的。说起跟妈妈发生的网络冲突，袁融记忆犹新：

"我们的冲突是从初中一年级开始的。那时，我想接触更多的东西，虚拟的网络世界是个无拘无束的环境，我特别希望上网去玩，多交一些朋友，跟他们在网上聊天或打网络游戏。

"刚开始上网，时间耗得不是很久，后来占用的时间越来越长了。我妈开始管我，有时游戏玩到一半，我妈就 stop 我，真让我受不了。"

袁融的妈妈回忆说："记得他在小学时，我们就给他买了游戏机让他玩，我觉得孩子快乐是很重要的。但是上了初中，他开始玩网络游戏。一开始我没反对，觉得玩游戏能培养人的组织能力，对孩子智力开发有好处。上初二后，他玩游戏的时间越来越长，学习也受到一定影响，我觉得该管一管了。可怎么管呢？我觉得特别难，因为那时他已经迷恋上网了，玩起游戏全神贯注，怎么说他也听不进去。"

母子俩共同回忆起最激烈的一次矛盾冲突。

一次，袁融玩网络游戏上了瘾，怎么叫也不下线。妈妈火了："你再不下来，我今天就让你玩个够，下次你别想再上网了，我可以修改你的密码！"

袁融说："您设密码，我会解码！"

妈妈想，既然在电脑方面不如儿子，就以理服人吧！于是，她对儿子说："咱们这样经常吵也不行，家庭气氛弄得太紧张，咱们谈一谈吧！"

谈话时，儿子的一句话给妈妈留下十分深刻的印象："如果您不让我上网，您就砍断了我的小指头，如果我的小指头没了，您说我还能好好学习吗？我还能幸福生活吗？"

妈妈万万想不到，网络对儿子有如此大的吸引力，竟然成了他身体的一部分——小指头！

袁融的妈妈又告诉我，真正的转折点是在儿子上初二的时候。那时，她去美国访问学习了半年，袁融的爸爸也经常出差，没有人管儿子上网的事。其实，她也是很不放心，时常打打电话，而更多的是与儿子相互发 E-mail，一来关心儿子的生活，二来督促他学习。当然，少不了说让儿子少上网玩游戏的话。

在美国，妈妈自己介入到互联网，才感受到互联网在美国学生以及美国教育当中，起到很重要的作用。妈妈发现，跟儿子在网上沟通交谈，效果比打电话要好。妈妈渐渐改变了原来的想法，更意识到不能断然阻止孩子接触网络，而是需要引导。

恰恰在这期间，妈妈听说了一个故事，这个故事改变了妈妈的观念：

一个女孩子整天迷恋上网，总把自己关在屋里，不爱跟母亲说话，使母亲感到十分痛苦。母亲很想了解女儿的世界，很想知道为什么网络对年轻人有如此大的吸引力。于是，母亲便化名上网主动找女儿聊天。女儿一直不知道这个“知心网友”就是自己的母亲，在高中的三年里，跟这个网友交流，说心里话。她拿到大学录取通知书时，做的第一件事就是上网告诉“知心网友”这个好消息。这时，妈妈推开门，走进女儿的房间说，这个网友就是我！

袁融的妈妈受到启发：要与孩子沟通，就要理解孩子，知道孩子喜欢什么、爱好什么。从此，她便经常上网跟孩子聊天，了解他的兴趣爱好，了解他的生活。

袁融告诉我：“有这样的妈妈，我挺幸运的。我现在上高二了，应该多关心一下父母了。家庭应该是快乐和欢乐的殿堂，我觉得跟父母交流，不是为交流而交流，而是营造一种良好的家庭气氛，这也是对家庭负责的表现。”

现在，许多父母总是对孩子上网的事担心，甚至提起网络就害怕。但是，如果父母真的上网与孩子真诚交流，便会发现，网络也是一个可以真心交往的地方，而并非到处都是陷阱。父母如果想改变与孩子紧张的关系，不妨走到网上，走到孩子们中间，与他们进行朋友式的交流。这样，不仅能够有效地与自己的孩子沟通，而且可以有效地改变自己，令自己更年轻、更有活力，令激情燃烧的岁月更长、更久。

和孩子一起分享爱

当您和孩子分开很久以后，您发现孩子已经不愿意接纳您了，或者您发现孩子大了之后，就不愿把心里话告诉您了。每当此时，您很苦恼，却找不到办法。不管您是否遇到过这种情况，您都不妨来看看怎样和孩子一起分享爱。

在遥远的云南省元江县，有一位我从未见过面的好朋友，她的名字就像一个美妙的音符——彭跃波。她从小在外地奶奶家长大，上初中才回到父母身边。

我认识她，是通过她那位因为不能与女儿沟通而陷入深深痛苦之中的妈妈。

在电话里，说到女儿的冷漠，妈妈一直在伤心地抽泣："知心姐姐，您能亲自和我女儿通个电话吗？"

"可以呀！只要您女儿愿意！"我说。

第二天，一个云南长省的途打到我的手机上。"知心姐姐，您好！我是彭跃波！"那声音轻轻的，柔柔的，和她的名字一样美妙！我俩都很兴奋，聊了很久。听得出来，这是一个善解人意的女孩儿，并不像妈妈说的那么冷。

一周后，我收到她写来的一封长长的信。信中她称自己"是一个极富'多愁善感'之情而又酷爱幻想的小女生"。她说——

我很喜欢享受生活，我渴望自己能在早晨呼吸新鲜的空气，坐在海风四拂的阳台上，品上一杯香气四溢的巴西或墨西哥咖啡，欣赏一曲自己喜欢的浪漫钢琴曲，手上再轻举一份晨报或一本好书，享受自然与生活赋予我的这一切幸福时光，希望能在自己所崇敬的学府中一条通幽静美的小道上漫步独悦，迎接每一个从树叶中跃出的光斑，嬉戏那透明的空气与那飞旋的音符。这一切都是我渴望能在我今后生活中得到的，现在我已经在为自己今后所要的一切奋斗了……

然而，在这美丽的渴望深处，却埋藏着深深的痛苦，这苦楚正来自她的妈妈。

这是一封让我非常感动的信，在如此优美的句子中，却包含着如此多的情感。她在信中写道：

在与您第一次电话交谈后，才使我漂泊已久的心绪找到了一个彼岸。

虽说在那之前，我已带着一颗感激的心回到我父母身边，但我对他们早已失去了那份信任感。尽管他们在我身旁燃起了一团熊熊的烈火，但仍然无法融化我这颗冰封已久的心……这位幽灵似的母亲已经扭曲了我纯真的心灵，使我失去了和命运抗争的那一份激情。我不相信她所说的每一句话，看到她的每一眼都带着一份尖锐而又痛彻心扉的隔膜。尽管她仍然不停息地用那些万能的胶水粘补着我这颗血淋淋破碎的心，但……直到《世界上最伟大的推销员》一书来到我身边，我才决定再重新选择一次，于是，我同意妈妈给您去电话。没想到拉紧的心弦就被您那么轻柔地拨动了！一种奇妙的直觉使我忘记了那颗孤寂已久的心，开始与您大聊特聊，聊完才发觉和您聊天原来是那么自然与贴心，感觉特棒，简直是一种享受，总有那么一份激动。许久没见我如此的妈妈顿时惊喜雀跃，当我注意到她那份神情时，我说了声“谢谢”！我突然发觉自己的心已经复燃了！期盼已久的发现，就在……就在一个平常的电话聊天中开始了。知心姐姐，我将永远记住重新唤起我激情的电话！！！在

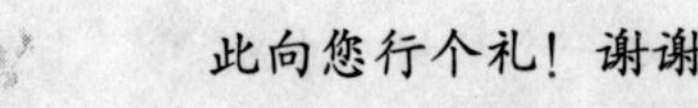

此向您行个礼！谢谢！

信读到这里，我的眼睛已经模糊了，泪水充满眼眶。我没想到，电话里那个声音轻轻的、柔美的女孩儿竟有那么多的悲伤，因为电话里她传达给我的是快乐，和她聊天我很轻松，很舒服！真没想到这样开心的聊天，竟然能融化她心中的冰雪！

为什么她给我打电话很快乐？

因为我分享了她的快乐！妈妈也分享了她的快乐！所以她才感受到真正的快乐！

以后，她常常给我打电话，我爱听她聊。

一天中午，她兴奋不已地打来电话告诉我她的新发现："我妈妈也是一个会分享快乐的人。她看了您写的《写给年轻妈妈》和《写给世纪父母》，变化特大，她买了好多本，听到哪位妈妈或爸爸教子有困惑就主动送一本，逼着人家看！您看我妈妈多可爱！现在，我觉得我妈妈挺好的！"

她终于理解妈妈了！谢天谢地！

"我现在也受我妈妈传染了。我看了您寄给我的《知心姐姐》杂志，觉得特过瘾。看哪个同学和父母闹别扭了，我就把《知心姐姐》送去逼他们看，不看我就急。您看，我都快成我妈妈了！"

那天我在人家招待我的午宴期间接听她的电话，由于我太兴奋、太投入，竟在餐厅外面接了40分钟，主人还以为我出了什么意外呢！

小女生的冰冻的心是靠什么融化的？爱的分享！

小女生和妈妈之间的障碍是靠什么消除的呢？爱的分享！

当母女两人学会了爱的分享，就共同品味到爱的滋味。

这就是分享的魅力！

有了好心情，一定要告诉别人，这就是分享！

有了好想法，一定要说出来，这也是分享！

一种快乐，与别人分享，就变成两种快乐！

亲子沟通，少不了分享！

和孩子一起制造快乐

“快乐”最先是跟童年交友的。在快乐的世界中长大的孩子往往拥有良好的心态、开朗的性格和悦纳别人的长处，这样的孩子受人欢迎，会为终生快乐奠定基础。

快乐的世界哪里来?

不是从天上掉下来的，也不是圣诞老人送来的，而是自己制造出来的。

单身母亲尹正纯和她的女儿就“制造”了快乐。

人们常常误认为，单亲家庭的孩子缺少快乐，是因为家庭是残缺的；单身母亲缺少微笑，是因为没有丈夫。其实，这些都不是主要的，最主要的是看你快乐不快乐。心里装满快乐，你就会发现快乐，享受快乐，传播快乐。生活像一面镜子，你对它笑，它就对你笑；你对它哭，它就对你哭；你对它发怒，它就对你发怒；你善待它，它就一定会善待你！所以，真正制造快乐和痛苦的人不是别人，正是镜子里的你自己。

一天，中央电视台《交流》节目的编导吕婧给我打电话，请我作为专家参加他们的一期节目。本来节目安排时间和我的工作时间有些冲突，但当我听吕婧说，这期节目要讲大连一位单身母亲和女儿一起开办了一个“家庭快乐制造厂”的故事，我很感兴趣，这样的“工厂”我还是头一回听说呢！

2004 年 3 月 7 日，是个星期天，我一早赶到中央电视台，在这里我见到了尹正纯和她的女儿希希，听到了她们快乐制造厂的创业史。

快乐，曾距这对母女很遥远。

女儿希希很小的时候，爸爸就走了。希希很想爸爸。在幼儿园，

别人的爸爸来接孩子的时候，希希总是远远地跟在后面。后来老师和妈妈为了让希希开心，便告诉希希爸爸出国赚钱去了。从此，家里只要有电话铃响，希希肯定第一个冲上去，因为她一直以为是爸爸来的电话。爸爸的电话一直没有来过，希希便沉默了，经常坐在角落里发呆。

在天灾人祸轮番光临的那几年，尹正纯，一个弱女子带着天生体弱多病的幼女希希，在一贫如洗的困境下生活，眼泪都快哭干了，哪里还笑得出来？因此，她总是愁肠百转，沉默寡言。慢慢地，她发现5岁的女儿希希的脸上也没有了笑容，而且三天两头儿闹病。尹正纯心里十分焦急，眼看着女儿就要上小学了，这样下去一定会影响学业和成长。她决定每天早起40分钟，带着女儿出去跑步锻炼。女儿不愿意，她就边跑边讲故事——

有一只大老鼠每天都带着几只小老鼠出去散步。一天，迎面跑来了一只猫，小老鼠吓得躲到大老鼠身后。鼠妈妈大叫一声："孩子们，别害怕，看我的！"说着，她朝着猫"汪！汪！汪！"大叫几声。狗叫声把大猫吓跑了。小老鼠佩服得五体投地："妈妈，您可真有本事呀！"大老鼠得意地说："孩子们，要记住，这年头每个人都要学会几门外语！"

妈妈讲的笑话把女儿逗得哈哈大笑。妈妈突发奇想："何不在家里开办个快乐加工厂，自己生产快乐！"

尹正纯把这个想法跟希希一说，母女俩一拍即合。经讨论，女儿希希当上了厂长兼总工程师，妈妈当了副厂长兼副总工程师，轮流值日。当班的厂长每天必须给另外一个人制造出至少一个快乐来，否则受罚——洗两个人的臭袜子！

别看希希只有5岁，可当起快乐厂长兼总工程师还挺负责。第一天上任，她从幼儿园回来，就对妈妈说："妈妈，我讲个故事给您听。今天，幼儿园老师让每个小朋友都说说长大以后干什么，冬冬说他长大以后想当妈妈。”说着，女儿自己先笑起来。

“这有什么可笑？你长大也会当妈妈的。”妈妈没笑，纳闷地问。

“可冬冬是个男孩儿呀！”这下可把妈妈逗乐了，母女俩大笑了一阵。顿时觉得神清气爽，通体舒畅！

第二天，轮到妈妈当班了，制造什么快乐呢？正好那天是周末，妈妈计上心头。她用面做成小刺猬、小老鼠、小兔子，还有一窝小鸡和好几个小鸡蛋蒸了一大锅。女儿一看，眉开眼笑，食欲大发，迫不及待地抓起一个，烫得哇哇直叫。来到餐桌前，女儿看到的是两道大菜：西红柿变成了怒放的荷花，黄瓜变成了一朵朵小梅花，女儿笑得嘴都合不上。

讲到这里，妈妈说：“快乐满地跑，看你找不找。”女儿希希说：“我们这个工厂百分百赢利，非常红火，我们投入脑力、记忆力、创造力，我们生产出了快乐。”

真是旗开得胜，母女俩都品尝到寻找快乐的快乐。当快乐工程师谁都没有失职，自己的袜子只有自己洗了。女儿不服气，一心想要超过妈妈。

又是一个休息日，轮到希希制造快乐了。妈妈正在厨房烙煎饼，火烤汗流之时，忽听一声“圣旨到”，只见女儿两手扯着一张黄纸，来到厨房，打开喊道：“奉天承运，皇帝诏曰，朕念正纯烙饼有功，特赐玉米糖一块，钦此。”希希的举动让妈妈笑弯了腰，忙说：“谢主隆恩！”辛苦顿时消散，那煎饼比以往香十倍。

从此，“快乐制造厂”制造出一系列故事，妈妈发现女儿越来越开朗幽默，笑话一个比一个精彩，这到底是怎么回事呢？原来，希希有一个小本子，到处搜集笑话，逗妈妈乐。

一天，希希认真地对妈妈说：“今天上课老师问王小刚同学：‘圆明园是谁烧的？’王小刚说：‘不是我烧的！’老师给他妈妈打电话，他妈妈说：‘我家孩子从不撒谎，没烧就是没烧！’他妈妈去找他爸爸，他爸爸说：‘烧了就承认，该多少钱咱们赔！’”

妈妈把肚子都笑疼了。

又有一次，女儿拿出一张白纸，说这张画的名字叫“牛吃草”。妈妈问：“草呢？”女儿说：“让牛吃了。”“那牛呢？”“吃完草走了。”

妈妈又笑得前仰后合，问女儿：“你哪来这么多笑话？”女儿这才承认，她从书上看的。“不就是为了让您高兴嘛！”

妈妈感动极了，感动不如行动。“你的袜子我天天包了！”妈妈说。

女儿笑了：“从今天开始，您的袜子我来洗！”那年希希9岁。5年来，母女俩的袜子女儿全包了！

妈妈十分欣慰，她说：

“随着笑声的增多，我和女儿这两个快乐工程师当得得心应手。快乐的细胞在我们身上长出来了。这细胞繁殖力极强，成倍翻番地增长，快乐就像随身携带的囊中物，可以在有意无意间信手拈来，尤其是女儿，简直成了快乐天使，满目都是美景，满耳都是佳音，干什么都快乐，随时随地就能幽上一默。从此，快乐就这样长驻我们这个单亲家庭了。女儿学习优秀，好几种病不治自愈。”

这个“家庭快乐制造厂”真是太神奇了，母女俩制造的不仅仅是几个笑话，而是制造了一个温馨、和谐、快乐的家庭环境，制造了一种积极的心态，制造了乐观面对不幸的人生态度，真是“改变心情就改变了世界”。

作为家庭，在生活的海洋中会遇到风浪、遇到险滩，有时甚至会遇到惊涛骇浪，但是，只要家庭的成员拥有积极、乐观的人生态度，有坚韧不拔的精神，就会战胜一切困难。

作为单身家长，在人生的路上会遇到比别人更多的困难，但是只要降低期望值，心平气和地面对儿女，用一颗平常心，去培养平常人，丢掉补偿心，以培养孩子拥有快乐人生为己任，那孩子将无往不胜，笑迎天下。

作为孩子，从小拥有良好的心态和积极的态度，具有从黑暗中看到光明的思维模式，那么就会拥有快乐的世界，拥有幸福美好的未来。

在非洲加纳的一所寄宿制中学里，一位老师走进教室，他先拿出一张白纸，上面有一个黑点，问学生："孩子们，你们看到了什么？"

学生们盯住黑点，齐声喊道："一个黑点。"

老师非常沮丧："难道你们谁也没有看到这张白纸吗？眼光集中在黑点上，黑点会越来越大。生活中你们可不要这样啊！"

教室里鸦雀无声。老师又拿出一张黑纸，中间有一个白点。他问他的学生："孩子们，你们又看到了什么？"

"一个白点！"学生们齐声回答。

"太好了，孩子们，无限美好的未来在等着你们！"

老师关于"白纸黑点与黑纸白点"的谆谆教诲，深深地印在当时的一个学生的心里，他就是联合国前秘书长安南。在安南任职期间，他能从海湾战争乌云密布、一触即发中看到一个"白点"——一线和平的曙光。他以自己敏锐的洞察力，体会到"白纸黑点与黑纸白点"的深刻内涵。

生活中，你的目光集中在哪里？集中在痛苦和烦恼中，你的生命就黯然失色；集中在快乐中，你将会看到幸福美好的人生。

知心姐姐与国外儿童在一起。

第八章
引导孩子爱学习

做家长的，都希望自己的孩子从小努力学习，长大成为有用的人，这是对的。问题是，有的家长把“努力学习”片面地理解为死读书，让孩子整天做题、补习、考试……

对中小学生的家长来说，培养孩子要弄清一个问题：什么是有用的人？我们说，真正有用的人，是那些有理想、有道德、有知识、有体力的人，是懂得终身学习的人。只有这样，他们才能适应21世纪飞速发展的变化。

联合国教科文组织在《学会生存宣言》中指出：“未来的文盲不是不识字的人，而是不会学习的人。”这就说明，教会孩子学习，教会孩子终身学习是一个被全人类关注的问题。

21世纪是知识经济时代，这个时代需要的是有创造力、勤于开拓的人。不会学习，就掌握不了新的知识，也就不会有创造的能力。孩子只有从小学会独立学习，养成热爱学习的好习惯，长大了才能够独立地生存在这个世界上。

孩子为什么厌学

朱竞的爸爸说最近遇到特别棘手的事，就是孩子不愿意学习。

爸爸觉得他好像把学习当成一种任务，说自己顶多混一个高中毕业也就完了。朱竞跟爸爸辩解的时候说，我不一定以后就靠读书吃饭，三百六十行，行行出状元，我能活！

朱竞说就是不想学习，不想写作业。晚上做作业，第二天交的时候，就是错题太多，我也不想改了，然后就在那儿玩。不过呢，我也每天都写作业，就是不想得第一，也不想混倒数第一，就是保持中等就挺好！我爸说我，你长大就是捡破烂儿的料。我说你看我学习不好，玩其他的，我都能玩出花样来。然后我爸说你现在不学习，你捡破烂儿将来还得用手机联络呢！然后我说手机这玩意儿不赶时尚嘛，我肯定会学会！

我认为孩子缺少的是爸爸的鼓励。

我看他语文还是不错的，表达能力多强啊！他说话的能力很强，而且他很有判断力，对错是非都很清楚。他不属于厌学的那一类孩子，他是个很健康的孩子。但是他缺少什么呢？他缺少的是爸爸的鼓励。你看咱们那些运动员，得了金牌之后，大声高喊爸爸我赢了，能让人当时眼泪都流出来。还有刘翔，他得了金牌以后他拿了什么呀？拿着国旗在场上跑，太完美了！这是什么呀，这是一种自信，一个运动员不相信自己是最棒的，他得不了金牌。他得相信自己是最棒的，然后他就把自己的能力发挥出来，于是他就是最棒的！那么孩子心中这种自信哪儿来的，是爸爸妈妈鼓励出来的。你不断地鼓励他很棒，他就真的找到棒的感觉。

这个孩子其实是很棒的，但是爸爸妈妈呢，看的是高分。可是你们知道吗？进入清华大学是靠一步一步努力学习实现的，如

果一个人没有自信，即使进了清华园也无济于事的。一个清华大学的教授含着眼泪跟我说："一个边远地区的女孩子，成绩非常好，人称三脑袋，物理、化学、数学都能考到满分。她可以被保送到清华、北大。她不太想去。妈妈爸爸都逼她去，老师也劝她去。最后她去了，可情绪非常不稳定。妈妈在清华园陪了她一星期，后来妈妈走了以后学校连续考试，她的成绩名列中下。她在当地始终是状元，从来没得过这样的名次，她受不了，三个月之后跳楼自杀了。妈妈来到学校收尸欲哭无泪，说是自己害了她，如果她当时不逼女儿，随便上一个学校都不至于到今天。心态不好的孩子不要上重点学校，这就像一个木桶，它的盛水量不是取决于最长的木板，就是智商，而是取决于最短的木板，那是情商。"

所以，我现在越来越明白一个道理，孩子的心态是比什么都重要的，所以爸爸妈妈要鼓励他们，用一种良好的心态去面对我们今天的人生。应该说中国体育能走出去，那些运动员的心态是特别重要的。我们所有的孩子都有很大的潜能，这个潜能怎么发挥出来？爸爸妈妈要看中他们，把他们看成是很棒的，他就能把棒的地方表现出来。就像你的孩子，语文是相当棒，体育也是很喜欢的，这本身就是他的才能。数学也没有问题，他绝对能行，他的脑子一下转过来，马上就豁然开朗。爸爸今天有一个很重要的任务是启迪孩子，把他最好的地方给表现出来，让他充满信心。

我觉得孩子自己也要有志气，爸爸对你还是有信心的，要不然他不会求助。那你就要给他一个辉煌。不是要求你考100分，我觉得孩子每一次都考100分，这要求谁都做不到，而是要求你今天比昨天有点儿进步！

朱竞说："您说得太好了，您真棒！人都是一点儿一点儿往上走的，这就是我想跟我爸说的，让他不要小瞧我！"

不要拿自己的“当年”比孩子

一个爸爸说：“卢老师，我女儿这个事情已经困扰了我很多年了。她是在香港出生的，从小就讲英文，后来我们到北京工作，就把她带到北京了。幼儿园的时候上了一个大班，然后就上小学。她在香港上幼儿园的时候，成绩都很好，而且写繁体字和英文都不错。可是回到北京以后，慢慢就不行了，英文也忘光了，学习老提不起精神，没有一点儿激情，老喜欢看电视。从小学就慢慢这么过来，今年好不容易到了初一，我们跟她讲了很多，但她老是觉得提不起劲，很贪玩，除了看电视就是上网。因为是女孩子，我们也不想讲太多，怕她思想上有负担。我们都是非常认真过来的，我想是不是条件太好了造成她这样子，她什么都不会干，初一我们让她读寄宿学校，好了一点儿，但学习上的劲头还是不足。我们非常困扰，不知道怎么办。”

女儿阿静说：“我不是觉得困难，就是不想学，觉得学着特累！不想学、不听讲，觉得没劲。

“我对语文比较感兴趣，还有美术。我觉得数学是最枯燥的，一堆数学作业题，做不下去就不听了不学了。如果老师讲得有意思点儿，然后在游戏里面加学习吧，应该还想学。

“我觉得我爸爸脾气太暴躁了，不太听别人说的话，我希望他能改正。每次我拿作业让他检查，他就说我这个不对那个不对的。我就说老师是这么安排的，他说不可能，我就跟他顶呗！”

爸爸说：“她说的也是这么个情况，因为有时候她作业完成得不好，我们问她的时候，她说完成了。可是回到学校去，老师反映没有做完，所以我们就比较生气。原来我们想信任她，不检查，你说完了就算可以了。可出现这样的问题，我们觉得不检查不行，因为毕竟孩子大了，我们不想伤她自尊心。但是有时逼得我们不得不这样，她刚才说我急躁确实是这样的，我现在都不能辅导她，因为一辅导她我就发急，说怎么这个你都不知道，所以一般都是她妈辅导她的功课。她老是觉得自己学习没用似的。我说哪能这样，现在是学习型社会，知识就是力量，她老是没有学习的激情，我们非常着急啊！”

其实我们跟很多人聊天，都回忆过我们童年的时候，为什么喜欢这个课程。我小时候特别爱写作文。为什么呢，因为我的作文经常被老师当范文念，我就期盼着老师念作文那一刻，看见老师念作文的时候特高兴,于是下次特别认真地写。我们班很多同学都爱写作文，为什么呢？老师每天都爱念作文，今天念你的，明天念我的，为了等来老师念的一刻，就特别认真写作文。这可能是很多孩子提高学习兴趣的一个重要原因，想得到老师或者父母的一种充分地肯定。

我对这位爸爸说：“我觉得您的孩子很文静，而且说话很清楚，很有感情。我觉得女孩子是很需要肯定的。她一周才回一次家，您知道她爱您，但是希望您也爱她。您对她的满意度和对她的肯定程度决定了是不是爱她，一看您这样着急，肯定对她很不满意。她可能对自己没有一点儿成就感。我相信她一定有很棒的地方，有值得您高兴的地方。

“所以我觉得如果您换一种心情，换一种眼光看您女儿，不要老想我小时候那么棒，女儿为什么不像我当年那样。将来您的女儿可能比您还要棒。但她现在可能有各种各样的问题，有各种各样的情况。

“要多肯定她，看看这几天又有什么进步了，让她有一种成就感，慢慢再提出建议，这样她就能够把握自己。要不然这几天白过了，什么都不是，明天面对您还是这一套，可能她很想听的话都听不进去了。这叫“亲其师，善其道”，您要对孩子很亲切很愿意接受，您说什么话她就能听进去，不然的话对您是恐惧，虽然她很爱您但是她很怕您，您的话可能一时起作用，但不能起永远的作用。我想您可能稍微改变一点儿，可能会好一点儿。”

找找学习的成就感

一个妈妈曾问我："卢勤老师，您好！我想让我的儿子明白学习的重要性。因为他就是有的时候明白，有的时候不明白，跟他讲道理也懂，但是真正落实到行动上的时候，挺困难。"

一个孩子学习积极性怎么才能上来，一定要有兴趣，孩子对学习要找到兴趣点才行。那可能他对这门和那门课的感觉不同，能够对哪一门特别感兴趣，就找到了感觉，然后会慢慢地去寻找自己学习的乐趣。愿意学的时候，没时间都会挤时间学，就跟玩一样的感觉，所以我觉得，可以帮孩子找找兴趣点。

家长应当爱护孩子那种成功的感觉，学习中厌学的孩子，是在学习上没有成就的孩子，如果他有成就感的话，他就会不断地努力。上课爱回答问题的孩子，常常是他预习了，然后明天老师一提问，别人都不会他会了，他就有劲头了；回答了一个问题后，他还想回答第二个问题，因为他有了成就感。所以当您的孩子有一点儿成就感时，您要在乎他这点儿成就感，他有了成就感才能有兴致，学习才能成为他的自觉行为。另外，我们的家长们，千万不要跟孩子说，不好好学习将来要你捡破烂儿去。这句话最好别说了，我觉得说这句话，可能特别会伤害孩子的自尊心。捡破烂儿也不是什么让人瞧不起的事情啊，说实在的，社会上什么工作都需要人做。关键在哪里呢，这么优秀的一个男孩子，这么高高大大、很帅的男孩儿，如果他很有学习能力，他将来能做很多他想干的事情，这点上我觉得应多鼓励。他为什么爱玩儿游戏啊，可能是游戏中给他很多成就感，他就迷恋上了。虽然他学习中老是不行，但你要多发现他行的地方。

我们做了一个现场调查：一方面 50 个孩子中只有 4 个没有过

对学习的厌烦情绪，另一方面孩子的兴趣丰富多彩。

第二个知心调查：如果可以不按学校的课表上课，请孩子们自己给自己开一个课程表。我们来看看大家的答案吧：

一、第一节课是欧美音乐，第二节是电影，第三节是异国风情，第四节是英语。

二、希望全天的物理、化学。

三、希望第一节课是自学，第二节课是体育，第三节课是英语，第四节课是班会。

四、第一节课是电脑，第二节课音乐，第三节体育，第四节自然，第五节语文，最后一节课是数学。

五、第一节课跆拳道，第二节课物理，第三节体育，然后美术、英语、计算机，最后一节课是政治。

六、第一节课是体育，然后是数学、美术、形体。

七、从礼拜一到礼拜五都是体育、电脑，电脑、体育。

大多数厌学的孩子，是因为父母成天在身边说，你的学习不好你要抓紧，你怎么这么厌学呢。小孩子就怕你觉得他厌学，其实他根本不懂什么叫厌学，也没有厌学，再说下去就真的厌学了。

孩子对很多东西开始时都是有兴趣的，这时父母应该培养他形成好的习惯，等到他有些烦躁的时候，父母可以让孩子知道一种好的学习习惯能够使他获得成功。所以，在培养孩子的兴趣的过程中，要给孩子一个机会，让他自己去品味，真正找到一种成就感，他可能就有兴致了。因为人的大脑就像一扇一扇的窗户，当你打开一扇窗户使孩子充满了兴致，他以后就会对这方面充满兴趣；如果打开一扇窗户使他充满恐惧，充满压力可能窗户就关闭了。但是这一扇窗户跟下一扇窗户是有关系的，所以兴趣的培养可以从一个方面入手，找到感觉和成就感，然后就会影响其他的方面。

我国著名的阶梯教育法创始人程宏荀教授从长期的研究中发现，要想有效地指导孩子学习，就要给孩子铺出一个阶梯，一点点进步。比如听我讲课吧，我将之分为几级。一级，我说什么大家就跟着听什么，叫跟着。二级就是懂记，一边懂一边记。三级就是联想，我讲话你联想。前三级就是三个字，懂、记、想，如果孩子真能实实在在地把这三字搞好，学习就会很扎实，甚至生活得也很扎实。你看前三级，孩子能做到懂、记、想吗？如果能长期地做到懂记想，小学生一般能达到优秀，中学生能达到良，现在很多学校把这个方法搞好了，高考都可以考个高分。

让孩子快点儿收获。什么意思？老师哪个字写得好，自己多留心，哪一句话说得好也多重复一下，还有哪个老师肢体语言优雅，自己也有点儿美感。所以，我说什么是高水平上课呢？我不知道现在学生能不能做到，上课一定要有一个良好的情感和精神状态，往那儿一坐感觉环境清新，环境美，这种感觉的学生学得会更扎实，从内往外学习更全面。

要先肯定孩子现在的成绩，孩子最需要肯定现在的成绩。程教授的教育有 12 个字的秘诀，叫“低起点，小坡度，勤奋到，大发展”。什么意思呢？给他个低起点，应该把基础的东西赶快打扎实，如何上好课，如何做好作业，这些基本的东西赶快让他消化。小坡度，让他尝到甜头，孩子最重要的是通过自己的努力上一个台阶，够得着果子，尝得到甜头他更来劲，这是阶梯教育的一部分。总的来说家长也好，老师也好，一定要找到适合孩子水平的教育。

北京四中网校的冉乃业教授说了一个很关键的事情，人有目标的时候肯定走得快，没目标的时候肯定走得慢。今天很多孩子在学习的过程中很迷茫，我要不要学习，我学习的东西跟明天有什么关系。这是因为没有目标，有目标才能让人去实现梦想。像陈景润能够揭开哥德巴赫猜想，他是什么时候有这个目标的呢？他上学的时候，老师就讲过在科学的殿堂中，最高峰是数学，数学的皇冠就是数论，而哥德巴赫猜想是皇冠中的一颗明珠，是一个世界性的难题。老师可能就这么一说，别的人就这么一听，而陈景润听了，心中就有了这个揭开难题的梦想，后来他真的成功了。那他为什么能成功呢？因为他有想法，所以有人说最可贵的就是想法，你要有了一种想法，你就有了一种动力。

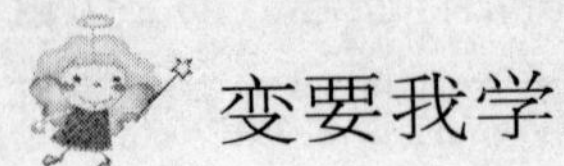

变要我学为我要学

假如把幸福比作天堂，那么通往天堂的路只有一条，那就是学习。

假如把痛苦比作地狱，那么通向地狱的路也有一条，那就是厌学。

改变你的未来，就必须先改变你的内存。天堂是用智慧建造的，而地狱是用愚昧铺成的。

可是今天，在通往天堂和地狱的路上都挤满了人。其实，人并不是不愿去天堂，而是因为学习的烦恼太多太多；人也并不是乐意去地狱，只是不知道应该如何面对今天的学习。

《知心姐姐》杂志曾做过一次有关中小学生苦恼的调查，共收到问卷5782份。结果发现，在造成中小学生苦恼的6大因素中，学习和考试占了72.26%。

河南省的一家心理咨询机构对3所小学和3所中学的近万名学生进行了一次心理测试，结果竟然发现，有50%的初中生和近70%的小学生对学习没有兴趣，甚至“厌恶学习”。

记得有一次，《北京青年报》记者刘净植来出版社采访，我正忙得不可开交，两部电话一刻不停地响着。我对她说：“你看，这些电话……社会需求实在太大了！‘知心姐姐’正处在火山口上啊！”

话音刚落，一位母亲的电话打了进来，她边哭边诉说：“知心姐姐，快救救我的女儿吧！她才18岁啊就想不开，割腕自杀！大夫刚刚把她抢救过来，我简直要崩溃了！”这位母亲接着断断续续地告诉我说，她是个单身母亲，所以女儿的精神状态一直就不是很好；终于有一天，女儿突然提出，不想上学了！今天早上，目送女儿去上学的时候，母亲就有一种不好的预感，等赶到学校后，女儿已经出事了！

北青报记者亲眼目睹了这一切，受到震撼，回去就写了一整版报道，醒目的大标题就是“火山口上的‘知心姐姐’”。她在前言中这样写道：

“小时候，谁不知道《中国少年报》有个专门给小读者解决烦恼的‘知心姐姐’？随着童年时代越来越远，那份伴随我们成长的报纸的形式和内容，在记忆中已经模糊不清，唯独那个梳着小辫、可亲的‘知心姐姐’形象始终难忘。

“现在，愿听孩子说话、愿对家长讲话的‘知心姐姐’，已经成为孩子和家长沟通的桥梁，成为不少处于痛苦和烦恼中的家长和孩子的‘救命稻草’。今天的‘知心姐姐’所承载的社会责任，已经远远超过了过去。她是一个我不曾触碰的心灵按钮，她维系的是一个牵动人心的世界。”

的确，现在家庭中反映的种种矛盾，焦点大都呈现在学习上。

据我了解，有些不愿意上学的同学，喜欢把自己关在家里，到了学校就犯困，总想打瞌睡；少数同学还伴有神经性反应，一迈进学校大门，就会出现拉肚子、低烧、头晕、胸闷等症状。可是，只要听说可以不上学，或者能够离开学校，就会马上“健康”起来。医生把这种奇怪的现象称作“厌学综合征”。另外，还有一些同学成天迷恋网络游戏，希望依靠这些来缓解学习的压力，这实际上也是厌学综合征的一种表现。你还真别小看了这种“现代疾病”，要知道，厌学不仅会发生在学习跟不上的孩子身上，有许多学习不错的孩子也会厌学呢。

我讲一个真实的故事。

一次，一位痛苦万分的妈妈专程从洛阳市跑来找我，坐在办公室里泣不成声。

儿子 13 岁那年，因体育特长和优异的成绩考入了北京的一所重点中学。因为他天性活泼，聪明机灵，人缘也好，很快就当上了班长。但是，上初三的时候，因为违反校规，被学校劝退，

只好转到另外一所普通学校。

这一次的挫折，使孩子心灰意冷，竟选择了自我放弃。他一度不上学，整天睡觉、上网、交网友，甚至还向家长要了 3 万元钱，坐飞机去外地会见网友！他还以上学读书为条件，逼着父母给他买汽车，可买回来又嫌款式落伍，点着名要父母为他换车！父母一次次赶来北京看望他，可他竟拒绝与他们见面……

母亲伤透了心，无奈之下，跑来求助“知心姐姐”。

听完她的哭诉，我提出见见她的儿子。

约好见面的那天，我还特意请来了甘肃省贫困山区的一对母女。女儿凭着自信和刻苦，考上了北京的一所大学，可是，家里穷，没钱供她读书；她的母亲就跟到北京来，托我帮着找份工作，千方百计要供女儿读完大学！

双方一起在会议室里坐了下来,一边是“要我学”,一边是“我要学”。女大学生的好学精神感动了在座的每个人，当场我就和男孩儿的母亲决定一起资助女大学生完成学业。一番真情沟通之后，那个男孩儿似乎也受到触动。

通过这次会面，我对这个叫李明的帅小伙儿有了进一步的了解，更对他的体育特长赞叹不已。我拍着他的肩膀，肯定地说：你一定能行！

这之后，我把一个比他大几岁的优秀男生介绍给他，让他们成为朋友。

这个男生叫王海翔，毕业于清华大学国际 MBA，现在担任某市投资银行行长。别看他才 20 来岁,却已经是我的老朋友了(我曾在《告诉孩子，你真棒！》一书中介绍过他)。这次，我把李明托付给了他，我相信他一定能够影响李明。

果然，不久之后他俩成了无话不谈的好朋友。在和海翔的交往中，他们讨论得最多的是，怎样激发学习兴趣和掌握高效的学习方法。2004 年，就在李明准备参加高考之前，海翔说：“我觉得看他参加高考，好像比当年我自己参加高考时还紧张哩。”李明走进考场之前，海翔还特意发去短信鼓励他：“我相信，你能行！”最后，李明以617分的高分考入了北京大学。

在学校里，李明的各科成绩都不错，并且高票当选为班长。在2004年北京市大学生运动会上，他还取得了跳远比赛第二名。走下领奖台后，他信心十足地说：2008年，奥运会上再见！

2005年春天，李明的妈妈又一次来到我的办公室。不同的是，痛苦变成了喜悦，她如今容光焕发。

一个厌学的中学生，成长为一名乐观好学的大学生，发生在李明身上的这种变化，更让我对海翔产生了浓厚的兴趣。想到那些现在还在“厌学”的学生们，我又一次拜访了海翔，向他“讨教”良方。

海翔毫无保留地介绍了三条经验：

第一，学习是有方法的。

想想我们学习的过程吧，无论什么学科，无论何种知识门类，都免不了遵循“理解→记忆→应用”这三个基本过程。如果你把这三件事情的顺序搞错了，那你的学习肯定会出麻烦。

有些同学认为：“学习就是背诵，背得多了自然就会了。”我不同意这个观点。就拿最基本的英语单词来说吧，常常看到有的同学喜欢拿着单词表死记硬背，且不说这种方法单调又枯燥，它还有更严重的问题呢。你们想想看，绝大多数英语单词都是由表示各种意思的“零件”组合起来的，比如television这个单词，“tele”就表示“电”，“vis”经常用来表示跟“看”有关的意思，“ion”是名词的词根，这样一来，信息全都凑齐了，你还记不住这个单词就是“电视”吗？可是，如果你没有对这个单词进行分解，仅仅是按着顺序去死记这10个英文字母的组合，那可就太辛苦了。此外，任何词汇（特别是动词、形容词、副词和介词）的使用都离不开句子，所以把单词放进句子里记忆，既便于理解，又可以熟悉它的搭配方法，更适用于各种考试题型的需要。因此，我建议那些渴望增加词汇量的同学，平时要多阅读一些适合自己的文章。

其实，各门学科在各个知识单元上都有有效的学习重点和方法。有心人应该钻研和摸索这些方法，这样才能在学习上占领“制高点”。所谓“行家一出手，就知有没有”，指的就是套路和方法。

第二，学习是艰苦的。

为了让自己能有一个良好的学习环境，我当年考进了离家很远的一所重点中学。每天自行车换公交车，在往返学校的路上要花 3 个多小时。

为了解除疲劳，我想出了一个好办法：回家以后先洗脸洗脚，然后上床睡觉；吃晚饭的时间正好用来恢复精神；吃完晚饭后，休息也充分了，精神也恢复了，我再开始学习。

为了让自己在晚上学习的时候不打盹儿，我还合理安排了学习顺序：学英语最累最单调，索性就把它放在前面；做数学题不容易犯困，干脆就往后放一放。还把自己感兴趣或容易一些的科目当成一种奖励，用它鼓励自己：只要坚持一下，把手头的活做完，就可以开心地进行自己喜欢的下一项了……

人们常说："自助者天助！"学习上的"吃苦"，是任何人都不能代替你完成的！

第三，学习是有乐趣的。

学习是一个渐入佳境的过程，当你真正钻进去的时候，就能感受到它的乐趣。

学习需要熟能生巧，关于这一点，我和很多学习好的朋友们探讨过。大家一致认为，做题就一定要做够数量。只有各种类型的题目都见识过，甚至比出题老师见过的题还多的时候，你才不会被题目迷惑。而且，各种类型的题目做多了，自然也就有了一种交朋友的感觉：遇到重复的题就好像见到老朋友似的，顺畅、自信地选中一个正确答案，轻松得犹如和朋友点头致意，这也算是一种默契吧。当然喽，审题很重要，千万要仔细，可别被化装成老朋友的"骗子"蒙骗哦！

知识本身带给我们的乐趣就不用多说了，只是看到自己在 20 个选择题里的回答正确率不断提高，那种成就感就不言而喻了。其实，做题跟玩游戏有很多相似的地方，都是要求尽量得高分，获得足够的经验值，开心过关。所以，我经常会找来一本英语习题集，每 10 道题分为一组，开始自己的挑战练习。只要有一组题可以全部答对，我就奖励自己稍微休息一会儿，或去吃一个水果……如果你不耍赖皮，选择的难度不是很低，那么，要想取得成功确实还不太容易呢！但是，一旦你取得了成功，就会感到特别兴奋，同时也会觉得，自己的这个小小休息是那么心安理得。

十分有趣的是，我们和老师在学习上更像是好玩伴，经常互相搞一些“恶作剧”。记得我们的初中数学老师就最喜欢搞“突然袭击”，不发任何通知就开考！看着拿到试卷之前大家脸上紧张的神态，他总是抿着嘴不吭声，脸上却满是得意的笑！渐渐我们也摸到了规律，只要他在上课前，背靠在我们教室的门框上，双手背在身后，脸上带着“坏笑”时，那准是要考试了！而且，在他背后的双手中，一定正拿着为我们“精心准备”的“礼物”。当然了，我们也不会示弱的，偶尔也要找一个大家都做不出来的难题送给老师“尝尝”。有一次，数学老师上课时居然主动认输说：“实在抱歉，上次你们问我的那道几何题太难了！我已经琢磨了两个礼拜，精神负担特别大，还老做噩梦呢。”可是，还没等我们得意够呢，他马上又神秘地宣布：“但是，我在昨天的梦里意外梦到了一条辅助线！于是等到今早起来，我就把题做出来了。嘿嘿，当你们的老师真不容易啊！”

就是在这样的氛围里，我们和老师就好像是在一起做智力游戏，时刻体验着“智斗”的乐趣。如果你也想参加游戏，并感受胜利的快乐，那就需要加强修炼、暗下苦功，把自己提高到超出一般考试难度的水平上来。

海翔的三条学习经验，让我明白了一个道理：“兴趣就是最好的老师！兴趣就是学习的动力。”对凡事都充满兴趣的人，可以在学习的瀚海中独自行舟却不觉辛苦，可以在探索的山路上奋力攀登却不知疲惫。

面对学习，厌学不如乐学。

如果真对学习提不起劲，请不要忙着去找医生，而是要去寻找兴趣。

因为到那时，你就不再是“要我学”，而是“我要学”了。

“我是在帮你们学”

一个妈妈说，她的孩子读小学六年级，学习的目标还不太明确，总认为是为了父母而学习。说父母的目的，要么就是为了老了以后能赚钱养他们，要么是为了名声。

我对孩子说，学习是一种本事，是一种能力，咱们现在有一句话叫与时俱进，简单来说就是与时代共同进步。一个人为什么要有学习能力呢？因为时代在变化，很多知识也在更新，也在变化，如果没有学习的能力，你就会被淘汰了，所以人最重要的是要有学习能力。我哥哥是五岁上的小学，他今年六十多岁了，一直在学习。他在美国先获得的是数学博士后学位，然后就当了一名数学教授。后来他又去攻读了计算机博士学位，当他拿到这个学位之后，他立刻找到了一个大的计算机中心，去那里工作。人家随时会给他一个难题，很快，一天两天就会给人家答案，因为他会学习。所以他今年都六十多岁了，依然很受重视。他回来就跟我讲他内心的感觉，学习能力比学习成绩重要，所以一个人真是要活到老学到老。他不停地学习，就能够适应新的环境，所以这个能力不是爸爸妈妈给的。妈，我又给您得了一百分，其实你是自己骗自己。自己有多大本事，就看你有没有学习了，然后将来离开老师自己也能自学，每个新的知识来了你都能自学，这样你就是一个能够与时俱进的人了。

那孩子们为什么会让家长感觉到，他们是为爸爸妈妈在学。爸爸妈妈应该怎么告诉他，或者说用什么方法，让他发自内心地体会到我是为自己去学？其实，爸爸妈妈要从一上学就告诉孩子，学习是自己的事，你完成作业也是你的事。爸爸妈妈不要给孩子检查作业，也不要给孩子收拾书包，早晨起来不要叫，让孩子自己拿着闹钟爱起不起。如果第二天他真的就没有去上学，学校一定会有纪律的，他就会受到批评或者接受惩罚。这时候爸爸妈妈不要替他承受，让他自己承受。下次他就注意了。但是今天他没起，你就叫快起、快起……然后刚给他拉起来，扑通，又躺下了，这时候就非常被动。他有可能说，你不给我买玩具，我就不给你上学了，这种情况会越来越多。所以我觉得妈妈要相信儿子，他既然说了这个话，他就会很努力，你就在旁边鼓励他就可以了。他考得怎么样，他怎么去完成这就是他自己的事，你不能替他完成。

知心姐姐带领少先队员进行爱国主义教育活动。

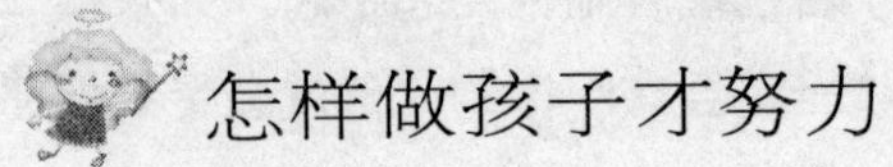

怎样做孩子才努力

一个目标形成了，又给两个目标，总没有成就感。

对孩子期望值不要过高。

在《渔夫和金鱼的故事》里，有一个老太婆，她本来能够得到一样东西，但是后来她的欲望不断在增加，她的要求一个又一个，最后她想要的东西都得到了还不满足，她希望把金鱼都归她所有，最后她却一无所有。现在很多父母的心态有点儿像《渔夫和金鱼的故事》里的老太婆，就是不能够满足。对孩子成长不满足，不满足最后的结果是一无所有。

我问过比较成功的孩子，我说的成功不光是考上重点大学，是他的心态非常好、学业也很好的。这样的孩子，父母有个共同的特点，就是能够不停地鼓励孩子。这个不在于父母的文化程度，在于父母对孩子的期望值，过高就是无望。

我刚从非洲回来，有个非洲黑人孩子的家境特别贫寒，但孩子非常优秀，大学毕业后是美国的高科技人才。人家问这个黑人说，你是怎么成功的。他说因为我妈不识字，我妈从小就佩服识字的人。自从我上了二年级，我妈大事小事都向我请教，我从小就是重要人物。后来他就觉得，他妈到处说儿子特棒的感觉让他很有成就感。他取得一点点成绩，妈妈就高兴得不得了。于是他真的就成为最优秀的人才。

我就发现今天的父母们，都比这个黑人的妈妈有知识、有财富，但是孩子不是那么让你满意，为什么呢？你老不满意，他就没有成就感，最后就对学习没兴趣了。所以如果你要向我讨教方法，那就是把期望值降下来，标准只要达到了就真是太棒了。这个人必须有一个不停发展的成就感，否则，他就会很无望。父母要知足一点儿。

作为知心姐姐，我天天接到很多悲痛的电话，很多都是父母的期望过高，最后孩子考上大学了，但因没考上自己理想的大学而自杀，真的让我听了很难过。他对自己的期望是最高的，但是不现实的，这非常糟糕。父母要想让孩子一生快乐，能够获得成功的话，只要让他对自己的学习和自己从事的事情感兴趣就可以了，他就能获得最好的成绩，不一定说非要怎么样才可以。

1994年浙江省高考文科第一名董煜说："若说我有什么诀窍，除了上课认真听讲，就是对读书很感兴趣。我是在一种轻松的气氛中学习的，我的考试成绩好，父母不会多表扬；我某一次考试考得差，父母也不会对我指责。若是逼着我学习，只能使我产生逆反心理。"家庭气氛轻松，孩子学习就有积极性。

不同民族的小姐妹在一起交流。

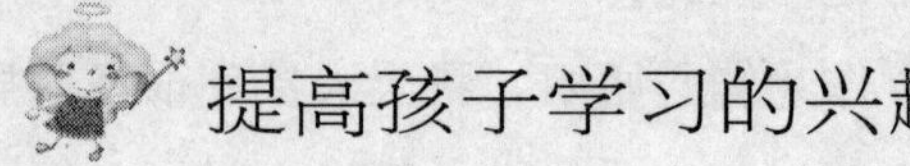

提高孩子学习的兴趣

兴趣，是一个人走进成功大门的钥匙。

孩子能不能成功，关键是他的兴趣能不能早一些被发现，而且被大人注意。考试的分数不能代表孩子所有方面的能力，兴趣是很重要的，它是事业成功的基础。

很多年轻的父母只重视分数，忽视了对孩子兴趣的培养。国家教委提出将应试教育转化为素质教育，就是强调发现和发展学生的兴趣，把他们培养成具备多种能力的未来建设者。

一个小女孩儿，偶然发现蚯蚓断成两截儿后，两截儿都在蠕动，感到特别好奇。她把断了的蚯蚓分别搁进两个有土的花盆里，想观察一下断了的蚯蚓还能不能活。妈妈非常生气，说："一个女孩子，摆弄什么泥巴，没出息！"把有蚯蚓的两块泥巴扔出门去。时任国家教委副主任的柳斌提到这件事时说："你看，这么一骂，一扔，就给未来的中国断送了一位女科学家！"

第四届全国十佳少先队员车亮，是拥有许多专利的小发明家。起初，什么东西拿到手里他都想拆开来看看。爸爸不责怪他，只是说："你怎么拆的，就怎么再装上。"车亮看爸爸严厉的样子，拆玩具的时候就特别小心，每拆下一个零件都按顺序摆好，拆完琢磨明白后，再一一装上。就这样拆了装，装了拆，成了个小发明家。才上小学，他已经获得了三项国家专利。

当然，作为父母，不能只欣赏孩子的兴趣，还要善于发现孩子的兴趣。不管你对孩子的兴趣持什么态度，你都要以极大的热情发现并支持，使其发展成为一种能力。

国际象棋大师谢军的脱颖而出，与她的母亲尊重孩子的选择有密不可分的关系。

那年，谢军面临着要么去棋队，要么继续上学放弃下棋的选择。她想上学更想去下棋，因为只有她自己知道，只要往棋盘前一坐，她就会无比畅快、兴奋。而妈妈，这位毕业于清华大学自控系的电子工程师，为独生女儿考虑更多的是她的学业和前途。作为一个有文化素养的妈妈，既不愿因家长干预断送一个确有天才的棋手，也不愿女儿为此耽误一生。

于是，母女间进行了一次很严肃的交谈，那时谢军才 12 岁。“你很喜欢下棋，对吗？”小谢军看着妈妈，从没见妈妈这么严肃过，有点儿害怕，但依然点点头。“那好，不过你要记住，下棋这条路是你自己选择的，既然你选择了下棋，今后，就要对自己负责任！”

试想，如果当年妈妈硬逼着谢军读书，压制她对国际象棋的爱好，那么，现在谢军也许会坐在大学的教室里，而我国就会少了一位出色的棋手。谢军的身后，有一个伟大的母亲！

只要跟知心姐姐在一起，孩子们就特别有信心。

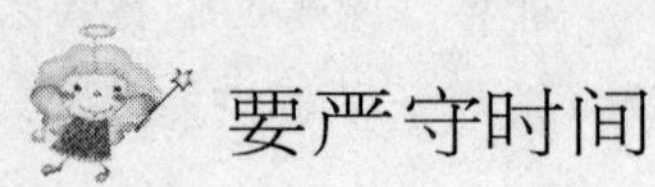

要严守时间

一次，英国一位著名文学家给朋友们出了一个谜语：

“世界上哪样东西是最长的又是最短的，最快的又是最慢的，最能分割的又是最广大的，最不受重视的又是最珍贵的；没有它，什么事情都做不成；它使一切渺小的东西归于消灭，使一切伟大的东西生命不绝？”

智者查第格猜中了，他说：“最长的莫过于时间，因为它永无穷尽；最短的也莫过于时间，因为人们所有的计划都来不及完成；对于等待的人，时间是最慢的；对于作乐的人，时间是最快的；它可以扩展到无穷大，也可以分割到无穷小。当时谁都不加重视，过后谁都表示惋惜；没有时间，什么事都做不成；不值得后世纪念的，它都令人忘怀；伟大的，它都使它们永生不朽。”

时间是如此重要，我们就应该严格地遵守时间。严守时间是做人的美德，也是成功的保证。

伟大的革命家列宁是严格讲究准时的人。他组织召开的会议，不管到会有多少人，他总是要求准时开会。会议负责人遵照列宁的嘱咐，在会议桌上摆着钟表，迟到的人都要被记录下名字，并且注明迟到几分钟。列宁严肃地警告一再迟到的人：“再迟到就登报！”

美国第一任总统华盛顿也是严守时间的人。他的秘书几次迟到，都推脱说手表不准。华盛顿就爽直地提出：“或者你换一只表，或者我换一个秘书！”

守时，是一种道德的行为。你迟到了，就是浪费了别人的时间，说严重点，是浪费了别人的生命，是不道德的表现。

著名教育家马卡连柯十分重视对孩子进行时间教育。他说：

"任何孩子从顶小的年纪起，就应当受严守时间的训练，清清楚楚地给他们划出行动的范畴。"

他还说："养成遵守时间的习惯，是一种对自己进行严格要求的习惯。在一定的时间起床，是对意志的最根本的训练，它可以改掉在被窝里幻想的习惯。吃饭的时候准时入座，是对母亲、对家庭和其他人的尊重，也是自尊。在所有的事情上严守时间，那就等于维护了父母的威信，遵守了法律。"

当你每天醒来，口袋里便装下了24小时的时间，这是属于你自己的最宝贵的财富。如何使用这份财富呢？那就给自己上一门"时间利用课"吧。

认真制订一个生活时间表，将每天起床、洗漱、锻炼、用餐、学习、劳动、游戏、看电视、看书、洗脚、睡觉的时间安排好，按时去做。如果你能对日常生活时间养成分秒必争的好习惯，你等于延长了自己的生命。有人做过统计，用"分"来计算时间的人，比用"时"计算时间的人，时间多59倍。

别犹豫了，快点行动吧！

记住鲁迅先生的话："节约时间，也就是使一个人的有限的生命更加有效，而也即等于延长我们的生命。"

孩子们很喜欢与知心姐姐交流。

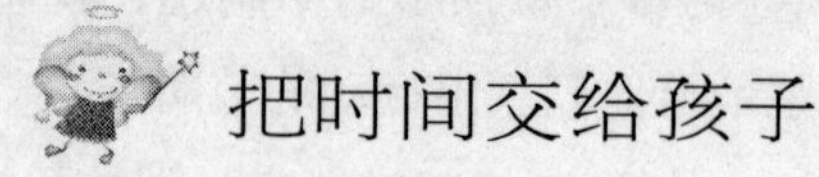

把时间交给孩子

中小学生过重的课业负担，既来自学校，也来自家长。家长总是把孩子的时间装在自己的口袋里，用“施舍”的办法逼孩子学这个学那个，结果令孩子失去了自己支配时间的能力，减负赢得的时间又白白浪费掉了。

假期开始了。

“假期太长了，我都不知道该干什么！”有的孩子说。

“假期太短了，我要做的事情太多了！”也有的孩子这样说。

假期究竟是长还是短呢？

《伊索寓言》里有这样一个故事：一位过路人问智者，要走几小时才能到达某城。智者先是默不作声，等过路人走了一段路以后，才又把那人叫回来，根据他行走的速度，告诉他所需的时间。

这个故事启示人们，人生道路离不开时间，而时间又决定于人的行动。生命给予每一个人一生的时间，在这笔数以亿计的财富中，孩子将摘取什么样的人生之果，完全取决于他一生的行动。假期里，孩子的收获多与少，完全取决于孩子自己对时间的利用和支配。

每一个爱孩子的父母，都会爱惜孩子的时间；每一个有责任感的父母，都会从小对孩子进行严守时间的训练。而假期正是为孩子上“时间利用课”的极好机会。

把时间全部交给孩子，教他们自己支配，告诉孩子：你的心爱之物，可以珍藏在家里，锁在箱子里，但是时间藏不住、锁不住。世上没有时间的收藏家，但每个人都可以做时间的主人。

减负以后，学生的作业量减少了，假期里都做些什么？每天的生活怎么安排？必做的事情有哪些？争取做的事有哪些？这些都可以指导孩子早作计划。让孩子明白，假期里的一切时间都属于他自己，节省下来的时间完全由他自己支配，这样孩子就会主动去做事，不会再磨磨蹭蹭、拖拖拉拉了。

家长还要告诉孩子，一旦定下计划，就要严格执行。如按时起床睡觉，按时学习游戏，没有特殊情况，决不可以改动，这样孩子就会慢慢养成分秒必计的严格习惯了。反之，磨磨蹭蹭、拖拖拉拉的不良习惯一旦形成，改起来就难了。

爱生命，就要爱时间，懂得珍惜和利用时间的人才会创造出生命的奇观。

做家长的，都希望自己的孩子从小努力学习，长大成为有用的人，这是对的。问题是，有的家长把“努力学习”片面地理解为死读书，让孩子整天做题、补习、考试……有位父亲为了让孩子考上大学，竟把孩子锁在家中，不许他上学。他让孩子每天清晨 5 点起床，深夜 12 点才准睡觉，逼着孩子把课本、习题、答案全背下来，其他的书一律不准看。结果孩子虽然在 13 岁时就考上了大学，但好像早已与世隔绝，连长江的源头在哪里这些基本的地理常识都不知道……

古希腊学者普罗塔戈曾经讲过一句话：“头脑不是一个要被填满的容器，而是一支需被点燃的火把。”

第九章
孩子学习，家长帮什么

挖掘孩子的智力潜能

孩子的潜能是个巨大的宝库，要仔细观察和发现，懂得开发。很多专家分析，婴孩就有巨大的潜能，从孩子出生那天起就要开始教育，跟他说话，教他认知。前不久北京电视台报道，一个6个月大的孩子壮壮识字上千个，经有关儿童教育专家测试，壮壮的认字能力的确很强。壮壮很小的时候，妈妈发现他对电梯的数字很关注，特别对自己住的楼层——23这个数字敏感，于是试着培养他的认知能力。

如果发现孩子对某一方面有兴趣，要好好爱护和培养。围棋国手常昊从小爱下棋，还没上小学，下围棋时父亲就不是他的对手了。从幼儿园回家的路上，常昊总在半路“失踪”，他是看人下棋去了。少儿围棋班开课半年了，常昊才来，但围棋班的邱百瑞老师注意到，通常6岁孩子看人下棋，半小时就坐不住了，常昊一坐就是半天。兴趣本身就是一种才能，邱老师经常给常昊开小灶，小神童开始扬帆起程了。

虽然先天禀赋对一个人的成功很重要，但后天的教育更重要。儿童的潜能如果不及时开发，就会递减。

在这方面，家长常常会犯主观臆断的错误，其结果不仅不能激发孩子的潜能，反而会把创造力扼杀在摇篮中。常见的错误做法如——

催逼孩子。

值得注意的是，要有科学的家教观念，因材施教，遵循自然发展规律，而不要催逼孩子。很多天才的失败就是来自父母、社会的极度催逼。《伤仲永》就是大家众所周知的故事。神童仲永不过几年工夫，就变成了一个普通人。我接待过很多伤心困惑的父母，都满怀骄傲地回想孩子当年的聪慧和与众不同，经常得“一百分”、“第一名”，活泼可爱，某一方面特别强，哭诉孩子“悲惨”的现状——不爱学习，成绩一落千丈，行为怪僻，不知道为什么变成了这样。为什么？他们不知道大部分原因在于自己的教育。整天在孩子耳朵边唠叨分数名次，今天得了99分，为什么那几个孩子得100分，你怎么就要差那么一点？这次第三名，为什么不多两分？多两分就是第二名了，得了第二名，又加码——下次一定要得第一名啊。有的父母拿孩子的某项特长到处显摆，甚至在专业和职业上早早地就给孩子订了“终身”，回到家再进行“魔鬼训练”，要求越来越高，将孩子的兴趣和激情化成了负担甚至是仇恨。我曾看到一则记者的采访报道，10岁孩子学钢琴，母亲辞了职陪学，记者问：“打算作为专业吗？”母亲说：“那当然，我把一切都豁出去了。”“孩子还小，如果以后他有另外的选择呢？”母亲斩钉截铁地说：“不可能。”看到孩子坐在琴凳上那茫然的神情，我不禁心生害怕。只给孩子一条路，此路不通时，就难免发生悲剧了。

画地为牢。

另有一个事例，一位父亲觉得自己的女儿记忆力超常，也辞了职专事教育。孩子每天要背诵好几个小时，家里满墙的公式定理，此外父亲也带着她进行体育锻炼，适时娱乐。父亲很自豪又得意地讲解他的家教“宏大”计划。我从孩子眼中却看不到那种清亮亮的喜悦和能力非凡孩子的从容，我注意到她的听话，她的紧张，与孩子们在一起时，她不太合群。孩子也是“社会人”，

在她的每个年龄段，都应该有自己的精神空间和行为空间，有自己的缤纷世界，她需要更多跟孩子们在一起的欢笑，需要宣泄情感和体能，这种种加起来才称得上幸福。如果她整天只跟家长在一起，狭小的世界会限制她，孩子的想象力和创造力会萎缩，况且家长不惜辞职孤注一掷，执着一念，会给孩子带来巨大沉重的压力。

任何人的成功，都离不开智力因素和非智力因素。智力因素主要包括观察力、想象力、注意力、思维能力和记忆力；非智力因素，主要指人的情感（包括道德品质）、意志、性格、气质等。

人的一生中，儿童时期正是智力发展的关键时期，这一时期的智力发展，将直接影响到一个人一生的智力发展。因此，抓住儿童智力发展的黄金时期，及时开发儿童的智力潜能，是教子成才、助子成功的重要途径，而失去了这一时期的发展机会，以后的教育会加倍曲折艰辛，因为儿童的智力开发不进则退，是会递减的。

作为家长，该如何挖掘孩子的智力潜能呢？

（一）强化孩子的观察力、认知力

历史上，大凡智力高度发达的人，其观察能力都是比较强的。著名的俄国生物学家巴甫洛夫曾对自己的学生提出过这样的要求：“应当先学会观察。不学会观察，你就永远当不了科学家。”

著名的法国昆虫学家法布尔，从小就喜欢观察动物。在他5岁的时候，一天晚上，他忽然听到附近的丛林里传来一阵阵美妙的鸣叫声。他想，是小鸟在鸣叫吧？我该去看看。大人们吓唬他说，森林里有狼，专门吃小孩子。小法布尔却毫不胆怯，勇敢地钻进森林去观察、探索，结果他发现：发出鸣叫的不是小鸟，而是一种蚂蚱。从此，他对昆虫发生了浓厚的兴趣，后来终于成为颇有成就的昆虫学家。

观察力对研究自然科学的作用是极为重要的，同样，对于文学艺术也是必不可少的。鲁迅就曾教导文学青年：“如果要创作，第一要观察。”

法国著名文学家莫泊桑，拜福楼拜为师。福楼拜要求莫泊桑到马车站去观察马匹：“马车站有许多马，你仔细观察那里的马，然后用一句话描绘出其中一匹马与其余几十匹马不一样的地方。”就这样，莫泊桑锻炼出了超人的观察力，因其小说以人物刻画细致、入木三分而著称，在世界文坛享有很高的声誉。

怎样使孩子具有敏锐的观察力、认知力呢？

第一，锻炼感官功能。把孩子带进大自然，使他们开阔视野，博览多闻。接触感性事物，是观察力发展的基本前提。

现在，很多孩子害怕写作文，“一写作文就头疼”。为什么呢？因为他们没有生活。如果整天把孩子关在屋子里，势必堵塞孩子的视野，又怎么能激发孩子观察事物的兴趣呢？

北京市有位年轻的妈妈很懂得培养孩子。她的女儿从小爱画画，可有一段时间觉得画烦了，不想再画了。这位妈妈没有硬逼着孩子继续画画，而是带她去养鸡场、动物园观察小动物。女儿看得很仔细，回来后画了不少新画，其中的一幅百鸡图还获了奖。

所以，家长要尽量利用业余时间带孩子去公园玩一玩、看一看，游览祖国的名山大川，多接触大自然。孩子在这些外出活动中，自然会对周围的事物产生浓厚的兴趣。家长可以利用这样的机会，引导和训练孩子的观察力。

第二，要帮助孩子确定观察对象。节假日，家长带孩子外出时，可以事先对孩子提出一些观察事物的题目：家门口增加了几栋楼？大街上增添了几家商店？动物园的猴子是怎么吃东西的？下雨时，雨是什么样子？刮风时，会发出什么样的声音？……长此以往，孩子就会留心周围的事物，逐渐改变那种凡事漫不经心、视而不见的习惯。

第三，对于上学的孩子，最好让他写观察日记。这样不仅可以锻炼孩子的表达能力和写作能力，也有助于培养良好的观察习惯。

第四，给孩子创造一些观察的有利条件。如让孩子自己养养小金鱼、小蜗牛、小蝌蚪，或者小鸡、小兔、小花、小草什么的，

让他们观察这些小生命的生活情况，了解它们的成长过程。这一切，非常有利于孩子身心的健康成长。

（二）培养记忆力

引起孩子记住事物的兴趣，加强背诵、理解，增强有意注意能力；扩大阅读量，加强无意注意，反复刺激大脑皮层，促进记忆力。

（三）发展孩子的想象力、思维能力

想象力，作为创造性的认识能力，是一种强大的力量。

爱因斯坦概括自己一生的科学实践，得出了“想象力比知识更重要”的真知灼见。他提出：“知识是有限的，而想象力概括着世界上的一切，推动着进步，并且是知识进化的源泉。”因此，我们应当把想象力看作科学研究中的完备因素。

人的大脑分为四个功能区：直觉功能区、记忆功能区、判断功能区和想象功能区。据心理学家研究证明，一般人对想象功能区只使用了50%，这就说明，发展想象力的潜力还很大，而儿童时期又是个人想象力发展的大好时机。

达尔文上小学后，不知怎么变得爱“撒谎”了。有一回，他捡到一块小化石，回来跟姐姐说：“这是一块宝石，价值连城呢！”又有一回，他捡到一个硬币，一本正经地告诉姐姐：“这是古罗马造的。”姐姐一看，只是一枚被压得变了形的18世纪的旧币罢了。姐姐对达尔文的“说谎”行为很是恼火，几次向父亲告状，可父亲总淡然一笑，说：“这算什么撒谎！这个孩子倒挺有想象力，说不定哪一天他会把这种才能用到事业上去呢！”果然，达尔文长大以后，把丰富的想象力运用到缜密的科学研究中，创立了伟大的“物种起源”学说。

（四）培养孩子的自制力

对孩子来说，最重要的是让他们从小养成良好的自学习惯，有了自学的习惯，不论孩子是继续深造，还是参加工作，都能很好地利用这把钥匙去打开知识大门。

孩子自学习惯的养成，要靠家长的长期训练。比如，帮助孩子制订具体的学习制度和学习计划，并提醒孩子去认真实施；要求孩子预习功课，养成提前预习的好习惯，以便带着问题听讲，更好地吸收知识；鼓励孩子独立完成作业，教会他查字典、读书读报，以获取更多有益的知识……

古人云："不积跬步，无以至千里。"要想让孩子成才、成功，家长们就要注意从生活、学习中点点滴滴的小事抓起，培养孩子每一方面的优良习惯，正确地引导他们稳步走向未来的美好前程。

可以说，孩子的一生，就攥在我们做父母的手中！

在长城，我们豪情满怀。

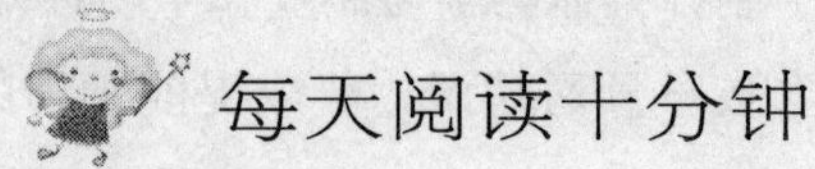

每天阅读十分钟

排列在书架上的，并不是一页页无生命的白纸构成的书本，而是一颗颗跳跃的心灵，从每一本书中发出它的声音。仿佛就像按下一个电唱机的按钮，便可以使房间里充满音乐一样；一个人只要打开书本，就可以跨越空间和时间的限制，聆听到智者的箴言，并和智者促膝谈心。

——（英）吉伯特·海埃特

早在十几年前，我们曾对全国“十佳少先队员”进行过调查，结果发现，这些孩子在阅读方面的能力都高于普通儿童。十几年后，我又对部分“十佳少先队员”进行了跟踪访问。我发现，他们在以后的成长中很成功。

其中表现最突出的就是上海女孩儿张琳和藏族少女意娜。张琳从小就酷爱阅读，曾是《中国少年报》忠实的小读者，也曾是一名认真负责的小记者。记得 1990 年我带她去大别山采访的时候,她才 12 岁。当时她读书的数量之多,已经令大人们惊叹不已!也因此她表现出来的能力就比一般孩子要高。后来，张琳获得了医学硕士学位，还在美国哈佛大学进修过，努力实现着自己人生的理想。

藏族小姑娘意娜从小也是个读书迷，爱写诗、爱画画。书给了她智慧和梦想。在她 9 岁时，有一次爸爸带着意娜去草原，小姑娘被那里的美丽深深吸引，回家后就画了一幅画，并配了一首小诗：

我和牦牛去草原 / 那里有青青的小草 / 那里有蓝蓝的天 / 那

里没有人捉小鸟／那里太阳的脸上没黑烟。

你千万别小看这幅诗配画，它可在国际上获得过大奖呢！意娜 11 岁时当选为全国“十佳少先队员”，后来又写过好几本书。现在，她已经从中国人民大学中文系毕业了，成了一位很有才华的青年作家。

上海复旦大学附中学生汤玫捷去美国交流学习一年后，回来告诉我说，美国的政府官员和大公司的主管们都非常关注各国青少年的成长。他们通常会问汤玫捷一些“中国孩子都看什么书”、“中国孩子如何应对考试”之类的问题，似乎在他们看来，中国的 GDP 不是威胁，真正的威胁来自下一代。所以，当他们与酷爱读书的汤玫捷熟悉之后，总会开这样一个美国式的玩笑：“看来，中国确实在威胁美国了。”

哈佛大学前任校长艾略特说得好：“养成每天用十分钟阅读有益书籍的习惯，二十年后，思想上将有大改进。所谓有益的书籍，是指对身心健康成长有益的书籍，不管是小说、诗歌、传记或其他种种。”

为了帮助青少年养成爱读书的习惯，从 2002 年开始，全国 200 多家少儿报刊联合在青少年中开展“每天阅读十分钟”活动。许多优秀的书、报、刊像鸿雁一样，飞到了祖国各地，飞进了大山深处，让被大山隔断视线的孩子们看到了外面的世界。

重庆市秀山土家族苗族自治县东路小学的孩子们通过这项活动大大获益，这所学校的辅导员唐秀红老师在活动的表彰大会上，提出了自己学校希望达到的目标：“让有书看的孩子爱看书，让没书看的孩子有书看！”

为了心灵的成长，让我们读书吧！因为，读书能使我们今天比昨天更有智慧，今天比昨天更懂得爱，今天比昨天更懂得宽容，今天比昨天更懂得生活的美好。

面对阅读，你要充满极大的热情和兴趣；

面对阅读，你必须把它当作陪伴一生的习惯。

一个有远见的人，宁可少玩一会儿游戏，也不能不读书看报。

因为，书是你最好的朋友，它将陪伴你一步一步走上成功的台阶！

知心姐姐鼓励学生从书本中学做人。

教孩子集中注意力

影响注意力集中的三大原因：活动太单一、父母言行、生理成熟。

孩子注意力跟父母的言行也有关系。如果父母做事集中注意力，孩子无形中就会养成集中注意力的好习惯。我们曾经采访过注意力很集中、学习成绩非常优秀的孩子，后来发现父母的影响很大。有一个孩子各门功课都很优秀，玩的时间很充裕。人家问他为什么学习那么好呢，他说关键是该做什么做什么，从来不分心。他爸爸是一个学者，经常写论文，非常专心，喊爸吃橘子他都不吭气。从小看爸爸这样，就跟着学，人家叫他去玩，他说还没有写完作业，就这样形成习惯了。很多孩子注意力不集中，跟家长有关系，孩子写作业，家长打麻将、看电视，你的状态在运动之中，孩子就坐不住。

如果你想让孩子养成集中注意力的习惯，我有两个建议：第一，最好在孩子一年级和二年级的时候，父母在家安定一下，到晚上把大灯关掉，小灯打开，大家都在自己的桌前做自己的事情。孩子看到家里有学习的气氛，就养成了习惯。第二个建议，别总对孩子说你瞧你怎么就坐不住，你瞧你坐成什么样，坐不了几分钟就出去跑。这些话就是在塑造孩子，孩子脑子里就会形成我就是坐不住的孩子，我就是出去跑的孩子。我跟孩子接触的时候常常是另外一种方式，我老说，你瞧孩子，你做事真专心！你越说他就越专心，因为你给了他一个正面的形象。如果一个孩子玩电脑很专心，他就知道专心是什么感觉，我们把正面的东西描述得具体一点儿，把负面的东西慢慢地从孩子心中去掉，这样孩子就能走“正道”了，不要把他看成病人。看成病人之后，家长的焦

虑使孩子有了负面情绪，本来不多动也多动了，人都是这样的。多接触正面信息，慢慢地孩子就会更阳光一点儿，而且更能够踏踏实实。

人的注意力集中不集中，将决定他未来成就的大小，其实人的智商差异不是很大，但是注意力差异就大了。晚上所有的灯都灭了的时候，打开家里的灯，你是不是觉得特别亮，为什么呢？因为电灯一下都灭了，你这个灯显得特别亮。一个人如果把自己的精力全部集中起来做一件事，叫聚精会神。为什么科学家成就高？因为他们把所有的精力都集中在这一件事情上。

关注孩子注意力集中是非常重要的。怎么关注呢？我们应该把培养孩子注意力作为家庭教育的一个内容。怎么培养呢？可以让孩子把脑筋开动起来，凡是比较活泼的孩子，思想就比较活跃。老师上课、爸爸妈妈说事时，最好让我们孩子的脑子里出现一个图画，全部形象化，脑子不停地转，出现图画。记忆这个东西，死记硬背是记不下来的，一般变成图画就都记下来了，然后再用语言描述图画。

所以最好让孩子学会绘画，把想的、说的画下来，变成形象思维，利用形象思维注意力会集中在图画上，老师讲课的时候眼前会浮现图画，这算是一种训练的方法。

还有一种是注意力高度集中一段时间后，就要换点别的事做，长期做一件事情就会疲劳，永远都处于不集中的状态。所以家长要控制一下时间，该集中的就集中，什么都不说，该玩的时候就不提学习的事，专门玩，孩子能控制自己，这叫好习惯。一般 21 天能养成一个习惯。

比如说孩子写作业，要专心写，不仅为了写作业，也是为了培养孩子的注意力，这段时间不干别的，今天什么事都不干，就是专心写作业，每天督促一下，让他在几周之后养成这个习惯，慢慢来，一点一点来，看到孩子的进步。当孩子有注意力不集中的情况，老师反映给你的时候，家长千万别着急，不要原封不动地把老师的话告诉孩子。

有个清华大学的学生告诉我，他上幼儿园的时候老师就对他母亲说你的孩子跟人家差多了，坐不住，人家能够坐半小时，你的孩子才能坐十分钟，妈妈听了当然很伤心。回来以后孩子问妈妈老师怎么说的，妈妈笑着说老师夸你了，说你过去只能坐十分钟，现在能坐半小时。孩子兴奋了，我能坐的时间更长一点儿，下次坐的时间就比第一次坐的时间更长一点儿。妈妈从来不拿他跟别人比，她觉得孩子原来只能坐半小时，现在能坐40分钟真是了不起，在不断的进步下，孩子最终养成了良好的学习习惯。我听了这个故事挺受启发的。父母用耐心、专心来培养孩子专心致志的习惯，这可能对孩子一生是非常有益的。另外还有一点，孩子跟你说话的时候手里千万别拿东西，专心致志地听他说话，尤其是小孩子，从小形成这种印象，他做事就能专心。养成一个专心致志的好习惯，对孩子的一生都会有益。

《知心家庭》节目现场专心致志的孩子。

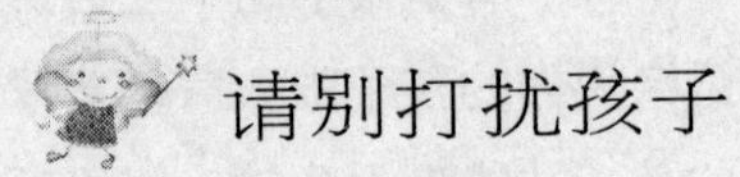

请别打扰孩子

“专心致志”是形容一个人做事全神贯注，一心一意。这就是告诉我们，在观察时就专心观察，在思考时就专心思考，在玩耍时就专心玩耍，无论做什么事，都用全部精力去做。

有关专家做过调查，人与人相比，聪明的程度相差不是很大，但如果专心的程度不同，取得的成绩就大不一样。凡是做事专心的人，往往成绩卓著；而时时分心的人，终究得不到满意的结果。居里夫人在科学上取得那么大的成就，就因为她是一个终生做事专心致志的人。她的成功给了我们这样的启示：集中精力做一件事，就容易成功；如果一心二用，往往是一事无成。

人的思想是了不起的，只有专注于某一件事情，才会做出使自己感到吃惊的成绩来。那么，怎样做到专心致志呢?

一要目标明确。要想明白现在自己究竟要做什么事，不达目的，决不罢休。

二要排除干扰。当一个人专心致志时，就仿佛完全进入了另一个世界，对周围的喧闹声、说话声就会听而不闻。

三要有张有弛。做作业时，要专心致志地写，不要想玩的事；玩的时候就痛痛快快地玩，不必想学习的事。这样一张一弛，大脑才能得到充分休息。

两个小学生分别向我描绘过他们在家学习时的情形。

“我写作业的时候，我妈老在我身边转悠，一会儿伸过头来说，好好写！别写错！一会儿端来苹果说，歇会儿吧，吃点儿水果！一会儿又倒来一杯水说，渴了吧？喝水……唉，真是烦死啦！”

“有一天，我正在自己的房间里专心练字，我妈嘭的一声推门进来找东西，我平静的心一下子被扰乱了……”

两个孩子诉说的情形，在不少家庭都发生过。家长这样做，好像是在关心孩子，实际上却是在打扰孩子，非常影响孩子的注意力、记忆力以及思维等心理功能的良好发展。

人的大脑一部分全神贯注、高度兴奋，其他的部分就全部放松、高度抑制。处于高度兴奋的一部分，各种营养成分的供应都很充足时，就显得特别灵敏，就特别能理解和记忆，就特别能解决问题。

所以，让孩子养成专心致志学习和做事的好习惯，实际上是交给他们一个成功的法宝。

那么，如何培养孩子专心致志呢？

第一，父母要作出好榜样。我们报社的一位高级记者，曾以《时间时间，哪里来》为题，报道过一个十分专心的女孩儿。这个女孩儿无论是写作业还是玩耍都很专心，结果不但各门功课成绩优秀，兴趣爱好也得到充分的发展。女孩儿的专心，主要是受她当工程师的爸爸的影响。女孩儿的爸爸每天晚上伏案学习工作，十分专注，从不受家人看电视、聊天的影响。他说，要做到像一位北宋诗人所描绘的“用心专者，不闻雷霆之震惊，寒暑之切肤”的程度虽然很不容易，但不被其他事情干扰而专心地做事，还是能够做到的。

第二，着意让孩子专心完成一件事。比如，安排孩子整理书籍、玩具，或者练习书法等等，让他们有始有终地做一两件事，很利于培养他们专心致志的习惯。

总之，在孩子做事、学习的时间里，请不要打扰他们。

帮助孩子提高学习效率

现在很多父母反映，孩子有个共同的毛病就是爱磨蹭。事情并不多，可孩子为什么磨蹭呢？有一个小孩儿跟我说，他一篇作文写了一天。我就问他为什么写一天？他说你不知道，我做完了以后，妈妈又给我留别的作业了，我就把题目先写上，一会儿我再写两行字，到最后睡觉之前才能完成呢，这样的话妈妈就不给我留别的作业了。

人怎么才能提高效率呢？要告诉孩子，你在这个时间内完成这个作业之后，剩下的时间全是你的。于是他就会抓紧时间，很迅速地做完，因为他会获得自由的时间，他当然要很快地做作业，于是他就学会了提高效率。

所以，那些考试优秀的学生，常常是把作业当考试，把考试当作业。在自己写作业之前，先搁一个闹钟放在那儿，迅速完成，然后检查两遍放那儿，闹钟响了我也完成了。等他考试的时候也就不紧张了，跟平时做作业一样的状态。所以父母们不要没完没了地留作业，一定要有度，在一个小时之内，不能超过这个时间。

孩子是需要玩的，他们在玩中长大。如果他们现在不玩的话，就没有很多感受。如果你要让他们写作文，没感受的话他们就写不出来，没有内心的感悟，你让他们写东西，是非常困难的。一个学校过“六一”儿童节，本应该让孩子们去玩儿，可学校让孩子们在学校里写作业，结果那年的考试题目为“快乐的‘六一’”，所有的孩子都觉得“六一”根本不快乐，很多人没写出来。所以我建议父母们留任何的作业一定要限量，这样孩子就能提高效率。

为什么孩子学习有困难

一位家长说："进入小学以后，我的儿子小刚学习成绩始终名列前茅，经常获得学校的各种奖励。五年级的时候，我和丈夫工作调动，他转入另一所小学学习，新的环境令他难以适应。不久，小刚参加了学校的数学选拔比赛。比赛中，他把一道题的要求看错了，等到检查时发现了错误，但交卷时间已到。小刚由于成绩不理想而遭淘汰，不能参加区级比赛。为此他在很长时间里闷闷不乐。紧接着，期终考试的前一天，小刚突发肠炎，一天里面必须多次上厕所，尤其是每门课开考前的十几分钟内，他总要频频离座。而考试结束后，他的肠炎症状立即自行消失。自此以后，每遇考试，小刚便有类似的肠炎症状，到现在半年多了，我们开始意识到问题的严重性。"

就小刚的情况看，他学习成绩不良是几个原因综合起了作用。小刚的母亲是一个易于焦虑紧张的人，对孩子影响很大。小刚的父母对他的教育非常严格，期望过高。他们要求小刚学习只能成功，不许失败，小刚从小就生活在这种重压之中。

当小刚转入新的学校后，需要一段时间适应，尤其遇到挫折时，更需要调适。家长忽略了这些，而小刚的自我心理调整能力不强，造成现在这个局面。

影响孩子学习成绩的因素很多，有孩子自身因素，也有环境的影响。内外因素相互影响，使孩子的学习成绩差异很大。

从环境影响看，社会风尚、学校教育和家庭氛围共同构成了孩子学习的环境，影响着孩子的学习成绩。学习型家庭的孩子成才比例显然比平均水平高得多，家里是否有一块安静的空间和一段不被打扰的时间也与孩子的学习成绩好坏相关。

就影响学生学习成绩的内部因素来说，也不是单一的。

第一，是遗传素质，也就是所谓天资。遗传为人的发展提供了可能性。所以学习成绩不良者可以做智力测试。如果智力发展正常（97%的学生没有智力问题），可以考虑其他内部因素。

第二，是经验。有的学生学习效果差是由于缺少某一部分知识，难以继续学习；也有的学生是没有掌握科学的学习方法，结果在学习中事倍功半。

第三，是身体。有的学生体弱多病影响上学，有的学生视力或听力有障碍影响学习效果。

第四，是动机，这是最常见的原因。学习时注意力是否集中？是否过度焦虑而影响发挥？是否贪玩而对学习没有兴趣？影响学生学习动机的社会心理方面有以下两点。

——家长溺爱无度、放任自流或高压专制、期望过高，都会削弱孩子的学习动机。

——学生的自我认识偏差，畏惧竞争，害怕失败，贪图玩乐。

处于成长时期的小学生，对学习本应有无穷的兴趣。但由于有的教师或家长经常采取强行的灌输教育方法，使学生求知欲望受到挫伤。有些学生感到学习枯燥无味，甚至把学习看成一种负担。有的学生成绩不好，学习吃力，不爱学习，是因为个性上出了问题。有的学生学习困难，主要由于家长没有从小培养良好的学习习惯，养成小动作多，坐不住，不注意听讲，老师讲的什么听不明白也记不住，加之当前科技迅速发展，教学内容更为复杂，学习不好，基础差的学生更感困难。以上是造成学习困难的原因。

遇此情况，家长如何帮助学生提高学习兴趣，改善学习困难情况呢？首先家长应深入了解和观察孩子的学习情况及学习困难原因，万不可粗暴对待，要注意耐心教育，不溺爱孩子。孩子在小学低年级未养成良好的学习习惯，现在功课多了，学习内容深而复杂了，要求也高了，此时加强训练才能跟上要求，否则更加造成学习困难。如何提高认识帮助孩子克服困难？以下是加强训练逐渐改变孩子学习困难的主要方面。

——孩子升入小学中高年级，知识的深度和难度加大，这就要求家长帮助孩子在学习方法、学习态度和学习能力上得以提高，以适应变化。还可根据孩子自己的学习体会合理安排时间，制订可行的学习计划，在学习方法方面给予具体指导，尽快使孩子适应高年级的学习生活，学会主动学习，认真思考，提高学习能力。

——创造一个良好的学习环境。当孩子在家里学习时，家长应注意不干扰孩子。还可订些报纸杂志，常带孩子到书店逛逛，买些有益孩子学习的书，扩大知识面。家长应支持他们参加各种活动，陶冶情操，锻炼身体，提高学习兴趣。

总之，家长帮助孩子克服学习困难应注意勿急勿躁，切忌包办代替，避免加重孩子的负担。应针对孩子实际情况，重点辅导，改善学习方法，提高学习兴趣，培养良好的学习习惯，逐步取得良好的学习效果。

孩子用“下次努力”调整心态，经受磨炼。

第十章
好心态缓解考试紧张

考前怎样缓解紧张

考试前不仅孩子紧张，家长也紧张

考试之前的紧张可能是非常普遍的，我们都参加过各种考试，都紧张过。但是我现在发现这些紧张，一种是有形的紧张，还有一种是无形的紧张。有形的是什么呢？就是担心，觉得自己是不是哪门功课复习得不好，还有哪点不行，老担心自己答不出来而产生的一种紧张。或者就是担心自己考不好，父母怎么说，同学们怎么说，想起后果还是紧张。这也是一种有形的紧张。还有一种是无形的，不知道怎么回事，不明不白就紧张，一听说考试就紧张，就是一种对考试的拒绝，好像产生的一种恐慌，这种恐慌可能跟他本身没有什么关系。人生要面临着很多考试，这个考试对很多人来说也是一种考验。其实考了半天我倒觉得考的不是功课，考的是心态。所以这种恐慌很大程度上是心理作用，可能跟学习本身没关。

不要太在意考试结果可以克服紧张

人们一旦对结果非常担心的时候就会产生紧张的情绪。20 世纪 50 年代美国有一个非常著名的杂技演员叫瓦伦达，他走了一辈子钢丝都没出事，最后一次走钢丝他紧张了，他想着千万别掉下来，结果走到中间就掉下去摔死了。他以前走钢丝为什么没掉下来？因为他只想着下一步该怎么走，就认真走完了全程。后来人们把这种心态叫瓦仑达心态，认真走好脚下每一步。当一个孩子在考试前，不用担心父母的各种指责时，就有可能安心地走进考场，答题时就不会紧张。不知道父母有没有这种现象，让孩子在考试的时候会想起如果考不好的后果。不知道父母能不能意识到平常的那些语言或者表现，有没有给孩子带来这种紧张的情况。

人不能分心，做一件事时要非常专心，任何后果都不要想，就像运动员一样，如果你想得金牌，老想着金牌你肯定得不到，你就想着把你的过程运作好就能得到，一样的道理。孩子们很准确地表达了一种心理，就是关于他考试的这个后果，实际上这个后果可能是妈妈无意中提醒他的。如在考试头一天说好好考，提高一点儿。所以实际上家长给孩子制造压力，孩子就会紧张。如果这种话提前十天或者平常说一说，没有联系到考试，跟考试联系不到一块儿可能好一些。所以父母的关心要看时候，时候不对会造成孩子紧张。

刘霄考试时紧张，听说在睡梦中还背单词，自己说我觉得这种紧张气氛可能和妈妈有关系。就是因为家长有时候把很普通的事变得很不普通，把一般的事变得很不一般，在一般的时间做了很不一般的动作让人看着就紧张。所以，从刘霄的例子看，父母应该做的就是两个字——放松。那种不正常、紧张的动作最好少一点儿。

家长的满意度决定孩子考试心理

梁静同学说她是一个非常心重的孩子，虚荣心和自尊心特别强。

梁静怕考试，可是在竞选干部时，当老师说还有一个委员名额的时候，她大声说我来。然后她就当上了这个委员。那时候她是充满了自信的，她可能没想到后果。如果你说你来，老师说你一边去，或者说你还能来？她可能想到这个就不敢说这句话了，她没想,她想她行,她就想“我来”,于是她就真行了。这就是状态，这就是行的状态。

人在很多时候都需要一种状态，就是行的状态。这个行的状态来自什么呢？来于自信。我想人生最宝贵的一种东西，就是对自己信任。一切的考试紧张根源都是对自己的不相信，相信自己行就不会害怕。

人都要面临各种事情，对自己的信任是不能丢掉的。任何考试,我都行,我去参加了,我尽力了就行,成绩不用管,名次不用管。我觉得应该把心中的这种东西焕发出来，找到行的感觉。

我比较爱考试，我觉得考试要有大将风度。考场就像战场一样，由我来指挥，由我来冲锋陷阵。每次考试都有一种感觉，就是冲动的感觉。每次考试我妈都不太在乎我考得怎么样，我也不太在乎分数，总是在每次考试时带着一种拼搏的感觉，就是行的感觉。我觉得带着这种感觉，每次考试都觉得很过瘾，如果没参加还觉得很不过瘾，就是这种感觉。所以应当充满信心，把我能行这句话放在嘴上，放在心里，任何考试，任何竞赛，任何竞争你都去参与，成与不成没关系，但是信心要不断地培养出来。

我想到一个人，这个人可能大家都认识，就是《实话实说》

的主持人和晶，她接的是崔永元的班。我最近看到一份材料使我特别感动，她接崔永元的班的时候大家都很吃惊，一个瘦瘦的小小的女子去接一个大腕主持人崔永元的《实话实说》，大家都为她捏把汗。果然她一出场就有人议论说她比崔永元差远了，崔永元怎么怎么好，哪像崔永元。

面对这样一种压力，和晶有过思想斗争，也有难堪的感觉，但是她突然明白了，我敢接崔永元的班就是最棒的。然后她说崔永元是崔永元，和晶是和晶，我有自己的特色。我能拜崔永元为师，能做这件大家认为比较难的事，我觉得自己很棒。

于是她就平和地走向观众，后来终于被大家接受了，很多人也很爱看和晶主持的《实话实说》。后来和晶的人生感悟是什么呢？她说其实人生最怕的不是别人而是自己，没有谁能打倒你，除非你自己。人和人是不同的，你不要去比较，崔永元是崔永元，崔永元有他行的地方，和晶有她自己好的地方，有特点才有自己的市场。

所以，她相信自己有特色，这就是一个人存在的价值。像梁静这样的学生目前也面临一个问题，你不要考虑别的，你就是你。你曾经惧怕过考试，今天就像同学说的敢走进考场就是最棒的。你行，走进去就行了，甭管考得怎么样，人生总有一步要迈出去。

今天面临高考而自杀的孩子不是学习差的，常常是学习好的；不是那落后生，常常是比较优秀的学生。他们就是过不了面子这一关，所以就产生了最大的恐惧。今天要告诉你们，优秀的学生、最棒的学生也有考不好的时候，就像演和珅的演员王刚曾经写过一篇文章《我曾经是个坏小孩》。一个大家一个明星写出这样的文章说明他很自信，一个自信的人才能够非常真实地回顾自己的历史。

衡量孩子的考试结果，家长的满意度应该说是很重要的，这也是决定孩子考试紧张不紧张的重要因素。

最近我接触了一个从美国回来的孩子，他和美国的孩子同时去打篮球，中国的孩子是 10 个球进了 9 个，父母不高兴，说那

一个球怎么没进呢？美国的孩子 10 个球进了 1 个，对方父母又鼓掌又说太棒了，中国的家长说他们有病，孩子那么差你们还说棒。结果是中国家长的满意度最差，孩子的成绩是最好的。国外很多父母对孩子的满意度是最高的，孩子的成绩却并不好。但是最后的发展，那些国外孩子充满了自信，不管是球场上也好，考场上也好，干什么都是最棒的，而中国最棒的孩子到最后都不如别人了。所以，父母的满意度将决定孩子紧张不紧张。

知心姐姐在北京电视台《知心家庭·谁在说》栏目做节目。

考前要做好三个准备

第一条就是树立信心。这个信心就是相信孩子能考好，给孩子一个鼓励，告诉孩子考试只是检验平时的学习情况，都是平时学过的东西，平时努力就好了。即使没考好，也是告诉你哪里不扎实，今后努力就行了。这个心态是第一位的。第二就是要做好一种知识上的准备。负责的家长应该是平时多督促，让孩子平时有紧迫感，讲学习效率，做好知识储备，考试时让孩子放松。第三是要打有准备的仗，作业要弄懂，题型要做全，考前文具要备好。没准备也是不行的。

有一个学习很好的同学告诉我一个经验，我用了很灵，就是考试之前把我们学习过的知识，整理成一个知识树。

因为人的大脑神经细胞是树状的，知识的掌握也是有规律的。你把知识用几天的时间整理在一张纸上，所有的知识都在这一棵树上，树上有果实，每一个果实都是一个卡片，卡片上有知识点，整理完之后知识都在心中了，等你考试之前把这棵树记在心中。你在考试的时候，就像知识树在身边一样，老师考什么都知道果实在哪里，不是盲目地考试，是非常清晰地考试，这是考试的整理。

考试的目的，并不是为了排名次看谁好谁坏。考试就是一个学期下来，把知识整理一下，整理完了就是自己的了。

还有物质上的准备一定要平常化，千万不要特殊化，一特殊就无形中造成紧张。本来平常不吃这个，早上起来吃这个可能造成新陈代谢的紊乱。这我是有教训的，儿子上一年级时，我听别人说考试之前吃一根香肠俩鸡蛋就得100分，我就哄着儿子把香肠和鸡蛋给吃了，吃了以后儿子一上考场就流鼻血。现在想想以前为了孩子考100分真是蠢，实际上一切跟平常一样，孩子的心态才能调整好。

不能改变考试，那就改变心情

教育在改革，改革的步伐也在加快。那些课本都在改革，我也参与过一些课本改革的过程，大家相信我们的时代都在发展，所有的事情都在顺应变化而发展，教育也在变化。但是今天教育的大轮子对家庭来说可能控制不了，你就应该实事求是地面对你要面对的事情。

我只是告诉大家，当你改变不了的事情时候，就改变你的心情，改变你的心态，来积极地面对任何的事情。大家也不用觉得现行的考试不科学、不公平，现在可能存在这种现象，但是我相信明天会更好。而今天你还要认真地面对，如果等明天再过，今天怎么办？

所以，大家要改变自己的心情，什么经历都是一笔财富。哪怕今天高考失误了，可你感受了一次高考，明年再去考或者是去工作都没有关系，这都是人生的财富，不要因为一次没考好就结束自己的生命，这真是太让人伤心了。我们为什么做这个节目，就是因为在这之前发生了一系列因高考失利而自杀的事件。我作为一个母亲，看到这个真的感到父母付出的心血，全付诸东流了。就那一念之差，因为恐惧考试的结果而走向了死亡。

我们今天不是教孩子怎么去考试，而是告诉他们怎么去面对人生的挑战。我觉得人总是要面临很多挑战，每人都不同，你看孩子不容易，大人也不容易，单位的竞争也很大，大家都要去面对。人就是这样走过来的，所以希望大家积极面对人生，什么事都能过去，没什么了不起。

考试只是过程，决不是结果，不能让一次考试决定自己的命运。作为父母应该帮助孩子树立信心，正确引导学习的方法，能够让他们战胜考前综合征。

如何对待孩子的考试失利

孩子和分数之间，父母应该看重什么？

小学生周雨同说考试没考好的时候心里像针扎一样。因为觉得特别对不起父母，他们花那么多钱供我上学，我还不能考出好成绩。

她觉得父母最看重的是分数。父母在不知不觉中给孩子一种压力，但他们自己感觉不到。

问：不知不觉是一种什么压力呢？

答：悄悄的，谁都不知道那种感觉，但我自己能感觉到那种压力。

问：是不是从他们的眼神、态度上感觉到的？

答：是的，主要是眼神。

周雨同在作文中写道：

爸爸妈妈我最想对你们说，大人最羡慕小孩儿的是无忧无虑。唉！其实当个小孩儿也不容易，我们小孩儿也想和父母谈谈心里话呀！大人们做自己乐意做的事，做错了小孩子也不能说；小孩子就不一样了，处处受大人管教，做错一件事，大人又是批评又是教育，没完没了。唉，是呀，谁叫我们是小孩子呢。小孩子在大人心中永远是小孩儿，还不懂事。比如像大人说话时，小孩子也不能插嘴，只要一开口说话，他们就会说去去去。我们在学校还要考高分，每天把老师留的作业做完后，其实

还有一项无法拒绝的任务，就是爸爸妈妈留的各种各样的作业，他们天天嚷嚷着分！分！分！我感觉分才是父母的孩子。我们小孩子都有千千万万的心里话想对家长说，却不敢说出真真正正的实情，不敢大胆地告诉家长，如果万一说错了一点点什么话，爸爸妈妈把脸一绷，谁知道又会下一场什么样的雨呢？也许是小雨，也许是大雨，最可怕的就是那暴风雨的降临。当个小孩儿就有这么多的烦恼，如果要是小孩儿在父母的眼里永远也长不大，那大家说我们小孩子在世上活着还有什么意思呀！最后我还想说我不想和分数赛跑，爸爸妈妈请给我一个自由的空间吧！

最触动我的是这句话：分才是父母的孩子。我真的很受触动。父母爱了半天究竟爱谁呢？爱的是分，不是孩子。孩子感受到了，我觉得孩子能说出这样的话，父母应该很有触动。

其实什么最重要？孩子重要还是分重要？我们的家长可能都会说我为的就是孩子，可是你给人家的感受，分比孩子重要。分是什么呢？分是孩子成长的一个记录，这个记录还不一定是非常科学的记录，只是一个符号，而你关注的是那个符号。当分好的时候，父母满面春风；当分不好的时候小雨、大雨，甚至是暴风雨。对这个孩子的发言，不知道各位听了以后会有什么感受。对父母的目光，孩子观察得多仔细，可能你很无意中给了孩子一个低头的不看她的冷漠的目光，她的心里就很窝得慌，而产生像针扎一样的感受。这个孩子很在意父母的目光，但是他们一看好分，眼里就发亮，一看坏分眼里就发暗，感觉好像是真的把分看得比孩子还重要。

了解了孩子的想法后父母很感动，他们觉得忽略了孩子的真实感受。

父母其实很在意孩子健康快乐成长，但觉得分数也同样重要。

每个孩子都面临着上学，都要面临考试。试卷上大题 8 分、

10分，小题1分、2分，这是孩子必须面对的，也是家长必须面对的。成绩好肯定要高兴。

但没有想过什么样的态度会促进孩子考好，什么样的态度会使孩子考试更加紧张。

应该说这是一个特别值得父母们去思考的一件事。

我们真的到了应该来好好考虑这样一个问题的时候了：是以人为本，还是以分为本？

孩子和面子之间，父母应该在乎什么？

父母的苦衷我也有同感，因为孩子现在走向社会，走向大学也是靠分数的。所以你觉得不重视分数，将来孩子上大学怎么办，可能担心的是这个问题。

期末考试结束了，孩子拿回成绩单，春节快到了，走亲访友，同事之间肯定会问你的孩子考多少分，在班里第几，考得好觉得很有面子，考不好可能说不出口。

很多父母都有相同的经历：就是面子问题。父母心里的一个结。

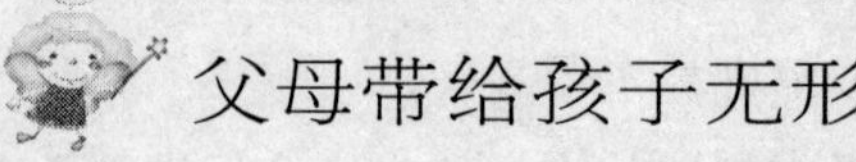

父母带给孩子无形压力

良好心态保证学生考场上的发挥。

父母过分看重分数会给孩子带来无形的压力。

一个同学说她考了第三名，可妈妈说："你看人家某某某考得那么好，你要向他学习，下次你也考个第一名让我高兴高兴。"

其实考第三名已经很不错了。

现在很多孩子因为考试到了"悲惨世界"，父母把分数看得很重，可能头版头条就是考多少分。因为我问过很多孩子，父母的人生格言是什么？他们问我什么叫格言，我说格言就是常说的话。很多孩子会说，考多少分。

我问他们父母人生的忠告是什么？他们问什么叫忠告，我说忠告就是告诉你事情的后果。他们说也有一句，考不好不行。所以很多孩子就怕考试，他们有紧张的心理。

有一个孩子没考好，老师让他把考试卷拿回去请家长签字。第二天老师问孩子家长有什么反应？他愁眉苦脸地说，昨天晚上我遭到了一顿男女"混合双打"，过去是"单打"，现在是该出手的都出手了。爸爸很坦率地说你给咱们家多考一分，就给咱们家省下了三到五万块钱。孩子说自从我上了学，我爸爸就变成了挣钱的机器，我变成了挣分的机器，我们家没了快乐。

有一次我去张家口，一个学生对我说他爸爸最爱看的书就是《钢铁是怎样炼成的》，他揍我，就说钢铁是这样炼成的，谁写的这本破书。

还有一些比这更悲惨的孩子，他们把考试、父母的感受看得很重。当他们一旦考不好或者恐惧考不好的时候，就很可能走向轻生。现实中已经连续发生了一系列这样的自杀事件。我记得上次到徐州去，给家长和孩子进行心理健康的讲座，结果有一位姑娘走过来，她是个大学生了，她说您快救救我的表妹吧，她天天想死，因为考试。

姑娘下午把表妹带来了。她们来的时候我没有看到，但是最后签名结束的时候，我意识到远远地站着的那个女孩儿就是那位表妹。她正默默地看着我，我对她点点头，意思是说等我一会儿。等大家散去的时候我把她拉到旁边，我说你怎么样，她说我很差。我说你在班里第几名。第六名。第六名很好了。不好，我妈对我希望高着呢，希望我是第一名，可是我一直很努力，我达不到，我心里觉得很对不起我妈，我几次站在窗台上想跳下去，想起我妈，我真的觉得我对不住她，她对我那么好，可是我还考不到第一名，我就特别特别自卑。

我说你太不了解妈妈了，第一名不是她的希望，你才是她的希望，分数不是第一位；甭管考第几名，这只是人生的一个过程，关键要充满自信。然后我又跟她说，以后不要再站在窗户跟前了。到哪儿去呢？到山上去，看看群山，你会发现每当登上一座山，就有一个比你更高的山峰在前面，人生就是这样的，不要跟人家比，你看到自己走得多高这是最重要的。

我跟她讲了很久，她一直忍着哭。我说你哭出来吧，她趴在我怀里哭了半天。我又说要想哭就哭出来，别憋着，把它扔掉之后，再重新走你的路。当我跟她告别的时候心里非常不平静，什么样的孩子是快乐的，什么样的孩子对学习是主动的，分数像大山一样压在孩子心中，名次也像大山一样压在孩子心中。

良好心态保证考试的发挥

我时常在想一件事情，究竟什么决定了孩子的成败？我觉得是心态的好坏决定成败。同样一个孩子，去参加考试，什么样的情况下他能赢，什么样的情况下他会输，心态至关重要。大家可以看看奥运会的运动员，那种兴奋不是压力，不是内疚，它是一种为祖国争光的兴奋感。人在兴奋之中就会发挥他现有的技能，而人在过分的压力中会产生恐惧。

大家也看到了，有些运动员，大家对他的期望值很高，他却没有获得冠军，因为什么？期望值太高，比赛的时候紧张，人的潜能就不能充分地发挥出来。所以我们面对今天无法取消的考试，做父母的应该反思一下，是什么决定了孩子的成功？是孩子一个良好的心态，这个良好的心态来自父母的良好心态。

有一个男孩儿考得不好被父母打，打得简直皮开肉绽，后来孩子离家出走了。父母这回终于想明白了，自己的教育方法有问题，于是换了一个“太好了”的心态去看孩子，他们忽然觉得眼睛发亮。孩子后来被送回去了，过了一段时间我再回去看孩子，孩子就变了，因为他父母变了。

他父母开始时想我的孩子就这样了，基础就那么差，干脆换一种心态吧。有一天，孩子考了全班最后一名回来了，跟他爸说我今天考了最后一名。他爸说太好了，你考到最后一名就一点负担都没有了。儿子特奇怪，说爸今天你病了吧！他爸说我没病，过去爸有病，老是对你不知足，今天想通了，学习是你自己的事，着急也没用，爸相信你是聪明的，你今天考到最后一名就从零开始了，爸爸为你高兴。孩子一想得最后一名我爸都为我高兴，这就没负担了。他第二次参加考试，考到全班第十五名。他爸说太好了，原来最后一名，现在到十五名了，你简直太聪明了，爸都不能像你进步这么快。

孩子想这算什么呀！第三次考试他考到了全班第五名，他爸爸说我太佩服你了，你的进步速度简直太快了。孩子经过努力，后来拿到全班第一名。

说实在的，孩子很有潜力，他其实很聪明，但在爸爸的打骂之下他放弃了，自己破罐子破摔了，后来爸爸一鼓励反而让他放下思想包袱，他成长起来了。后来我忽然发现，其实孩子没改变，改变的是父母的心态，孩子感觉到阳光很灿烂，就前进了。

后来我又遇到了一个大家认为比较优秀的孩子，一个北京市的高中生考上了英国剑桥大学，而且成绩还很好。他的父母都是老师，我跟他们一起做过节目。我说你们是怎么对待孩子成绩的，他们说我们对孩子的成绩看得不是很重，可以说对孩子本身的道德规范却看得很重。比如说那会儿我们在上夜大，孩子上小学，每天回家都很晚，我们的院子里有一个老奶奶，只要孩子一个人在家，老奶奶就把灯亮着，等我们回来老奶奶才把灯关上。我们就问孩子，老奶奶的灯是为谁亮的？回答是为我，她怕我害怕。我们告诉孩子说，这就是爱，一点一点让孩子感受生活的爱。

孩子有一次没考好，垂头丧气地回来了，妈妈一看就笑了。哦，欢迎欢迎，成功他妈回来了。失败是成功之母，说成功他妈回来了，失败了呗。孩子笑了，还拿我开玩笑，我窝囊着呢。妈妈跟他说一个人要赢得起输得起，考坏了没什么，总结总结就是教训，这就是体验。孩子忽然觉得妈妈依然用微笑面对着他，并不因为分数不好就愁眉苦脸的，就没有负担了。所以孩子考试从来没有负担，中学就非常优秀，现在到剑桥大学也很优秀。这个故事告诉我们，心态的改变对孩子来说也是非常非常重要的。

成绩不好时，孩子最需要父母真心的鼓励，鼓励之后再帮孩子分析原因。

面对考试的失误，有一个非常成功的孩子有一个非常好的经

验，就是搞一个错题本，把错误专门登在错题本上。因为人犯错误往往是有规律的，你把它整理出来就知道哪儿错了，所以如果利用错题本来找失误的原因，可能这是比较好的方法。所以面对考试的失误，最好的方法是分析原因，不是打骂。打骂只能让孩子紧张，不把考试的成绩告诉你。面对一次考试、一种检验的时候，你知道哪儿不对，一定要总结经验教训，如果考完了就过去了，没能总结经验教训，将来还是会犯同样的错误，聪明的人不是不犯错误，而是不犯同样的错误。

曾经有一个小朋友说，有一次他考试失利后，他的爸爸跟他说了这么一段话，他一直铭记在心。

"人生就像长途旅行，每个人都在自己的道路上前行，一次考试失利了，无非是在道路上被小石子绊了一下，没有关系，未来的路还长着呢，后面还有很多机会，重要的是你是否在旅途中学到了知识，感受到了风景。"我觉得非常精彩，而且让孩子得到很大的鼓舞。

第十一章
方法总比问题多

孩子对父母说“请勿打扰”

我们曾在一所高中的一个班做过一个关于孩子与父母沟通问题的调查，结果是：45% 的同学和父母的沟通有所保留，觉得父母不能够完全相信；还有 80% 的同学感觉和父母沟通有一些障碍；100% 的同学认为自己关房门对父母说“请勿打扰”是非常正常的。这说明孩子今天保护自己的意识已经增强了，他们应该有一个独立的空间，应该受到别人的尊重。

很多家里的情形是亲子之间缺乏沟通，父母在挤占孩子的空间，孩子才想逃离父母的视线。可是父母不理解孩子，却想我养你这么大还给我来一个“请勿打扰”，还来一个“谢谢合作”。其实，家长是盯孩子盯惯了，孩子一离开视线家长就不放心。盯的感觉会让孩子不自由。在家里应该是一个自由的空间，为什么老盯着我，所以关门的原因可能是不愿意被盯着。孩子越不让盯，父母就越想盯，于是产生了隔阂，一个想看，一个不让看。

想沟通，想了解孩子但是不了解，这可能是今天家庭中出现的一个重要的问题，父母没有正确了解孩子的渠道。

17 岁的天洋与父母不沟通，父母说的话不愿意听了。

——说这事应该怎么做，那事又不好了，比如我看电视不让

我看，就是一些小的细节问题。

——也觉得父母说得倒是对，可就是觉得听着很烦，感觉已经听了很多次了，听了也没有什么意义。

现在很多孩子对父母首先是给予了肯定，但是对父母的教育方法他们不能接受。比如父母还用小孩儿的话，对 17 岁的男孩子说话，就是对他的嘱咐，对他的那种担心，对他各种各样不停唠叨，都是一样的话。他就觉得那些话没有用，对他不起作用。这可能是父母说的这些话不太适合这个年龄的孩子。这样大的男孩子坐在那儿就不应该说："吃了吗？喝了吗？赶快学习去，怎么还在看电视，怎么还在玩！"这样的话没有作用，因为语言方式不对。所以我觉得从沟通的角度，父母首先要长大一点，不要再把对方当成长不大的小孩儿。

天洋出国去看妈妈时，觉得妈妈不容易，这是男孩子的基本感觉，因为在男孩子的心目当中妈妈特重要，一看到妈妈不容易，他就产生了一种对妈妈的理解。实际上父母在生活中，对孩子关爱太多，没有把一个责任交给孩子。

我认识一个朋友，原来是中央国家机关的一个局长，他被派到浙江的一个市当市委书记，要去一年。他的妻子身体特别不好，而且他妻子跟他上中学的儿子关系特别紧张，话都不说。他走的时候想了半天，就把儿子叫到身边说，爸爸要去外面挂职，要一年的时间，我的妻子身体不大好，就请你多照顾了。每天晚上请你关好门、关好窗、关好煤气罐再睡觉，拜托了。儿子听了以后愣在那儿什么都没说。

他回来以后，妻子说你走了以后儿子对我特关心，每天都是关好门、关好窗、关好煤气罐再睡觉。这个父亲没有把照顾儿子的责任交给妻子，而是把照顾妻子的责任交给儿子，儿子一下子长大成人了。妈妈终于认识到儿子不是男孩儿，他是男人。我觉得有这样一个像山一样的男人你不靠，真傻。孩子和父母"争权夺利"是源于两代人的价值差异。

孩子和父母是两代人，两代人在不同的时代里有不同的价值观，还有不同的做人做事的方式，甚至理想追求都会有很大的差异。但是两代人又在一个家庭里，又有血缘关系，尤其我们现在独生子女的家庭中，父母对孩子有很高的要求，希望孩子能成功，这可能会给孩子很大的压力。现在亲子之间的冲突比任何时代都严重。

现代人和上个世纪80年代以前人的观念完全不一样。这样的一个变化又浓缩在一个家庭里，使两代人价值观差得太远，经历的完全不一样。还有多数家庭中孩子是唯一的，父母的压力非常大，孩子承受的压力也非常大。我们讲到沟通，讲到有些小孩儿把门关上，不愿意让父母侵扰自己的领地，其实这是可以理解的，父母应该理解孩子希望有一个自由的空间。但是父母要关注如果孩子把门关上了，这其实是一种暗示，应该意识到这就意味着孩子不希望父母进来，不希望老来骚扰自己。父母应该给孩子讲关门不要紧，如果把心的门关上是非常可怕的。

如果看不见的心门关上了，两代人就不会有很好的沟通和理解。再加上不平等的关系，我是觉得亲子之间父母拥有比较高的权力。我是家长，我可以要求你怎么怎么样，我吃的盐比你吃的饭还多，我见识的比你多。父母其实要想一想在这个关系里，你自己的知识体系、价值观、能力，有的时候可能不如孩子。

如果父母过多地用自己的权力，家长的行为给孩子的压力就会很大，孩子也会模仿，孩子反过来也会使用这种权力，我就是不听你的，看你怎么样，把门关上了，就是不跟你沟通。毕竟是自己的孩子，父母一定是很难过的。有的时候我们会看见有些家长，头低得比孩子还要低，求那个孩子干什么。

亲子之间如果使用权力，父母亲使用权力，孩子效仿使用权力，对两代人之间其实是非常不好的。

有时候家长会喊“别玩了，写作业”；有时候家长则悄悄走到孩子后面，孩子被吓一跳，孩子说你能不能出点儿声让我知道，这时候他就紧张。父母这样做孩子肯定学习不好，他根本就不会专心学习，他要观察别人怎么看我，有没有动静，他会这样防着你。其

实这种关门的方法也不太好，你一关门父母就怀疑你没做好事，实际上你正在学习。但是孩子怎么才能不关门，我倒同意这一点，孩子学习别打扰他，请勿打扰。

学习是自己的事情，它是一个独立完成的事情，不要打扰，不会的话向谁请教由他自己做主。如果向妈妈请教，妈妈也不要告诉他答案，可以告诉他方法。自己能独立学习的孩子将来就是一个爱学习的孩子。在监视下学习的孩子他会觉得他是在为父母学习，不监视他就不学了。偷偷看电视，妈妈一回来先摸电视是热的。得，吵起来了！常常是这样发生问题的。所以，我觉得首先要让孩子明确为什么要学习，学习不是为别人学的。

我在《知心姐姐告诉你——做人与做事》专门讲了快乐人生三句话，精彩人生九个字，其中有一句叫我要学，改变内存就改变了未来。是要我学还是我要学完全不一样。我要学的，不让我学，按也按不住我一定要学；要我学的你看着我我就学，不看着我我就不学了，你一惹我，我就不给你学了。

还要谈谈天洋的话题。天洋的父母非常了不起，他们为事业打拼，同时不管人在意大利还是在法国心总系着我们的天洋。在天洋学习处于最关键的时候，母亲回到了天洋的身边，希望帮助天洋考上理想的学校。

我之前听到过天洋的事，那时候我特别关心，我觉得这个大男孩儿可能出现了严重的问题，可是我看到了天洋就放心了。我觉得天洋是一个很有想法的孩子，而且他的目光是坚毅的，他认准了目标这很好。有一点我告诉了天洋，人有一个很大的能力就是沟通，你将来走向社会最重要的就是你的沟通能力，就是人际交往能力。其实这个能力不是与生俱来的，是要学习的。

有的孩子从小会沟通，会跟父母沟通，会跟同学沟通，走到社会他的障碍就会小得多。天洋现在遇到一个坎儿，你不要去想爸爸怎么样，妈妈怎么样，因为你比他们都高了，你已经是一个大男人了，你要想我怎么学会跟父母沟通。像这样一个美丽的女人你不跟她沟通是你没本事，不是说妈妈有问题，是你没本事。我跟你妈妈接触，你妈妈是一个很温柔的女人，这样的女人你都不能让她跑到你这头来，你没本事。你爸是一个教授，他又不是没有文化，你说你爸爱你爱得多深，要不爱你理都不理你了。你爸没有这样，他使劲敲门，希望和你面对面沟通，这就是一份爱心。

同时我还告诉天洋：一个男人和另一个男人一定会发生冲突的。现在我们想的是如何把对抗变成对话，你有责任。看到你我就想起我儿子了。

我儿子在中学的时候也发生过类似的事，因为他青春期很冲动。他跟我爱人也是因为一件小事发生了冲突，然后我儿子就大吼了一声，你别逼我好不好。我吓死了，不知道怎么回事。他把门一摔就走了。

他走了以后我跟我爱人一句话都没有说，我们俩忽然愣住了，因为我儿子从来没这样说过话。大约五分钟后，儿子回来说对不起，我刚才态度不好。你说吧，我当时眼泪一下子流出来，我觉得儿子真是宽容。因为在对抗当中一定要有一个人先融化，他首先坐在那儿。我觉得儿子真棒，坐在那儿说对不起。后来我发现他跟我沟通的时候也会发生问题，但他总是先给我写纸条：妈妈对不起，我昨天态度不好。现在他已经工作了，这个人最棒的地方是很有宽容度，所以他的沟通能力特别好，跟别人沟通非常好，他是敢作敢为的那种人，这就是孩子。我觉得我从他身上看到了男人的优秀品质。

其实大人多数爱面子，让大人主动去找你赔不是，有时候架子很难放下。你应该在发生冲突后先说声对不起，我昨天没开门真的对不起，你有什么问题说吧。这时如果一个明智的爸爸会把话说清楚。

有位爸爸说孩子当着众人把门一摔，明显没给爸爸面子，也显得孩子没文化，这种事做完你一定觉得不对，事后要说对不起，一句话就够了，这就是男人的风格。冰山要融化一定要一方先活动开，这方面一定要做到，这才是男子汉，男子汉不是永远挺着，

也有低头的时候，赢得起，输得起，不对的时候要说对不起，这样的话矛盾就会慢慢淡化。男人不愿意把爱说到嘴上，但是你一定能够感受到，这时你要表达出来。

刚才我想了两个问题，一个是爱是需要发现的。妈妈爱儿子，爸爸爱儿子都是有感觉的，儿子发现了，这时候你就应该感觉到特别欣慰，儿子能看到。第二，爱是需要表达的。我们今天很多家庭不会表达爱，把爱都变成恨，明明是爱孩子说是恨孩子，明明是喜欢他，偏要变成打，不打不成才，明明是对他的一种关爱变成唠叨，造成这样的结果都是因为不会表达爱。其实有时候“我爱你”这句话要说一下，妈妈我爱你，爸爸我爱你，说不出口写在纸上都可以。另外我还对天洋的爸爸及所有的爸爸说，你的儿子很棒，你不要为有这样的儿子感到一种悲哀或者自卑，你应该为他感到骄傲。儿子要长大，一定会有很多的问题出现，成长就会有问题，问题并不可怕，可怕的是有问题而不能沟通。我觉得爸爸要用宽广的胸怀来包容儿子，儿子永远不能放弃，只要你坚持。

家长们在认真地听知心姐姐讲课。

我的孩子很叛逆

"'酷'的真正定义，是'做自己想做的'，而自己想做的，常常是家长、老师不要我们做的。愈是不要我们做的，我们愈要做！我们进入了叛逆年代！"

叛逆，是青春期少年最大的心理特点。但也正是这种强烈的叛逆心理使许多青春期的少年陷入深深的痛苦之中。

你要自由，要摆脱成人的束缚，但处处碰壁；

你要独立，要自己决定自己的事，但屡遭反对；

你要飞翔，要去寻找属于自己的世界，但又缺少勇气；

你困惑多多：为什么这个世界总和我作对？

许多同学向"知心姐姐"倾诉了自己的种种烦恼，都认为，世界上最倒霉的是自己，最不幸的是自己，最不被理解的还是自己。

中学生王行楷，原本是个学习不错的男生，进入青春期后，和父母发生了严重的冲突。一次，他和女同学通电话，妈妈说他"学习不行，就打电话行"，爸爸打了他，一气之下他离家出走，在汽车站住了两个晚上。从此，他和父母之间的矛盾到了不可调和的地步。他的父母打电话向我求救。

"孩子像变了一个人，狂躁、脾气大，甚至有点蛮横无理，有时还狂吼：'谁也甭想管我！'谁一说他，他就跟谁吵，眼珠子瞪得老大。我们俩特伤心。现在他不和我们说话了，搬去他姨家住了。您说他怎么突然间变化这么大呢？"

我们把王行楷请到北京电视台《知心家庭·谁在说》栏目的演播室。节目录制中，播放了上面一段对他父母的采访。

王行楷看了后，说："大家看看我的眼睛，有可能瞪成那样吗？"场上的人笑了。看上去行楷的眼睛真的很小。"我跟我爸

我妈根本就无法沟通。他们烦我，我也烦他们，我不想跟他们在一块儿，每天放学都在学校耗到六七点钟才回家。”行楷越说越委屈，“其实我现在也快 17 岁了，我爸我妈还经常打我，原先我爸打我，说是为了吓唬我，现在我们俩是成年人对成年人。”

“你爸打你，你还手了吗？”我问他。

“我是他的孩子，他生了我，养了我，我不可能还手。但是我觉得，有些事情他没法理解我，我也没法理解他。”

我怔了一下，笑笑：“你还有良心！办法总会有的，关键看你想不想与父母沟通。你觉得父母还爱你吗？”

“差不多吧！”行楷低着头回答。

“你想了解你的父母吗？”

“想。”

“回忆回忆小时候，好吗？”主持人向平笑着说。

大屏幕上，出现了记者采访行楷父母的镜头。

“孩子刚出生时，谁给他起的这个名字？”

“是他大舅起的。”

“为什么叫王行楷呢？”

“有两种理解，一个是形容像楷书一样工整端正，再有一个是行动的楷模。”行楷的父亲自豪地说，看来他对儿子满怀希望。

“行楷上小学五年级之前，开家长会，我特爱去。往那儿一坐，老师就说：‘全班我最喜欢的孩子就是王行楷。’所有的老师对他印象都相当不错。每次我都想，哎哟，瞧瞧我的儿子多棒啊！”讲这番话时，父亲眼里含着泪水，“那时他也听话，跟现在没法比。”

说起儿子棒的地方，父亲如数家珍：“下象棋我下不过他，转呼啦圈小女孩儿也没他摇得好。”

谈起儿子搬出去后的感觉，父亲显得很痛苦：“我们都觉得屋里过分冷清，家里甭管有什么事，都会想起他，比如今天炒菜了，他妈就会说，孩子最爱吃这个；去商场看中一件衣服，就会想，儿子穿着肯定合适……”

“您是不是特想儿子？”

“是呀，有时他放学时该回来没回来，我就坐立不安。有时进院子一瞧灯亮了，知道儿子在屋里，心里踏实了；一瞧灯没亮，知道儿子不在，着急也闹心，可儿子要是真进了屋，我这火又噌一下子上来了。我跟老师说，我就怕学校给我打电话，交通队给我打电话我都不害怕，顶多是让车撞死了。可没想到老师把这话跟孩子说了，这是气话，哪是真话呀！”父亲说着说着流下了眼泪。

“您想在电视机前和儿子说句话吗？”主持人问。

这位执拗的父亲竟对着镜头，一字一句地倾诉了真情：“行楷，过去我们可能在言谈举止中对你有些伤害，今天我在这里说声‘对不起’，希望咱们今后能够互相理解，互相原谅，这家是咱们三个人的家。”

场上静静的，行楷和场上的观众一起在看大屏幕，听他爸爸说话。可他怎么也没想到倔强的父母会说出这样柔情的话，他更没想到，父母会亲自来到现场。分别一个月的父母与儿子在演播现场相见了。行楷十分意外，但他没有去和父母拥抱，也没说一句道歉的话，可是看得出他态度开始缓和了。

节目结束前，我谈了自己的看法：“今天我很激动，爸爸妈妈把话说出来了，儿子也讲了真心话。什么叫沟通呢？沟通就是把话说出来。我想先对行楷的父母说说，不要太在乎孩子。你们和所有的父母一样，把孩子一点一滴的成长都记在心中了，但是当孩子长大的时候，他需要一个自由的空间，如果你们还像小时候那样待他，呵护他，很在乎他，他就会觉得不自由，就会觉得难受。”

我接着又对王行楷说：“作为一个男孩子，你不愿意表露自己内心的东西，对于父母，你内心是在乎的，但你表达出来的是不在乎。父母可以忘记他们在你成长中的付出，但你应该记得并在乎，人都是有良心的。一只小猫或小狗长大了走丢了，它们的主人都会非常着急，何况一个人呢！孩子是父母辛辛苦苦养大的，你一定要在乎父母的爱和付出，我相信你能做到。”

我理解和行楷一样处在青春期的同学，你们今天要长大，要自由，要独立，应不应该？应该！但是如果你缺少两个字，就可

能是盲目的，这两个字就是“思考”。青春期需要的就是思考。会思考和不会思考，情况会完全不同。

毕业于哈佛大学的刘轩，也和你们一样经历过“叛逆年代”！如果你看了他写的《叛逆年代》这本书，你会发现不论是中国少年还是美国少年，不论是在普通大学还是名牌大学，蓝天下的少年，虽有着不同的生活环境，但有着一样的烦恼，经历着一样的叛逆年代。

这就是成长的规律。叛逆期，是成长中的少年不可回避的时期。

所不同的是，同样处于叛逆年代，有的人奋起，有的人沉沦；有的人能把握自己，有的人却放纵自己；有的人正在思考，有的人仍在迷茫之中。

刘轩能顺利地度过青春期，度过叛逆年代，是因为他在闯世界、寻找自己时，头脑是清醒的，他能够用自己的眼睛观察世界；用自己的大脑思考世界；用自己的语言表达世界，于是找到了真正的自我，找到了自己在社会中的位置，找到了自己对社会的一份责任。

和著名作家刘墉在一起。

女儿为什么变神秘

手机尾号是5260的观众，他说女儿最近特神秘，总背着家长干一些事，打电话也偷偷地，让他十分担心。

我估计这是一个小学高年级，或者是初中的学生。她可能交了一个异性朋友，一般交异性朋友就不愿意让父母知道，所以就偷偷摸摸地，显得很神秘。其实父母看到这种情况，也用不着惊慌。因为你曾经也有过这个年代，你也有过异性朋友，那时候你的父母可能也不知道，其实每个人都有这个过程。

我觉得孩子神秘兮兮的时候，父母不要去打听，你打听多了孩子就很反感。你可以很随意，当他打电话的时候，你要回避，你不要在那儿听着，否则孩子就特反感。

深圳市育才一小请我去跟孩子们面对面进行“知心对话”，结果来了一个初中生，问中学生的问题你管不管？我说管啊。那您为什么不到我们中学去？我说你没请我啊。那我请您去不去？我说去。我看她挺厉害的。然后她一会儿就来通知我，明天中午一点半到育才中学去。我就去了，我想看她到底有多大本事，找来多少人，我以为她顶多找五六个女生跟我聊天呢！没想到，多功能厅全部坐满。我说这些人都是你找来的？她说，是啊，都是我找来的。我说你怎么找来的？她说，我贴一张海报，上面写着告诉大家一个好消息，知心姐姐来了，大家有冤的、有仇的、有话要说的，明天中午一点半到多功能厅教室来。我问她，你贴这海报的时候，老师知道吗？她说，我跟校长说了，他同意了。校长是一个教育家，他知道后直点头。我说，那好，既然是你请我的，你先来说吧。她腾地站起来说，每次我打电话的时候，妈妈就在旁边盯着问我是男的还是女的。明明是女同学打来的，我就要说

男的。我妈就问他叫什么名字，父母是干什么的。然后我就生气了，我说你是查户口的呀，把电话一扔我就到屋里哭去了。她凭什么这么对我，她每次打电话的时候，我从来没问是男的还是女的。女生说这话的时候，一根一根的头发都立起来。我突然想起一个词——怒发冲冠。我第一次看到孩子头发都立起来，看来她气得够呛了。

我就没怎么说，当天晚上我就召开家长会，请了一些家长。结果等会结束以后，一个非常美丽的妈妈走近我说，那个女生就是我的女儿。我说您为什么要这样？她说社会很乱，就怕孩子出事，所以我老盯着她，越盯着她吧，她跟我越远。后来我跟这位妈妈说，孩子是不能盯着的，这样反而会令她产生逆反心理。当孩子打电话的时候，给她一点儿空间让她去打，但是要限时，不能太长，太长时间家里的电话费受不了，也耽误你很多时间。这样她就会有一种宽松感。她在外面交了朋友，她跟你谈的时候，你就“噢！”“真的？”“那男孩儿长得怎么样啊？”“挺帅的吧？”在轻松的氛围里，孩子就会把妈妈作为她知心的朋友。所以我就特别理解这个妈妈，我也理解这个孩子。我觉得现在很多初中生家里发生战争呢，就是因为互相的不信任和不理解。多给孩子一些信任，多给孩子一些鼓励，孩子们也要向父母敞开心扉，不要老防着他们。因为最理解你的是父母，最关心你的也是父母。

孩子上网不要堵，要疏导

都市快报曾刊登《如果有第二个孩子，我一定给他自由空间》这样一篇文章。我在演讲时见到了这位作者妈妈。之前她一直在做儿子的思想工作，希望儿子能一起见我，但被他拒绝。

她制作了一张杭州市网吧分布图，上百家网吧都标在其中。孩子从去年寒假迷上网络游戏后，就经常彻夜不归，学习成绩一落千丈。为了挽救儿子，爸爸用尽各种手段，伤心绝望之下与儿子断绝往来。拿着这张地图，妈妈每天奔跑在凌晨的街头。

以下是我与这位妈妈的对话——

妈妈："孩子迷上网络后，对身边的人无情无义，我再怎么求他，怎么流泪，他都无动于衷。"

知心姐姐："有的父母甚至跪下来求孩子不要做什么，这样的家长，孩子心里是看不起的。要做有力量的父母。家里的各种处境跟他讲清楚，您对他的信任也要告诉他。孩子再跟父母离心离德，做父母的都不应该放弃。"

妈妈："我每天在他桌上写很多励志的话，就想让他醒悟过来。"

知心姐姐："您为什么天天写，每天写就不值钱了，有的话说一次就够了。"

妈妈："他上网聊天，我站在后面，不是存心偷看他，只是想知道他在干什么，他却骂我卑鄙。"

知心姐姐："如果是您在上网，后面有人看着您，您自在吗？"

妈妈："我最担心他在网上认识一些不三不四的人。"

知心姐姐："网络也是一个可以真心交往的地方，并非到处是陷阱。内向的孩子如果得不到宣泄，就会自伤，或者伤害他人。您的孩子现在上网聊天，说明他有地方发泄，您要理解他的行为，

千万不要做监控他的妈妈。适当的话可以请他的网友来帮助，同龄之间的对话有时比成人有用。”

迷恋网络的孩子为什么出不来？因为在学业上他们找不到成就感，所以扎进网吧寻找安慰。我看到这位妈妈，心里非常难受。

大禹治水是以疏导为主，在现代社会中父母是挡不住网络的，父母只有和孩子一起走向网络。网络世界有许多诱惑，孩子有可能会被诱惑而沉迷。

江苏省有个女孩儿迷恋网吧离家出走。她的母亲将当地所有网吧标在地图上，整日整夜寻找女儿。为了女儿，不会电脑的母亲，硬是学会了上网，学会了打字，并每天坚持给女儿在网上留言。因为她有一个信念：是我将女儿带到这个世上的，一定要对她负责。

一天夜里，母亲又在网上给女儿留言：“女儿，妈妈昨夜又没睡着，写了一夜稿子一不小心被删了。我知道你在看留言。家里的灯永远为你亮着，家中的门永远为你开着，我等你回来！”深夜，女儿冒雨悄悄回到自家楼底，看见只有一扇窗口还亮着灯，那是妈妈为她点亮的。“妈妈！”女儿情不自禁地喊出声。仍在等女儿归来的母亲发疯般地跑下楼，将女儿紧紧搂在怀里，失声痛哭。后来，女儿以优异的成绩考上了大学。

好孩子是夸出来的。现实生活中，很多家长关注孩子，更多地集中在两个方面，一是身体，二是学习。总觉得这两样实实在在，看得见，摸得着，有用，孩子心理健康是虚的，可做可不做。忽视孩子心灵的成长是中国家庭教育中一个最大的盲区。孩子迷恋网吧，做家长的束手无策时，很少想到孩子迷恋网吧更深层的原因：孩子的心理成长和孩子身体成长一样，需要肯定、自由、情感、宽容、梦想的均衡营养。这些，许多家庭往往不能给予，而在虚拟的网络世界里，孩子们能暂时找到满足感。

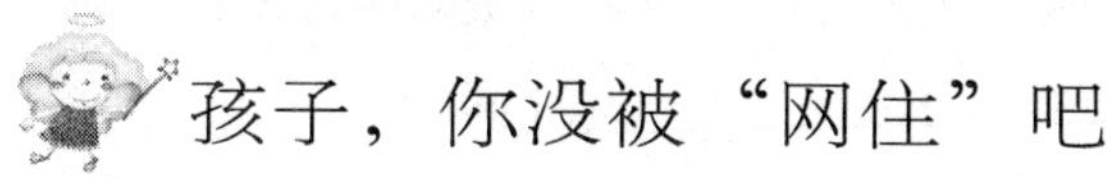

孩子，你没被“网住”吧

“我爱你，爱着你，就像老鼠爱大米……”一首网络歌曲，在同学们中间广泛传唱。

老鼠爱大米，也是有选择的，陈旧的它不吃，发霉的它不咬，个大饱满、新鲜的它才搬回家。那么面对网络，你有没有老鼠那两下子，你是怎样选择的呢？

有一次我去浙江省绍兴市开会，一群小记者来采访我。我们几个大人和一个三年级的小女孩儿谈起网络，她滔滔不绝，讲得头头是道。我听了目瞪口呆，情不自禁地夸奖她：“你可真够棒的，怎么什么都会？你说的这些我可不会！”

小女孩儿满不在乎地说：“这有什么！告诉你吧，我们中最笨的人都会！”

我们几个“最笨”的大人，互相看看，忍不住大笑起来。

我从心里佩服这些“网络高手”，我看过中小学生做的网页，相当精彩；参加中小学生网上论坛，水平很高。

网络作为新事物，首先被最敏感、最时尚的中小学生接纳。他们崇尚它，熟悉它，掌握它，表现出一种趋新的天性，一种可贵的探究精神。同时，当互联网伴随这一代少年青春的脚步走向千家万户时，也带来了成长中新的问题，新的困惑，新的矛盾。

特别值得思考的有三点：

一是：你上网做什么？是获取知识还是单纯娱乐？

2004年，上海市少工委办公室和上海社会科学院青少年研究所联合开展了“未成年人的媒体需求调查”，结果表明，未成年人用电脑主要为了娱乐。最常用的电脑功能前6位是：玩游戏（33.21%）、下载和播放音乐（16.06%）、搜索引擎查找（14.81%）、

聊天交友(12.72%)、看影视作品(7.3%)、浏览网络新闻(5.58%)。可见，电脑对于未成年人主要是一个娱乐工具。

其实，电脑并非只是一个玩具。电脑更多的是，可以让你接触到世界文化，最新信息，学到现代的发散性思维方法，使你的认识大大超越你局限的眼界。

二是：你怎样面对网络？你是它的主人还是它的奴隶？

天津市实验中学曾对当地2452名学生进行了调查，结果表明：互联网既有利于中学生现代思维的形成，也会造成人生观、价值观的冲突与失范；既有利于社会化的进程，也会弱化社会道德感和责任意识；既能激发创造潜力，也导致一些学生人文精神的丧失。所以有人说网络是把双刃剑，一点都不错。

如果你能把控它，网络就像温顺的牛，乖乖为你服务；如果你沉迷于它，网络就像一个恶魔，毁灭你，吃掉你。

三是：你是否网络成瘾？你是成功者还是失败者？

有三种学生容易网络成瘾。

第一是学习失败的。由于家长、老师对孩子的期望过于单一，学习的好坏成为孩子成就感的唯一来源，因此，一旦学习失败，会产生很强的挫败感。但是在网络中，他们很容易体验到成功：闯过任何一关，都可以得到“回报”，这种成就感是他们在现实生活中很难体验到的。

第二是学习特别好的。不少本来学习好的学生在升入更好的学校后，无法再保持原有的位置，这时，他们对“努力学习”的目的产生了怀疑。按照老师和父母的逻辑，学习是为了“上大学——找到好工作——挣钱”，当他们失去了为名次、升学而学习的内在动力后，一些人开始迷恋网络。其实，造成这些孩子依赖网络的根本原因是没有正确的学习观。

第三是家庭关系不和谐。通常在家里得不到温暖的孩子，他们在网络上提出任何一点小小的请求都会得到不少人的帮助。现实生活和虚拟社会在人文关怀方面的反差，很容易让“问题家庭”的孩子“躲”进网络。

怎样挽救那些网络成瘾的同学呢？这里我有 3 条建议：

第一，说出来。

沉迷网络的同学，常常内心极为苦闷，躲进网络与现实世界隔绝，这不是解决问题的办法。最好的办法是把心里话说出来，让父母知道，让老师知道，让同学知道。

一个小网迷写信给报社，吐露真言。

“真要感谢网络！没有网络，也许我们更多的人会沉沦为罪犯或心理变态者。妈妈，我爱您，而我只能在网络上告诉您，您知道吗？我很孤独。我渴望心灵的交流，在我受伤的时候，在我渴望自由的时候……我丝毫没有感觉到您对我的爱。您是否知道，有时我恨您。我像个没有生命的木偶，一切言行都无法摆脱您为我铺设的轨道。作为一个生命，我背负着全家的希望，这个重担已经把我压垮了。”

“小网迷”在分析了自己沉迷网络的原因之后说：“我坚信随着年龄的增长和心智的成熟，我会逐渐摆脱网络的诱惑，请给我一些时间和信任，好吗？我始终认为沉迷网络并不可怕，可怕的是心灵的封闭！”

这封信在报上刊登出来，许多父母读了十分震撼，他们找到了孩子迷恋网络的原因，知道与孩子的沟通是多么重要。所以，心里有话，一定要说出来让父母知道，这样他们才能有效地帮助你。

第二，走出去。

一批沉迷网络、学习失败而拒绝上学的中小学生，走进了石家庄市徐向洋训练基地。在这里，他们受到严格的体能训练，重新找回了自信。

一次我在石家庄市接听“知心热线”时，听说有 30 多名学员从石家庄市徒步走到北京市，沿途风餐露宿。当他们到北京时，中少总社组织了隆重的欢迎仪式，会场上悬挂着巨大标语：“知心姐姐爱你们！”

我想象这些孩子走了十几天，一个个肯定是疲惫不堪，脏得

像泥猴，但出人意料的是，30 多名身穿迷彩服的同学排着整齐的队伍，个个精神抖擞！

交谈中，一个 15 岁的少年告诉我，他曾经在网吧玩了半个月没回家，他几次想跳楼自杀，他的学习很失败，但来到训练营，他第一次获得了成就感；一个小女孩儿说她乐意走路吃苦，我问她为什么，她说，走一步就有一步的成功。

假如你真的沉迷网络不能自拔，那劝你选择一项活动，走出网吧，走到大自然之中去，也许你能获得成就感。

第三，讲道德。

办法总比困难多。只要你想成为网络的主人，只要你想戒掉网瘾，成为一个自由的人，一个健康的人，一个快乐的人，那你一定要遵守网络文明公约。

2001 年末，团中央、教育部、全国少工委等 7 个单位，发布了《全国青少年网络文明公约》，提出："要善于网上学习，不浏览不良信息；要诚实友好交流，不侮辱欺诈他人；要增强自护意识，不随便约会网友；要维护网络安全，不破坏网络秩序；要有益身心健康，不沉溺虚拟时空。"这些要求，都是上网时应该遵守的规则。

时代需要网络高手设计，网络需要高超骑手驾驭。老鼠爱大米，也要爱得明明白白。

面对网络，你一定要头脑清醒，用网不恋网，清醒不痴迷。一个能把握自己行为的人，才能最终把握未来的命运。

校园侵害，家庭预防

校园里的犯罪，现在到了什么程度呢？有关方面在15个省做过这样的统计，大概5800份问卷，被打骂威胁的孩子占到41%，那就是很高了。这里不都是打骂威胁，里边有很多是抢劫，甚至是性伤害。比如说如果老师知道一起校园案件，在中国那么必然有6起被隐瞒了，发现的案件和隐案的比例是1 ∶ 6。隐案的面特别大，盗窃36%，抢劫31%。这个面特别大，但是家长都不知道。

现在还有一个让我们痛心的事是什么呢？学生对受伤害的反应也不好，比如40%的孩子说一旦我被罪犯侵害就拼命反抗，拼命拳打脚踢。实际上这时你跟犯罪分子打拳是找死，根本打不过。还有一类，大概有10%的孩子，特别是女孩子遭受性侵害，我国有3.6亿多青少年，所以这一块也很严重。

关于校园中女孩子受到性侵害的事件，小荷在受到同龄人伤害后问了妈妈一句话：您为什么不告诉我男人是危险的？家长要及早教育自己的孩子，什么事不能做，什么事要防着。

去年我到浙江省少管所给那些少年犯做报告的时候，有一个孩子跟我说过一句话。他说我犯的是强奸罪，我来到少管所最想做的事就是向她说“对不起”。我过去从来没想过要说“对不起”，今天我真的知道我错在哪里，我深深地伤害了她，我想跟她说对不起，跟她道声歉。我现在还没有这个机会，我准备给她写封信。我听了当时很震惊，一个少年犯一直想说“对不起”，这“对不起”一直没有说，最后成了一个罪犯之后走到这里才想说这句话，但这很可贵。

我希望那个伤害小荷的男孩儿能对小荷说“对不起”，“对不

起”是对被伤害者一个非常大的心理安慰。

如果侵害她的是成年人，完全可以通过法律来制裁，但是侵害她的却是她的同学。

王教授认为，要加强防范教育。他说：有这样一句警语叫“背心裤衩覆盖的地方不许别人摸”。这句话是从英语翻译过来的，之后又给它加工了一下，我们叫“小熊小熊好宝宝，背心裤衩都穿好，里边不许别人摸，男孩儿女孩儿都知道”。我不同意小荷说妈妈应该告诉她“男人是危险的”。因为性侵害案件不仅仅指女孩子，对男孩子也很多，所以“背心裤衩都穿好，里边不许别人摸”。你要跟孩子讲性骚扰和猥亵，他们是听不懂的。但是你告诉他们背心和裤衩覆盖的地方不许别人摸，这是他们懂的。还有一点男孩儿女孩儿都应知道，因为很多性骚扰和性侵害的案件不仅仅是女孩儿，小男孩儿也有很多。

懂得如何呼救。

上面讲到的是第一点，我们要告诉孩子们身上有哪些部位是不能让人触摸的。第二，当孩子们遇到性骚扰或者是猥亵，该怎么去做？这也是要让孩子们都知道的。比如说刚才那个女孩儿，她都不知道怎么去做，那个男孩儿可能只是摸了她一下，那么这个实际上并不严重，特别是在中学生之间。但是，如果我们遇到严重的情况怎么办？

比如说在公交车上，特别是女中学生已经有一定程度的发育了，在这个情况下可能她会遇到一些性骚扰。有些人，看着衣冠楚楚，却在做着坏事。对于这种情况应该怎么办？我们应该告诉孩子这时候要鼓足勇气，上去大骂一句、大喝一声，严肃地斥责是可以的，当时就能够让他收敛。

女生如果被男孩儿摸一下，她可以很严肃地斥责他说不喜欢你这样，对不起你别这样做。女孩子忍气吞声，千万要不得。如果你忍气吞声，有时会让侵犯者的犯罪行为不断升级。他一看到你不反抗，就会得寸进尺，可能会下车尾随你到偏僻的地方实施更严重的性侵害。所以，这个时候你一定要严肃地跟他说清楚。

还有一类是胆大妄为型的犯罪分子。这个时候你跟他打是打不过的，你就要依靠警察，依靠周围的人了。旁边如果有女同学你也可以喊，然后在白天上下班高峰的时候，你也可以大声斥责。如果旁边有警察，更应该大声喊。要赶快离开，或者是到售票员的旁边，反正这时你要想办法。这是父母应该对孩子讲的应对性侵害的基本的小对策。

斗志不斗勇。

我们教孩子一个观念、三点注意。

一个观念是斗智不斗勇。比如说女孩子上街如果觉得后面有人尾随，这时候我们应该走到马路对面，如果说你走到马路对面去以后，他又跟过来，你再走回去，如果他又跟过来，那就赶快逃命。

第一点注意就是时空观念。时空是什么意思呢？我们知道一年中夏天性侵害的案件特别多，因为夏天天热穿的衣服少。告诉孩子，特别是女孩子，特别热的晚上就不要出去了，因为这个时段强奸案或者是其他的性骚扰案件特别多。

还有一个是空间。我们过去都以为性侵害案件就是在什么废旧的工厂、河滩、草地、青纱帐。实际上性侵害案件有很多就是在上学、放学的路上，甚至有的时候就在教室里，就在校园里。所以，这个时候作为家长来说，就要告诉孩子，即使看着很安全的地方，也千万要提高警惕。

第二点注意就是氛围。氛围是什么意思呢？我们有这么一句话，叫男孩儿女孩儿独处一室不要超过 30 分钟。这也是一句警语。什么意思呢？特别是高中、初中的女孩子懂事了，男生女生在一块儿写作业，家长又不在，一放音乐，又处在一个挺封闭的环境，这时候如果在一块儿超过 30 分钟就容易出事。

最后还有一点注意就是一旦遇到性侵害要有一些应对的招数。比如刚才讲的如何喊叫。有的时候你不能喊，那怎么办？这时候要学会留下个人的标记。比如在电梯里，刚一进去，就被一个色狼一下卡住了脖子，这时候怎么办？好多人会说抠他的眼睛，

然后踢他的那个什么重要部位，用高跟鞋踩他的脚，这些我都不赞成。为什么呢？因为他毕竟是一个强者，你是一个中学生。有一个比较好的招就是学会留下个人的标记，就是如果当时背着一个书包，一卡你的脖子，你可以瞬时把书包扔出电梯外，外面的叔叔阿姨就知道电梯有事，因为刚上电梯书包就扔出来，知道里面一定有打斗，他们就会帮助你。

少先队员在爱国主义教育活动中。